CONSTITUCIONALISMO GLOBAL

CONTRACORRENTE

Georges Abboud
Ricardo Campos
(Organizadores)

CONSTITUCIONALISMO GLOBAL

SÃO PAULO

2022

CONTRACORRENTE

Alameda Itu, 852 | 1º andar |
CEP 01421 002
www.loja-editoracontracorrente.com.br
contato@editoracontracorrente.com.br

EDITORES
Camila Almeida Janela Valim
Gustavo Marinho de Carvalho
Rafael Valim
Walfrido Warde
Silvio Almeida

EQUIPE EDITORIAL
COORDENAÇÃO DE PROJETO: Juliana Daglio
PREPARAÇÃO DE TEXTO E REVISÃO: Amanda Dorth
REVISÃO TÉCNICA: Douglas Magalhães
DIAGRAMAÇÃO: Gisely Fernandes
CAPA: Marina Avila

EQUIPE DE APOIO
Fabiana Celli
Carla Vasconcellos
Fernando Pereira
Valéria Pucci
Regina Gomes
Nathalia Oliveira

Dados Internacionais de Catalogação na Publicação (CIP)
(Câmara Brasileira do Livro, SP, Brasil)

Constitucionalismo global / Georges
Abboud...[et al.]. -- 1. ed. -- São Paulo, SP :
Editora Contracorrente, 2022. -- (Ius publicum e
modernidade ; 1)

Outros autores: Ricardo Campos, Gunther Teubner,
Andreas Vosskuhle, Karl-Heinz Ladeur, Lars Viellechner.
ISBN 978-65-5396-073-2

1. Constitucionalismo 2. Constituição - Teoria
3. Direito - Teoria I. Abboud, Georges. II. Campos,
Ricardo. III. Teubner, Gunther. IV. Voßkuhle, Andreas.
V. Ladeur, Karl-Heinz. VI. Série.

22-133394 CDU-342.4

Índices para catálogo sistemático:

1. Constitucionalismo : Direito constitucional 342.4

Eliete Marques da Silva - Bibliotecária - CRB-8/9380

@editoracontracorrente
Editora Contracorrente
@ContraEditora

SUMÁRIO

SOBRE OS AUTORES

ANDREAS VOSSKUHLE

Prof. Dr. Dres. h. c., Presidente do Tribunal Constitucional Federal.

GEORGES ABBOUD

Mestre, Doutor e Livre Docente em Direito pela Pontifícia Universidade Católica de São Paulo – PUC-SP. Professor de Direito Processual Civil da PUC-SP e do programa de mestrado e doutorado em Direito Constitucional do Instituto Brasileiro de Ensino – IDP-DF. Advogado e consultor jurídico.

GUNTHER TEUBNER

Professor catedrático emérito de Teoria do Direito, Sociologia do Direito e Direito Privado da Goethe Universität Frankfurt am Main (Alemanha), "Otto Kahn Freund Professor" na London School of Economics (LSE) e Professor de Teoria do Direito no Instituto Europeu (Florença). Grau de Comendador da Ordem Nacional do Cruzeiro do Sul, Brasil. Membro das principais Academias de Ciência, entre elas: British Academy (Inglaterra), Accademia Europaea (Inglaterra) e Accademia Nazionale dei Lincei (Itália).

KARL-HEINZ LADEUR

Dr. H.c. (Universität Fribourg). Professor no Instituto Universitário Europeu (Europäisches Hochschulinstitut, Florença). Professor de Direito Público (Hamburgo) 2008-2012. Professor Honorário na Bremen International Graduate School of Social Sciences 1994-2002.

LARS VIELLECHNER

Professor da Universität Bremen. LL.M. (Yale).

RICARDO CAMPOS

Mestre e Doutor pela Goethe Universität Frankfurt am Main (Alemanha). Docente nas áreas de Regulação de Serviços Digitais, Proteção de Dados e Direito Público na Goethe Universität e docente no mestrado em Teoria do Direito da academia europeia de Teoria do Direito. Advogado e parecerista.

APRESENTAÇÃO

O livro que o leitor tem em mãos é o resultado da cuidadosa reunião de alguns dos mais importantes textos produzidos nos últimos anos acerca do *constitucionalismo global*, um dos mais atuais e instigantes debates da atualidade.

Ao contrário do que se poderia supor, a globalização não acabou com o constitucionalismo. Nada obstante, o movimento – surgido em sua forma mais bem acabada no contexto das Revoluções dos séculos XVII e XVIII – precisa de novos impulsos teóricos e reformulações que permitam-no continuar a servir como veículo das garantias fundamentais, em contextos *com* e *para além* do Estado nacional.

A necessidade de investigar as formas por meio das quais o Direito, e mais especificamente o Direito Constitucional, pode enfrentar os litígios transnacionais, as novas fontes do Direito e suas respectivas formas de legitimação, fora, respectivamente, do Direito Estatal e da tradicional soberania popular, é o que motiva os textos deste volume.

Em nosso texto de abertura, *Caminhos do Constitucionalismo Global*, procuramos identificar as raízes do movimento constitucionalista e suas principais transformações nos dias de hoje, bem como avaliar a difícil tarefa da utilização, pelo Supremo Tribunal Federal, de precedentes estrangeiros, bem como o crescente diálogo entre Tribunais Constitucionais, algo que tende a ser cada vez mais comum, visto que a globalização aproxima eventos e consequências outrora muito distantes.

Em seu texto *A expansão transnacional de direitos fundamentais estatais: sobre a constitucionalização do regime global do Direito Privado*, os professores Karl-Heinz Ladeur e Lars Viellechner demonstram como, a partir da confrontação com trabalhos de outros eminentes professores, *v.g.*, Marti Koskenniemi, Gunther Teubner, Marc Amstutz e Oliver Gerstenberg, "(a) solução adequada para o problema da Constituição dos regimes privados globais" encontra-se na "expansão transnacional de direitos fundamentais estatais" no contexto de relações jurídicas globais organizadas de forma heterárquica.

O professor Gunther Teubner, por sua vez, no texto *Quod omnes tangit (o que respeita a todos): Constituições transnacionais sem democracia?*, investiga como diversos *players* globais não diretamente reconduzíveis ao Estado nacional – sociedade civil, movimentos de protesto, ONGs, sindicatos, mídia etc. – atuam na legitimação ou deslegitimação de regimes jurídicos transnacionais. Segundo Teubner, o modelo clássico de democracia deliberativa precisa de duas correções. Em primeiro lugar, faz-se necessário fortalecer a orientação ao *dissenso*, e não ao *consenso*, bem como "sua confiança em uma legitimação discursiva unitária deve-se adaptar à confiança em diferentes legitimações epistêmicas", próprias de formações jurídicas que se formam (por vezes) espontaneamente na teia de sistemas sociais parciais da sociedade mundial.

Por fim, o professor Andreas Vosskuhle apresenta-nos o artigo *Pluralismo jurídico como desafio: Sobre o significado do Direito Internacional e da comparação jurídica na jurisprudência do Tribunal Constitucional Federal*, no qual investiga, sob a ótica comparativista, a posição do Direito Internacional e do Direito Público de outros Estados na prática do Tribunal Constitucional Federal alemão.

Esperamos que a presente obra possa contribuir para o amadurecimento dos diálogos entre o Direito Constitucional brasileiro e global, especialmente em tempos tão conturbados quanto os que correm.

CAPÍTULO I

CAMINHOS DO CONSTITUCIONALISMO GLOBAL: POR UMA ANTROPOFAGIA HERMENÊUTICA

GEORGES ABBOUD

RICARDO CAMPOS

Só a antropofagia nos une. Socialmente. Economicamente. Filosoficamente.

Oswald de Andrade

Introdução: o uso de precedentes estrangeiros como diálogo interjurisdicional

A Teoria do Direito precisa hoje, e talvez mais do que nunca, de um grande esforço *reconstrutivo*, expressão que usamos aqui com o sentido que lhe deu Jürgen Habermas em sua clássica reconstrução do materialismo histórico: Resgatar o esforço reconstrutivo significa que, assim como Habermas procurou imprimir uma lógica própria da esfera da interação social frente às dinâmicas da produção material da sociedade[1] (e aqui se diferenciando tanto de Marx quanto do evolucionismo social-sistêmico de Luhmann),[2] o debate sobre o constitucionalismo global deve também procurar por elementos de reflexão internos que garantam uma participação dos Tribunais Estatais na cadeia de decisões do constitucionalismo global.

Nesse sentido, o mesmo esforço reconstrutivo deve ser feito pelo Direito Constitucional de modo a identificar os crescentes impactos e as novas interações trazidos pelos avanços tecnológicos e pela globalização garantindo um âmbito de reflexão interno do Direito aos processos de evolução das novas tecnologias. Nesse cenário, nenhuma democracia constitucional vive em completo isolamento, consequentemente, as respectivas jurisdições constitucionais também não. Essa é a razão de aperfeiçoarmos e iluminarmos alguns dos caminhos do atual constitucionalismo global. Para tanto, centramos nosso exame no dialogo constitucional e o uso do precedente constitucional estrangeiro.

O estudo da utilização de precedentes estrangeiros por Cortes Nacionais – em especial Cortes Constitucionais – vem ganhando, por sua vez, renovado fôlego, especialmente quando consideramos a crescente complexidade das relações internacionais em que os Estados se encontram, isto é, uma relação de dependência cada vez maior.

A respeito da função que os precedentes – naqueles países em que existe um efetivo sistema deles – exercem no Direito contemporâneo

---

1 HABERMAS, Jürgen. *Zur Rekonstruktion des Historischen Materialismus*. 1ª ed. Frankfurt am Main: Suhrkamp Verlag, 1976, pp. 144-199.

2 Sobre a posição de Luhmann ver: LUHMANN, Niklas. "Evolution und Geschichte em: Geschichte und Gesellschaft". *Zeitschrift für historische Sozialwissenschaft*, 2, 1976, pp. 284-309.

já escrevemos bastante;[3] a manutenção da uma cadeia de sentidos (Ronald Dworkin) e o diálogo com a tradição (Hans-Georg Gadamer) são algumas das funções a que os precedentes nos remetem no Direito *interno*. O aprofundamento mais importante realizado no Brasil nas últimas décadas a esse respeito é, como se sabe, a *Crítica Hermenêutica do Direito*, capitaneada por Lenio Streck. A partir dela, compreendem-se os precedentes, antes de tudo, como uma forma de os Tribunais olharem para si próprios. Ou seja, precedentes constituem, a um só tempo, uma metalinguagem reflexiva e regulatória do próprio Judiciário.

Se, no passado, a globalização crescente poderia ser vislumbrada como estertor do constitucionalismo – dado que o Direito Constitucional nasce e se consolida em estrita isomorfia com a figura do Estado-nação –, fato é que o constitucionalismo se reconfigurou ao mundo cada vez mais conectado e globalizado. Tanto assim é que hoje falamos de constitucionalismo global, digital e novas interações entre os constitucionalismos nacionais, bem como o surgimento de estruturas supranacionais (União Europeia) que se regulam à luz do constitucionalismo. Nessa perspectiva, nunca foi tão relevante e atual o alerta de Anne Marie Slaughter, realizado em meados da década de 1990, de que "os Tribunais Constitucionais estão conversando entre si ao redor do mundo todo".[4]

A cada dia, recrudesce o diálogo judicial entre Tribunais no mundo todo, o que Mark Tushnet designou *de a inevitável globalização do Direito Constitucional*.[5] Não se trata, obviamente, de

---

3 ABBOUD, Georges. *Processo Constitucional Brasileiro*. 5ª ed. São Paulo: Revista dos Tribunais, 2021, cap. 6.

4 SLAUGHTER, Anne-Maria. "A typology of transjudicial communication". *University of Richmond Law Review*, nº 99, 1994, p. 99.

5 TUSHNET, Mark. "The inevitable globalization of Constitutional Law". *Harvard Law School. Public Law & Legal Theory Working Paper Series*, 2008. Disponível em: http://ssrn.com/abstract=1317766. Acessado em: 30.09.2022. Ver também THORNHILL, Chris. *A*

um caminhar em direção a uma Constituição Global, mas, sim, de uma constitucionalização mundial de questões, temáticas e institutos constitucionais.[6] Aliás, essa é justamente a premissa necessária para falarmos de diálogos judiciais internacionais. Portanto, o que se globaliza é o próprio Direito Constitucional doméstico,[7] em especial, a partir de temas que comportam em diferentes graus e universalização, como a ideia de democracia e direitos fundamentais.

De acordo com Mark Tushnet, no período pós-guerra, iniciou--se um movimento no qual houve um comprometimento das nações para a proteção de direitos humanos básicos. Em contraponto ao paradigma pós-guerra, que aponta uma convergência do Direito Constitucional, apresenta-se o constitucionalismo excepcional, que, nos Estados Unidos, por exemplo, observa-se na aparente resistência em utilizar outras leis que não a da própria nação.

Quando se fala de globalização do Direito Constitucional Interno, sugere-se que as tradições do constitucionalismo excepcional se enfraqueceram. Considera Tushnet que o fenômeno não trata de uma uniformidade das normas, mas de uma convergência e harmonização delas. O processo, segundo ele, induzirá as nações a convergir os princípios constitucionais em níveis altos ou intermediários de abstração, sempre mantendo diferenças nos detalhes, o que significa que a globalização não implicará na uniformização do Direito Constitucional das nações.[8]

---

sociology of transnational constitutions: social foundations of the post-national legal structure. 1ª ed. Cambridge: Cambridge University Press, 2016, pp. 69 e ss.

6 TEUBNER, Gunther. *Fragmentos constitucionais*. São Paulo: Saraiva, 2020, *passim*.

7 TEUBNER, Gunther. *Fragmentos constitucionais*. São Paulo: Saraiva, 2020, p. 2. Ver: NEVES, Marcelo. *Transconstitucionalismo*. São Paulo: WMF Martins Fontes, 2009, p. XIX.

8 TUSHNET, Mark. "The inevitable globalization of Constitutional Law". *Harvard Law School. Public Law & Legal Theory Working*

O autor apresenta dois meios em que o processo poderá ocorrer, ou seja, processos que trazem a possibilidade de diálogo constitucional internacional, do topo para a base (processo "*top-down*") ou da base para o topo (processo "*bottom-up*"). O processo *top-down* ocorre em três principais situações: nas conexões transnacionais entre o Poder Judiciário de diferentes países, com a pressão de ONGs internacionais e com a pressão vinda de tratados internacionais.[9]

As conexões transnacionais que existem atualmente entre os sistemas internacionais são, por exemplo, os encontros acadêmicos, ou de outra natureza, de juízes de cortes constitucionais de todo mundo que ocorrem regularmente, ou, inclusive, a participação dos juízes em organizações e cortes transnacionais. Juízes que ocupam posições similares em países com diferentes níveis de desenvolvimento acabam tomando como base as decisões uns dos outros para a solução de conflitos. A pressão feita por ONGs internacionais também é uma forma de globalização do Direito Constitucional, afinal, ONGs internacionais normalmente têm como foco a inserção de direitos humanos fundamentais no Direito Constitucional das Nações, colocando à frente um entendimento universalista de tais direitos.[10]

A intervenção poderá ser feita por meio de conselhos constitucionais de estruturas e modelos de direitos ou simplesmente informando às cortes quais foram as decisões tomadas em outros países. Normalmente, as ONGs têm como objetivo a implementação da solução de sua preferência. Finalmente, os tratados internacionais

---

Paper Series, 2008, pp. 2 e ss. Disponível em: http://ssrn.com/abstract=1317766. Acessado em: 30.09.2022.

9 TUSHNET, Mark. "The inevitable globalization of Constitutional Law". *Harvard Law School. Public Law & Legal Theory Working Paper Series*, 2008, pp. 4-8. Disponível em: http://ssrn.com/abstract=1317766. Acessado em: 30.09.2022.

10 TUSHNET, Mark. "The inevitable globalization of Constitutional Law". *Harvard Law School. Public Law & Legal Theory Working Paper Series*, 2008, pp. 4-8. Disponível em: http://ssrn.com/abstract=1317766. Acessado em: 30.09.2022.

e os órgãos responsáveis pela sua aplicação têm influência no Direito Constitucional Interno das nações signatárias por meio da força da lei ou por meio de mecanismos, como impactos sobre a reputação da nação.[11]

Nessa dimensão, o diálogo entre Tribunais compreende uma cooperação e troca de informações entre Cortes Constitucionais, e não uma tendência de atrofia dos Tribunais Constitucionais em direção a uma ordem jurídica internacional marcada por uma Constituição Global.[12] Para teorizar e compreender adequadamente esses diálogos, Jorge Miranda desenvolveu o conceito de *interconstitucionalismo*, o qual consiste no processo de comunicação e diálogo entre as ordens jurídico-constitucionais dos países de tradição democrático-ocidental.[13]

Para discutir o mesmo fenômeno, Marcelo Neves formulou o conceito de *transconstitucionalismo*. Trata-se, por definição, de um ferramental elaborado para enfrentar problemas jurídicos que perpassam diversas modalidades de ordens jurídicas, *e.g.*, estatais, internacionais, supranacionais, transnacionais, arbitrais etc.[14] Nesse particular, importante destacar que antes de Neves, Gunther Teubner já chamava a atenção para o surgimento de fragmentos constitucionais na esfera global, no qual processos espontâneos sociais se intercalavam com o Direito fazendo emergir certas ordens concretas que muitas vezes já denotavam processos de constitucionalização

---

11 TUSHNET, Mark. "The inevitable globalization of Constitutional Law". *Harvard Law School. Public Law & Legal Theory Working Paper Series*, 2008, pp. 4-8. Disponível em: http://ssrn.com/abstract=1317766. Acessado em: 30.09.2022. Ver ainda, pp. 19/20.

12 RAMIRES, Maurício. *Diálogo judicial internacional*. Rio de Janeiro: Lumen Juris, 2016, pp. 13 e 91.

13 Cf. MIRANDA, Jorge. *Teoria do Estado e da Constituição*. 3ª ed. Rio de Janeiro: Forense, 2011, p. 187. Desenvolvendo o tema, ver: RAMIRES, Mauricio. *Diálogo judicial internacional*. Rio de Janeiro: Lumen Juris, 2016, pp. 10/11.

14 NEVES, Marcelo. *Transconstitucionalismo*. São Paulo: WMF Martins Fontes, 2009, p. XXII.

para além do Estado nacional, mas também com presença da participação do papel de Tribunais Estatais no fomento de determinadas ordens transnacionais.[15]

Os problemas jurídicos *transconstitucionais* são aqueles que perpassam as ordens jurídicas e os limites territoriais de cada Estado Soberano. Ou seja, o *transconstitucionalismo* contribui para resolver problemas que permeiam ordens jurídicas diversas e não subordinadas, que, por sua vez, estão insertas no mesmo sistema funcional da sociedade mundial.[16]

> A. Garapon, examinando primordialmente o contexto europeu, identificou o primeiro aspecto a permitir rumarmos a um constitucionalismo global. Ressalta o autor que o constitucionalismo, mais especificamente os princípios constitucionais e os direitos fundamentais, criou um novo pacto entre o Judiciário das nações. Nesse paradigma, ficaria vetusta a oposição: Judiciário soberano *versus* intruso externo, passando a existir um verdadeiro diálogo entre juízos de diferentes nações. Por conseguinte, o Judiciário deveria passar a procurar inspiração para sua decisão em juízos internacionais.[17]

Maurício Ramires enumera três pontos principais e consistentes nas vantagens do diálogo judicial entre Tribunais: 1) aumento exponencial das trocas de informações; 2) A existência de um denominador comum concernente ao tema dos direitos fundamentais, afinal, entre as democracias constitucionais, costuma haver uma repetição dos mesmos problemas que a tradição constitucional busca solucionar;

---

15 TEUBNER, Gunther. *Fragmentos constitucionais*. São Paulo: Saraiva, 2020.

16 TEUBNER, Gunther. *Fragmentos constitucionais*. São Paulo: Saraiva, 2020, pp. 83 e 115.

17 GARAPON, Antoine. *O guardador de promessas*: justiça e democracia. Lisboa: Instituto Piaget, 1996, pp. 39/40.

e 3) o engajamento dos Tribunais na tarefa de construir e reforçar a democracia por meio do Direito Constitucional.[18]

No que se refere à forma do diálogo, Anne-Maria Slaughter nos apresenta algumas classificações bastante elucidativas e que atendem aos propósitos deste texto. A primeira é a dicotomia horizontal/vertical. Horizontal é a comunicação realizada entre Tribunais de mesma hierarquia, seja nacional ou supranacional, para além das fronteiras nacionais ou dos tratados.[19] Já o diálogo vertical é realizado em dois sentidos, entre os Tribunais Internacionais e os Nacionais sujeitos ou não à sua esfera de influência.[20]

O grau de envolvimento também é critério classificatório das comunicações entre Tribunais. Aqui, há uma tríade classificatória: diálogo direto, monólogo e intermediário. O diálogo direto caracteriza-se pela hipótese em que os Tribunais deliberadamente buscam a comunicação entre si. O exemplo mais marcante são as decisões do Tribunal Constitucional Alemão dialogando com o Tribunal Europeu de Direitos Humanos.[21]

O monólogo é marcado pela circunstância de um dos Tribunais adotar uma postura de não recepção a qualquer interferência

---

18 RAMIRES, Mauricio. *Diálogo judicial internacional*. Rio de Janeiro: Lumen Juris, 2016, pp. 110/111. Em sentido próximo, Marcelo Neves destaca que: "o transconstitucionalismo, como modelo de entrelaçamento que serve à racionalidade transversal entre ordens jurídicas diversas, abre-se a uma pluralidade de perspectivas para a solução de problemas constitucionais, melhor adequando-se às relações entre ordens jurídicas do sistema jurídico hierárquico da sociedade mundial". (NEVES, Marcelo. *Transconstitucionalismo*. São Paulo: WMF Martins Fontes, 2009, p. 131).

19 SLAUGHTER, Anne-Maria. "A typology of transjudicial communication". *University of Richmond Law Review*, nº 99, 1994, pp. 103-106.

20 SLAUGHTER, Anne-Maria. "A typology of transjudicial communication". *University of Richmond Law Review*, nº 99, 1994, pp. 106-111.

21 SLAUGHTER, Anne-Maria. "A typology of transjudicial communication". *University of Richmond Law Review*, nº 99, 1994, pp. 112/113.

externa. Paradigmática, nesse sentido, é a Suprema Corte dos EUA, que, não obstante ter seus julgados mencionados em diversos países, mantém uma postura altamente refratária às decisões estrangeiras.[22]

Por fim, o diálogo intermediário é o paradigma residual, consequentemente, o mais frequente, mediante o qual um Tribunal utiliza a decisão de outro como *precedente* interpretativo para formação de sua própria decisão.[23]

A priori, não há tema constitucional que, em tese, não possa ser objeto do diálogo constitucional. Ocorre que, em determinadas temáticas, a comunicação entre Cortes se faz mais presente.

Mauricio Ramires elencou sete hipóteses mais profícuas para concretização do diálogo constitucional. Elas ocorrem quando: 1) é necessário identificar princípios jurídicos comuns; 2) um Tribunal local precisa dar efetividade a direitos fundamentais internacionalmente protegidos; 3) é imprescindível conter a banalização e a arbitrariedade na aplicação dos princípios comuns e direitos fundamentais; 4) há repetição de questões comuns; 5) se está diante de questões politicamente sensíveis; 6) a norma constitucional é vaga ou ambígua; e 7) a experiência estrangeira pode ajudar a medir as consequências de uma solução jurídica específica.[24]

Da forma como compreendemos a questão, nos parece que, na atual quadra histórica e de complexidade da sociedade, a utilização de decisões estrangeiras é um caminho sem volta, daí a necessidade de estruturarmos adequadamente o diálogo entre Tribunais. Essa

---

22 SLAUGHTER, Anne-Maria. "A typology of transjudicial communication". *University of Richmond Law Review*, nº 99, 1994, p. 113.

23 SLAUGHTER, Anne-Maria. "A typology of transjudicial communication". *University of Richmond Law Review*, nº 99, 1994, pp. 113/114. RAMIRES, Mauricio. *Diálogo judicial internacional*. Rio de Janeiro: Lumen Juris, 2016, p. 242.

24 RAMIRES, Mauricio. *Diálogo judicial internacional*. Rio de Janeiro: Lumen Juris, 2016, pp. 211-233.

estruturação se faz necessária não apenas porque o diálogo já é uma realidade, mas também porque o diálogo é, contemporaneamente, a ferramenta fundamental para assegurarmos a interconexão entre globalização e constitucionalismo.

1 Os pressupostos filosóficos e sociológicos do constitucionalismo global

Quem quer que se ocupe de analisar o estado atual das ciências sociais perceberá, com facilidade, que a crescente complexidade das sociedades contemporâneas impõe não só uma reorientação analítica dos problemas, como também a necessidade de novas soluções que ressignifiquem instituições e práticas há muito estabelecidas.

Sabemos, por Niklas Luhmann, que a sociedade moderna é dotada de características tributárias de uma diferenciação que não é mais estamental – como fora até a dissolução da *Société d'Ancien Régime* com a Revolução Francesa no século XVIII[25] – mas, antes, funcionalmente diferenciada. O Estado Nacional Moderno surgiu justamente a partir das relações sociais decorrentes das convulsões do século XVIII (França e EUA) – e que, conforme ensina Jürgen Habermas, permitiu uma "nova forma mais abstrata de integração social"[26] – mostra-se hoje inserido naquilo que Luhmann denominou "sistema político da sociedade mundial", em que a dependência de

---

25 Sobre o assunto, ver, de forma ampla: LUHMANN, Niklas. *Sistemas sociais*: esboço de uma teoria geral. Trad. Marco Antonio dos Santos Casanova *et al.* Petrópolis: Vozes, 2016, pp. 462/463. De forma mais detalhada: LUHMANN, Niklas. "Am Anfang war kein Unrecht". *In*: ______. *Gesellschaftsstruktur und Semantik. Studien zur Wissenssoziologie der modernen Gesellschaft*. vol. III. Frankfurt am Main: Suhrkamp, 1989, pp. 11-64, *passim*.

26 HABERMAS, Jürgen. *A inclusão do outro*: estudos de Teoria Política. 1ª ed. Trad. Denilson Luís Werle. São Paulo: Editora UNESP, 2018, p. 202.

cada Estado particular aumenta, não em relação aos demais, mas, antes, em relação ao *sistema* como um todo.[27]

Nesse contexto, uma das questões mais relevantes que se coloca é a seguinte: é necessária, na atual quadra histórica, uma *compatibilização* dos diversos regimes constitucionais ao redor do mundo como forma de enfrentamento conjunto de questões que afetam a todos indistintamente?

A pandemia provocada pela Covid-19 vem, nesse sentido, ao nosso auxílio, como alegoria. Ainda que o indivíduo, por óbvio, se preocupe e efetivamente sinta os efeitos socioeconômicos da pandemia em seu próprio território nacional (e, mais especificamente, em sua cidade ou bairro), os Estados, enquanto entes políticos, devem se preocupar não só com a erradicação do vírus em seu próprio território nacional. Afinal, a permanência da Covid-19 em graus elevados em outros países continuará a representar não só uma ameaça local, como ao sistema global como um todo.

Trata-se de um exemplo de questão que deve ser enfrentada, simultaneamente, nas searas nacional e internacional, uma vez que é do interesse de todos e de cada Estado individualmente o fim da circulação do Sars-CoV-2 em níveis descontrolados, não só pela finalidade principal de preservação de vidas humanas, como também pela retomada das marchas econômicas, igualmente essenciais à manutenção do sistema que dá a cada um o seu sustento.

Aliás, a pandemia referida demonstrou, de forma incontestável, a integração entre sociedades e economias, por exemplo, a dificuldade e a necessidade de promoção de vacinação global, bem como a dependência econômica e o desabastecimento que o fechamento local de um país provoca em relação aos demais.

---

27 LUHMANN, Niklas. *Die Politik der Gesellschaft*. 1ª ed. Frankfurt am Main: Suhrkamp, 2002, p. 221.

Assim, por vezes, pouco importa que determinado Estado tenha contido a pandemia a contento e conseguido impulsionar sua produção econômica nacional se esta não puder ser absorvida por seus parceiros econômicos internacionais que ainda lutam contra os efeitos nefastos da tragédia. O acúmulo de catástrofes nacionais e regionais descambam numa grande catástrofe mundial.

Nesse cenário, podemos pensar exemplificativamente na viabilidade de determinada Corte Constitucional de um país populoso proibir a vacinação de sua população, ou permitir que esta não seja obrigatória por entender que uma tal situação violaria quaisquer liberdades individuais – o que, é evidente, ignora a responsabilidade social como um todo e a necessidade de atuação conjunta para a consecução de bons objetivos em políticas públicas – tal situação invariavelmente produziria um índice mais baixo de vacinação e, portanto, uma maior circulação do vírus.

Uma tal situação hipotética estaria longe de produzir efeitos meramente nacionais, uma vez que toda a sociedade global seria afetada pela manutenção da circulação do vírus em níveis alarmantes, o que reforça a responsabilidade de um país em relação ao todo maior do sistema político mundial.

Aqui, o diálogo entre jurisdições constitucionais – se bem calibrado – pode se mostrar absolutamente essencial, já que permite não só a utilização dos bons exemplos no equacionamento de direitos e liberdades oriundos de outros países, como, também, possibilita um consequencialismo que não será só interno, mas internacional, levando em conta a responsabilidade daquele Estado nacional no plano maior da sociedade mundial.

Diferentemente do que se antevia, a flexibilização da soberania e da figura do Estado-nação não obrigatoriamente precisa culminar na extinção do constitucionalismo. Por consequência, em nosso entendimento, se bem compreendido o diálogo judicial internacional, é possível que, no futuro, o constitucionalismo salte para novo paradigma. O diálogo constituiria a forma de propagação de diversos aspectos positivos do constitucionalismo no que se refere ao processo civilizatório dos povos, possibilitando a expansão (com adaptação às especificidades locais) de conquistas civilizatórias como regime democrático, igualdade, defesa das liberdades, combate ao racismo etc.

Para ilustrarmos essa funcionalidade do diálogo constitucional, enfrentamos o instigante desafio lançado por Dani Rodrik, conhecido como o trilema político de Rodrik; antes, porém, imprescindível contextualizarmos, ainda que de forma básica, a visão de Rodrik acerca da relação entre globalização e democracia.

Rodrik inicia seu raciocínio com uma forte assertiva: a de que a democracia nacional e a globalização profunda são incompatíveis. A política democrática molda uma longa sombra nos mercados financeiros e torna impossível que uma nação se integre profundamente com a economia mundial.[28]

O choque entre a globalização e os arranjos sociais domésticos é uma característica da economia global. Para Rodrik, ao mesmo tempo que nós apreciamos nossa democracia e soberania nacional, assinamos incontáveis acordos comerciais para fluxo livre de capital. Esse estado de coisas instável e incoerente é uma receita para o desastre. A Argentina, na década de 1990, nos deu um exemplo vívido e extremo. No entanto, não é preciso viver em um país em desenvolvimento mal governado e devastado por fluxos de capital especulativos para experimentar a tensão quase que diariamente. O choque entre a globalização e os arranjos sociais domésticos é uma característica fundamental da economia global.[29]

---

28 RODRIK, Dani. *The globalization paradox*: democracy and the future of the world economy. W. W. Norton & Company. (Edição do Kindle – localização: 3016-3018).

29 RODRIK, Dani. *The globalization paradox*: democracy and the future of the world economy. W. W. Norton & Company. (Edição do Kindle – localização: 3048-3052).

Rodrik lança o seguinte questionamento: como gerenciar a tensão entre democracia nacional e os mercados globais?

O autor fornece um cardápio de três opções: a) podemos restringir a democracia no interesse de minimizar os custos das transações internacionais, desconsiderando o derrame econômico e social que ocasionalmente produz a economia global; b) podemos limitar a globalização, na esperança de construir legitimidade democrática em casa; c) ou podemos globalizar a democracia, à custa da soberania nacional. Isso nos dá um menu de opções para reconstruir a economia mundial.[30]

O cardápio acima capta o trilema político fundamental da economia mundial: não podemos ter hiperglobalização, democracia e autodeterminação nacional ao mesmo tempo. *Podemos ter, no máximo, dois em cada três.* Se queremos hiperglobalização e democracia, precisamos desistir do Estado-nação. Se devemos manter o Estado-nação e queremos a globalização, dificilmente globalizaremos aspectos democráticos.[31]

O ideal, na visão de Rodrik, seria aproveitarmos simultaneamente os benefícios da globalização e da democracia. Se isso for possível, ninguém se preocuparia com o fato de os políticos nacionais ficarem sem seus empregos. Para Rodrik, a ideia de governança global seria a saída para explorarmos benefícios da globalização e democracia. Óbvio que existem dificuldades práticas com a governança global democrática, mas talvez também sejam exageradas. Muitos teóricos

---

30 RODRIK, Dani. *The globalization paradox*: democracy and the future of the world economy. W. W. Norton & Company. (Edição do Kindle – localização: 3214, 3207-3213).

31 RODRIK, Dani. *The globalization paradox*: democracy and the future of the world economy. W. W. Norton & Company. (Edição do Kindle – localização: 3214, 3207-3213).

políticos e estudiosos jurídicos sugerem que a governança democrática global pode surgir das redes internacionais de hoje.[32]

Contudo, o próprio Rodrik é cético sobre a opção de governança global, mas principalmente em termos substantivos e não práticos. Simplesmente porque há demasiada diversidade no mundo para que as nações sejam orientadas por regras comuns, mesmo que essas regras sejam, de alguma forma, o produto inevitável de processos democráticos. Padrões e regulamentos globais não são apenas impraticáveis. Eles são indesejáveis. A restrição da legitimidade democrática garante praticamente que a governança global resultará no menor denominador comum, um regime de regras fracas e ineficazes.[33]

Ocorre que não há nada de errado em se pensar numa globalização com regras democráticas. Na verdade, não há nada inerentemente contraditório entre ter um regime global baseado em regras e a democracia nacional. A democracia nunca é perfeita na prática. Como os cientistas políticos de Princeton, Robert Keohane, Stephen Macedo e Andrew Moravcsik argumentaram, regras externas bem elaboradas podem aumentar a qualidade e a legitimidade das práticas democráticas. As democracias, observam esses autores, não visam simplesmente maximizar a participação popular. Mesmo quando as regras externas restringem a participação a nível nacional, elas podem proporcionar benefícios democráticos compensadores, como melhorar a deliberação, reprimir as facções e garantir a representação minoritária.[34]

---

32 RODRIK, Dani. *The globalization paradox*: democracy and the future of the world economy. W. W. Norton & Company. (Edição do Kindle – localização: 3250-3254).

33 RODRIK, Dani. *The globalization paradox*: democracy and the future of the world economy. W. W. Norton & Company. (Edição do Kindle – localização: 3255-3260).

34 RODRIK, Dani. *The globalization paradox*: democracy and the future of the world economy. W. W. Norton & Company. (Edição do Kindle – localização: 3286-3291).

De fato, a concepção de governança global é algo relevante como alternativa e possibilidade de organização entre Estados soberanos no futuro. Ocorre que o conceito de governança global depende de uma relação mínima de homogeneidade entre as democracias que participariam desse tipo de regime.

Assim, tendo em vista a discrepância que existe entre democracias já consolidadas em relação às democracias frágeis, é mais crível e possivelmente útil a tentativa a curto prazo de se estabelecer um constitucionalismo dialogado.

Esse diálogo entre Tribunais nos fornece importante saída, ao menos em parte, para o trilema de Rodrik. Por meio do diálogo, não eliminamos o Estado-nação, pelo contrário, a autonomia do Estado é condição essencial para o diálogo, pois ele é que incrementa a troca de informações, logo, recrudesce a globalização. Ao mesmo tempo, a democracia é prestigiada. Isso porque o diálogo efetiva a democratização das conquistas do constitucionalismo.

Portanto, o diálogo entre Tribunais permitiria a expansão das conquistas civilizatórias para temas universalizáveis, *e.g.*, princípios constitucionais (dignidade, legalidade, devido processo legal) e direitos fundamentais.

2 Algumas notas sobre método e comparação: do sincretismo à arqueologia

Antes de passarmos à crítica de como os precedentes estrangeiros são mobilizados pelo STF na era do constitucionalismo global, é preciso considerar os riscos e as recompensas trazidas pelo método comparatista.

Para tanto, valer-nos-emos, em grande parte, das considerações de Pierre Legrand, Maurício Ramires e Andreas Vosskuhle sobre o tema, buscando conjugá-las num todo coerente.

No início, discorreremos sobre os valores – morais e intelectuais, por assim dizer – envolvidos nessa operação da inteligência jurídica. Depois, vamos descrever em quais termos a interação entre diferentes ordens jurídicas pode se dar. Ao final, debruçar-nos-emos sobre as tentações mais frequentes que se precipitam sobre os juristas empenhados na comparação de textos e decisões constitucionais.

Em seu opúsculo, *Como ler o Direito Estrangeiro*, Legrand sublinha o fato de que todo e qualquer sistema jurídico se encontra necessariamente ligado a uma cultura e a uma tradição específicas.[35] Seria o mesmo que dizer, seguindo Michel Foucault, que todo "Direito" se refere a uma *episteme*, uma estrutura sócio-histórica do saber, que define, *grosso modo*, os diferentes tipos e os limites das formas de conhecimento.[36]

A constatação pode soar óbvia para teóricos que, como nós, já trabalham, desde o início, sob a pressão de uma perspectiva global e globalizante. Ocorre que, como diversas vezes se dá com a simplicidade metodológica, ignoramos esse óbvio alerta de Legrand.

É que, ao tomar em consideração outro "Direito", para além do nosso, assinalamos, ainda que inconscientemente, que todo e qualquer sistema jurídico não pode mais, ou sequer pôde, aspirar à totalidade. Para Legrand, a perspectiva comparatista marca, também, uma "destotalização" das nossas próprias circunstâncias,

---

35 LEGRAND, Pierre. *Como ler o Direito Estrangeiro*. Trad. Daniel Wunder Hachem. São Paulo: Contracorrente, 2018, pp. 30/31.

36 "Por *episteme* entende-se, na verdade, o conjunto das relações que podem unir, em uma dada época, as práticas discursivas que dão lugar a figuras epistemológicas, a ciências, eventualmente a sistemas formalizados; o modo segundo o qual, em cada uma dessas formações discursivas, se situam e se realizam as passagens à epistemologização, à cientificidade, à formalização (...)". FOUCAULT, Michel. *Arqueologia do saber*. 6ª ed. Rio de Janeiro: Forense Universitária, 2002, pp. 217/218.

característica que, para o pensamento jurídico, revela-se estranha e quase contraintuitiva.[37]

O método comparatista é, para todos os efeitos, o caminho pelo qual a diferença se imiscui no Direito, tornando-o mais complexo. Já não bastam os referenciais internos da nossa própria ordem jurídica: a emergência do paradigma constitucional-global nos força a olhar para fora, cientes – como não poderíamos deixar de ser – do papel que as nossas pré-compreensões desempenham no afazer comparatista.

Embora não possamos mais almejar à submissão de todas as ordens jurídicas de todas as normas que existem no mundo a um par de postulados universais, isso não quer dizer que as leituras feitas por nós dos Direitos "alheios" possam se exceder na idiossincrasia. Daí a frase – ligeiramente chocante – de Legrand: "a comparação sempre constitui uma violação do outro Direito".[38]

A relação de alteridade entre uma e outra ordem jurídica – entre uma e outra ordem constitucional, melhor dizendo – deve ser enfatizada pelo método comparatista, sob o risco de, trazendo à baila o Direito Estrangeiro, nós apropriemos dele de forma automática, assimilando sob a ilusão de um espírito de totalidade.

Uma das saídas para essa dificuldade seria enfocar o "outro" Direito não pela óptica da sua positividade (entendida, aqui, no sentido mais baixo, quase pejorativo, do termo), mas sim a partir da ideia de "jurisculturа". Segundo Legrand, todo discurso jurídico é uma manifestação do discurso cultural, assim como o são a filosofia, a literatura e a arquitetura.[39]

---

37 LEGRAND, Pierre. *Como ler o Direito Estrangeiro*. Trad. Daniel Wunder Hachem. São Paulo: Contracorrente, 2018, pp. 32/33.

38 LEGRAND, Pierre. *Como ler o Direito Estrangeiro*. Trad. Daniel Wunder Hachem. São Paulo: Contracorrente, 2018, pp. 55/56.

39 Muito embora ele reconheça que a cultura não deve ser concebida como um princípio integrador dos diferentes discursos sociais. Há, em cada sociedade, "'intermitências', descontinuidades, e até mesmo rupturas.

O Direito posto – por lei ou decisão judicial – é sempre um ponto de partida, o início de um empreendimento arqueológico, durante o qual sempre devemos nos indagar, o que se esconde por detrás do que está exposto. Realizar o diálogo a partir de uma perspectiva *arqueol*ógica é imprescindível como ponto de partida para compreensão da outra ordem jurídica local/global, trata-se de uma deferência à complexidade ínsita a todo diálogo.

Lembrando Deleuze e Guattari, na introdução de *Mil Plat*ôs, as manifestações oficiais do Direito, as leis e a jurisprudência, devem ser encaradas como vestígios que se emaranham uns nos outros, culminando numa montagem intrincada, num *entrelaçamento rizomático*, prenhe de significado.[40]

Trata-se de um método, ou melhor, de uma perspectiva metodológica refratária à ideia de síntese. "O que o comparatista deve fazer é", segundo Legrand,

> elucidar a singularidade jurídica (certamente plural) consagrada localmente, isto é, imersa em uma história, uma economia, uma filosofia, uma sociedade de uma dada localidade, e que alberga em sua textualidade vestígios dessa múltipla imersão (...).[41]

Munidos desse programa – ainda que vago em certos pontos –, cabe-nos indagar de que forma o Direito Constitucional brasileiro e,

---

Mas existem ligações, conexões, redes, que permitem, por exemplo, identificar 'ressonâncias' eloquentes ou reveladoras entre os jardins de *Vaux-le-Vimconte* e o Código Civil francês. (LEGRAND, Pierre. *Como ler o Direito Estrangeiro*. Trad. Daniel Wunder Hachem. São Paulo: Contracorrente, 2018, pp. 67/68).

40 DELEUZE, Gilles; GUATTARI, Félix. *Mil Platôs*: capitalismo e esquizofrenia. vol. 1, 1ª ed. São Paulo: Editora 34, 1995.

41 LEGRAND, Pierre. *Como ler o Direito Estrangeiro*. Trad. Daniel Wunder Hachem. São Paulo: Contracorrente, 2018, p. 93.

por óbvio, a sua respectiva jurisdição constitucional, podem interagir com outros direitos.

Para nosso auxílio na concretização desse "discurso do método" comparatista, vêm as considerações de Maurício Ramires, traçadas no *Diálogo Judicial Internacional*.

Nela, parte-se da ideia, por nós compartilhada, de que, à luz do transconstitucionalismo, ou do constitucionalismo global, as decisões dos Tribunais Internacionais ganham significância ainda maior se encaradas, pelas ordens jurídicas particulares, como *loci* de concretização dos direitos fundamentais.[42]

Contudo, como vimos acima, não basta que, de tais julgados – ou mesmo julgados de outras cortes superiores estrangeiras –, sejam invocados somente os princípios e as soluções gerais. Faz-se necessário atentar para peculiaridade concreta do caso.

Para Ramires, escrevendo sob uma perspectiva de controle da discricionariedade, "o esforço comparatista sério é um vetor de contenção do arbítrio judicial na interpretação de princípios, por conferir à atividade interpretativa um sentido de coerência intersubjetiva".[43]

Assim, o convite estendido à jurisprudência internacional e estrangeira, para figurar entre os fundamentos das decisões do STF, por exemplo, não pode ser usado como pretexto para se restringir ou limitar direitos fundamentais que encontram plena guarida na Constituição.

A responsabilidade pelo risco de tais abusos ocorrerem deve ser compartilhada, segundo Ramires, com as próprias partes e com os

---

42 RAMIRES, Maurício. *Diálogo Judicial Internacional*: o uso da jurisprudência estrangeira pela justiça constitucional. Rio de Janeiro: Lumen Juris, 2016, p. 214.

43 RAMIRES, Maurício. *Diálogo Judicial Internacional*: o uso da jurisprudência estrangeira pela justiça constitucional. Rio de Janeiro: Lumen Juris, 2016, p. 219.

advogados que, ainda que bem intencionados, "importam" questões constitucionais estrangeiras, pressionando o STF a enfrentá-las por zelo ao dever de fundamentação.[44]

Antoine Garapon, examinando o contexto europeu, ressalta que o constitucionalismo, mais especificamente, os princípios constitucionais e os direitos fundamentais, criou um verdadeiro pacto entre os Judiciários das diferentes nações. Nesse paradigma, a oposição entre soberano e intruso externo se torna ultrapassada. Existe, para todos os efeitos, diálogo entre países. Por conseguinte, o Judiciário deveria procurar inspiração para suas decisões em juízos internacionais.[45]

Ramires enumera três pontos principiais, que consistiriam nas vantagens do diálogo judicial entre Tribunais: 1) o aumento exponencial das trocas de informações; 2) a existência de um denominador comum, no que concerne ao tema dos direitos fundamentais – afinal, entre as democracias constitucionais costuma haver uma repetição dos mesmos problemas –; e 3) o engajamento dos Tribunais na tarefa de construir e reforçar a democracia, por meio do Direito Constitucional.[46]

Considerando o caráter inevitável de interações desse tipo, Anne-Marie Slaughter propôs uma classificação básica, de muita valia,

---

44 RAMIRES, Maurício. *Diálogo Judicial Internacional*: o uso da jurisprudência estrangeira pela justiça constitucional. Rio de Janeiro: Lumen Juris, 2016, p. 222.

45 GARAPON, Antoine. *O guardador de promessas*: justiça e democracia. Lisboa: Instituto Piaget, 1996, pp. 39/40.

46 RAMIRES, Maurício. *Diálogo Judicial Internacional*: o uso da jurisprudência estrangeira pela justiça constitucional. Rio de Janeiro: Lumen Juris, 2016, pp. 110/111. Em sentido próximo, Marcelo Neves destaca que: "o transconstitucionalismo, como modelo de entrelaçamento que serve à racionalidade transversal entre ordens jurídicas diversas, abre-se a uma pluralidade de perspectivas para a solução de problemas constitucionais, melhor adequando-se às relações entre ordens jurídicas do sistema jurídico hierárquico da sociedade mundial". (NEVES, Marcelo. *Transconstitucionalismo*. São Paulo: Martins Fontes, 2009, p. 131).

baseada na ideia de *comunicação geométrica*, que leva em conta o *status* nacional ou internacional dos Tribunais nela envolvidos.[47]

Haveria, assim, duas formas de comunicação: horizontal (Tribunais locais) e vertical (Tribunais internacionais).[48] A verticalidade não implica, aqui, o gozo de uma posição superior, no sentido hierárquico do termo.

Na verdade, o adjetivo visa a designar os Tribunais internacionais "como vértices para onde convergem as diversas particularidades jurídico-constitucionais dos Estados, independentemente da autoridade que esses Estados estão dispostos a lhe conferir".[49] Da mesma forma, a comunicação horizontal dá-se entre os vértices, entre os pontos de origem, entre Tribunais de mesmo *status*.

Sistematizando a classificação de Slaughter, temos: (i) *comunicação* horizontal, a que ocorre entre Tribunais nacionais ou internacionais, ao se referenciarem mutuamente;[50] e (ii) *comunicação vertical*, a travada, nos dois sentidos, entre os Tribunais internacionais e os Tribunais dos Estados, que podem recorrer aos julgados um do outro, como *loci* de elucidação e concreção de direitos fundamentais.[51]

---

47 SLAUGHTER, Anne-Marie. "A Typology of Transjudicial Communication". *University of Richmond Law Review*, Richmond, vol. 29, nº 99, 1994.

48 SLAUGHTER, Anne-Marie. "A Typology of Transjudicial Communication". *University of Richmond Law Review*, Richmond, vol. 29, nº 99, 1994, p. 103.

49 RAMIRES, Maurício. *Diálogo Judicial Internacional*: o uso da jurisprudência estrangeira pela justiça constitucional. Rio de Janeiro: Lumen Juris, 2016, p. 238.

50 SLAUGHTER, Anne-Marie. "A Typology of Transjudicial Communication". *University of Richmond Law Review*, Richmond, vol. 29, nº 99, 1994, p. 103.

51 SLAUGHTER, Anne-Marie. "A Typology of Transjudicial Communication". *University of Richmond Law Review*, Richmond, vol. 29, nº 99, 1994, p. 107.

A partir desses dois sentidos, temos três modalidades de comunicação, de acordo com o grau de engajamento recíproco: (iii) *monólogo*, quando o Tribunal irradiador não se preocupa nem com os efeitos dos seus pronunciamentos, nem com o que têm a dizer os outros Tribunais;[52] (iv) *diálogo direto*, quando os Tribunais se dirigem um ao outro, expressa e especificamente, com o propósito de chegar a uma solução jurídica compartilhada (interação mais comum na União Europeia); e (v) *diálogo cruzado*, a forma mais comum, que ocorre quando as cortes compartilham entendimentos, invocando decisões "exteriores" em seus próprios julgados, como precedentes interpretativos, formando uma rede de citações mútuas.[53]

Ramires elenca sete hipóteses mais profícuas para a concretização do diálogo constitucional. As comunicações ocorrem – ou deveriam ocorrer – quando: 1) é necessário identificar princípios jurídicos comuns; 2) um Tribunal local precisa dar efetividade a direitos fundamentais internacionalmente protegidos; 3) é imprescindível conter a banalização e a arbitrariedade na aplicação dos princípios comuns e direitos fundamentais; 4) há repetição de questões comuns; 5) se está diante de questões politicamente sensíveis; 6) a norma constitucional é vaga ou ambígua; e 7) a experiência estrangeira pode ajudar a medir as consequências de uma solução jurídica específica.[54]

A esse esforço taxonômico, sem dúvida ainda muito necessário, gostaríamos de somar as observações de Andreas Vosskuhle, que,

---

52 SLAUGHTER, Anne-Marie. "A Typology of Transjudicial Communication". *University of Richmond Law Review*, Richmond, vol. 29, nº 99, 1994, pp. 112-114.

53 SLAUGHTER, Anne-Marie. "A Typology of Transjudicial Communication". *University of Richmond Law Review*, Richmond, vol. 29, nº 99, 1994, pp. 112-114.

54 RAMIRES, Maurício. *Diálogo Judicial Internacional*: o uso da jurisprudência estrangeira pela justiça constitucional. Rio de Janeiro: Lumen Juris, 2016, pp. 211-233.

num artigo recente sobre a utilização do Direito Internacional pelo Tribunal Constitucional Alemão, enfatizou como se deveria concretizar, na contemporaneidade, essa espécie de *pluralismo jurídico*.[55]

O ponto de partida da sua análise é a abertura explícita que a Constituição alemã faz aos direitos humanos e aos direitos internacionais, que por isso assumem, na ordem jurídica da Alemanha, uma dimensão que vai muito além do programa.[56] Segundo Vosskuhle, essa afiliação, esse comprometimento (*Menschenrechtsfreundlichkeit* e *Völkerrechtsfreundlichkeit*), liga, acima de qualquer dúvida, o Tribunal Constitucional e a ordem jurídica nacional à trama transconstitucional.

Essa ligação se expressa por meio de três exigências básicas, sendo que a última é a que mais nos interessa. *Primeira*: os órgãos estatais alemães têm o dever de cumprir as normas de Direito Internacional que vinculam a República Federal da Alemanha e abster-se, na medida do possível, de violá-las. *Segunda*: o legislador alemão tem de garantir que as violações cometidas contra o Direito Internacional possam ser corrigidas pelos órgãos estatais alemães. *Terceira*: a abertura ao Direito Internacional e aos direitos humanos, prevista na Constituição, integra-os de tal forma na ordem jurídica nacional que essas normas devem servir de "meios auxiliares de interpretação" (*Auslegungshilfe*) para a concretização dos direitos fundamentais,

---

55 VOSSKUHLE, Andreas. "Rechtpluralismus als Herausforderung: Zur Bedeutung des Völkerrechts und der Rechtsvergleichung in der Rechtsprechung des Bundesverfassungsgerichts". *ZaöRV*, vol. 79, 2019, pp. 481-501.

56 "(...) das Grundgesetz ist nicht nur europa- und völkerrechtsfreundlich, sondern auch spezifisch menschenrechtsfreundlich". (VOSSKUHLE, Andreas. "Rechtpluralismus als Herausforderung: Zur Bedeutung des Völkerrechts und der Rechtsvergleichung in der Rechtsprechung des Bundesverfassungsgerichts". *ZaöRV*, vol. 79, 2019, p. 485).

desempenhando uma "função normativa de condução e orientação" (*normative Leit- und Orientierungsfunktion*).[57]

Detenhamo-nos um pouco sobre esse ponto. Segundo Vosskuhle, por mais aberta que seja a Constituição, isso não significa que se possam abandonar as particularidades da ordem jurídica alemã ao recorrer a esses auxílios interpretativos. A relação que existe entre o Tribunal Constitucional Alemão e, por exemplo, a Corte Europeia de Direitos Humanos não é de subordinação ou de paralelismo, é, antes, um complexo sistema de comunicação que se projeta sobre vários planos.[58]

---

57 "Inhaltlich verlangt die Völkerrechtsfreundlichkeit des Grundgesetzes dreierlei: Erstens sind die deutschen Staatsorgane im Sinne eines Achtungsgebots verpflichtet, die die Bundesrepublik Deutschland bindenden Völkerrechtsnormen zu befolgen und Verletzungen nach Möglichkeit zu unterlassen. Einem Auseinanderfallen von völkerrechtlicher und innerstaatlicher Rechtslage hat die gesamte öffentliche Gewalt entgegenzuwirken. Zweitens hat der Gesetzgeber für die deutsche Rechtsordnung zu gewährleisten, dass durch eigene Staatsorgane begangene Völkerrechtsverstöße korrigiert werden können. Drittens können die deutschen Staatsorgane auch verpflichtet sein, das Völkerrecht im eigenen Verantwortungsbereich zur Geltung zu bringen, wenn andere Staaten es verletzen. Darüber hinaus dient der Grundsatz der Völkerrechtsfreundlichkeit speziell mit Blick auf die Europäische Menschenrechtskonvention (EMRK) als 'Auslegungshilfe' für die Grundrechte, die rechtsstaatlichen Grundsätze der Verfassung sowie für das einfache Recht: dem Konventionstext kommt Ausstrahlungswirkung bei der Verfassungsinterpretation zu, die Grundsatzentscheidungen des Europäischen Gerichtshofs für Menschenrechte (EGMR) entfalten eine normative Leit- und Orientierungsfunktion (...)". (VOSSKUHLE, Andreas. "Rechtpluralismus als Herausforderung: Zur Bedeutung des Völkerrechts und der Rechtsvergleichung in der Rechtsprechung des Bundesverfassungsgerichts". *ZaöRV*, vol. 79, 2019, p. 485).

58 "All dies verdeutlich: Das Verhältnis zwischen EGMR und Bundesvergassungsgericht ist damit weder eine Frage der simplen Über- und Unterordnung noch eine solche der Parallelisierung, sondern umschreibt mit dem Verfassungsgerichtsverbund ein komplexes Mehrebenensystem". (VOSSKUHLE, Andreas. "Rechtpluralismus als Herausforderung: Zur Bedeutung des Völkerrechts und der Rechtsvergleichung in der

Nesse ponto, consideramos que uma correlação com a *arqueologia* proposta por Legrand, qual seja, a complexidade necessária para efetuarmos qualquer tratamento do constitucionalismo em sua dimensão global. Vale dizer, a operação dialógica entre jurisdições constitucionais não se estrutura por método singular ou uma linearidade na importação do precedente. Do mesmo modo, não é uma relação que se dá mediante colmatação por hierarquia ou temporalidade, pelo contrário, é necessário o desenvolvimento de um complexo sistema de comunicação.

Assim, a visão de Vosskuhle representa uma perspectiva muito profícua e interessante, especialmente para a jurisdição constitucional. Os temas que lhe são colocados implicam, quase sempre, o manejo de princípios, os quais demandam um preenchimento, próprio e irrepetível, à luz do caso concreto. O esforço comparatista, nessas circunstâncias, possibilita torná-los ainda mais concretos, respeitando-se, é claro, como vimos, os limites impostos pela nossa própria ordem jurídica e pelas exigências do problema jurídico específico que se quer resolver.

Recusando-se a buscar *um só* método, Vosskuhle avança uma série de negativas que fazem eco às considerações de Legrand e Ramires: a comparação não pode se esgotar numa reunião empírica de decisões, sem qualquer comentário, acompanhada de generalidades banais e simples comparações entre conceitos e normas. Deve-se, antes, descrever a matéria a ser resolvida por meio desse expediente, de forma a direcionar o afazer comparatista a um problema específico, para o qual concorrem, inclusive, as soluções internas do sistema.[59]

Rechtsprechung des Bundesverfassungsgerichts". *ZaöRV*, vol. 79, 2019, p. 487).

59 "Einigkeit besteht aber jedenfalls darüber, dass sich Vergleichung nicht in einem kommentarlosen (empirischen) Zusammenstellen von Unterschieden und Gemeinsamkeiten oder einer simplen Begriffs- bzw. Normenvergleichung erschöpfen darf. Vielmehr wird ertragreiche Rechtsvergleichung regelmäßig mehrere Phasen bzw. Schritte

Em nossa síntese, além do cuidado minucioso e da análise das especificidades de cada caso, o diálogo constitucional deve se justificar de modo a demonstrar como o uso do precedente estrangeiro se presta a enriquecer o Direito Constitucional onde passou a ser utilizado. Esse enriquecimento, do ponto de vista institucional, deve ser uma contribuição ao processo civilizatório historicamente empreendido pelo constitucionalismo em cada democracia constitucional.

3 O precedente estrangeiro na jurisprudência do STF

Na prática do STF, já é possível vislumbrar a utilização de decisões estrangeiras.[60] A tarefa da doutrina é avaliar criticamente essa importação, mormente considerando que, tal como qualquer outro instrumento normativo "nacional", o Tribunal não está dispensando do cotejo analítico de que trata o CPC 489 §1º.

Aliás, arriscamos dizer que a utilização de precedentes estrangeiros impõe um ônus argumentativo ainda maior. Não se trata "só" de justificar determinada interpretação da lei ou jurisprudência à luz dos fatos do caso concreto; é preciso considerar que as respectivas construções teóricas importadas possuem uma genealogia e exercem, dentro daquele ordenamento jurídico específico, determinado papel.

---

durchlaufen müssen: von einer sichtend-beschreibenden über eine erklärende Stufe bis hin zum eigentlichen Kern der Vergleichung, dem Gegenüberstellen und Bewerten des Materials. Dabei ist gerade für die auf die konkrete Rechtsanwendung festgelegte (Verfassungs-) Rechtsprechung eine Vergleichsmethode interessant, die sich auf die Lösung eines spezifischen Sachproblems richtet". (VOSSKUHLE, Andreas. "Rechtpluralismus als Herausforderung: Zur Bedeutung des Völkerrechts und der Rechtsvergleichung in der Rechtsprechung des Bundesverfassungsgerichts". *ZaöRV*, vol. 79, 2019, p. 499).

60 Para um rol de decisões do STF utilizando decisão estrangeira, conferir: NEVES, Marcelo. *Transconstitucionalismo*. São Paulo: WMF Martins Fontes, 2009, pp. 179 e ss.

Não se está a dizer, por óbvio, que outros potenciais não podem ser extraídos. Vejamos, por exemplo, o caso das cláusulas gerais e conceitos legais indeterminados que, conforme já expôs um dos coautores deste texto em seu *Direito Constitucional Pós-Moderno*, foram utilizados pelo regime nazista para degenerar o Direito (Positivo) desde dentro.[61]

Tanto a cláusula geral quanto os conceitos legais indeterminados são instrumentos cuja função consiste em dinamizar o sistema normativo, permitindo uma maior adaptação do texto para a evolução da sociedade e modificação da realidade. Karl Larenz especifica que os referidos dispositivos podem ser utilizados para introdução de valores no ordenamento ou para autorizar a lei a fazer a remissão a conceitos extrajurídicos, como os bons costumes e a moral social.[62]

Se no mais sombrio dos momentos do século XX, as cláusulas gerais, por exemplo, foram usadas de forma autoritária, é inegável que diversas delas – *e.g.* função social do contrato, boa-fé objetiva e função social da propriedade – desempenham um papel absolutamente fundamental no regramento do Direito brasileiro e, quiçá, mundial.

Nas páginas seguintes nos dedicaremos à análise de um punhado de julgamentos nos quais o STF utilizou precedentes estrangeiros. Uma conclusão pode ser apontada desde já ao leitor mais ansioso: ainda que nosso levantamento não seja exaustivo – algo que, dadas as dimensões das competências detidas pelo STF e a quantidade de casos por ele julgados, seria um trabalho verdadeiramente hercúleo – percebe-se que o Tribunal não realiza, ao menos não de forma sistemática, um diálogo interjurisdicional.

---

61 ABBOUD, Georges. *Direito Constitucional Pós-Moderno*. São Paulo: Revista dos Tribunais, 2021, n. 1.3.4.5, pp. 133 e ss.

62 LARENZ, Karl. *Metodologia da ciência do Direito*. 5ª ed. Lisboa: Fundação Calouste Gulbenkian, 2009, pp. 310-312, 407 e 410.

Comecemos por um dos mais importantes casos julgados pelo STF nos últimos anos: a Ação Penal n. 470, popularmente conhecida como *Mensalão*. O julgado foi um verdadeiro divisor de águas, pois a partir de então as portas do STF foram escancaradas a todos os tipos de críticas, das mais acertadas às mais rasteiras, ingênuas e, quiçá, de má-fé.

O julgamento foi monumental. Uma análise detida do acórdão principal – com mais de 8 mil e 400 páginas – poderia servir por si só de objeto de monografias, para além, é claro, dos inúmeros recursos que se avolumaram.

Uma das principais controvérsias ligadas à AP n. 470 versa não especificamente sobre um diálogo *jurisprudencial*, mas, antes, sobre a importação canhestra da famigerada *teoria do domínio do fato*, cujo principal artífice é o Professor Claus Roxin. Para os especialistas no assunto, uma conclusão é, nos é, no mínimo, incomoda: "Nem os seus adeptos (...) nem os que a criticam (...) parecem dominar o domínio do fato".[63]

A teoria nem de longe foi aplicada de forma dialógica. Tratou-se muito mais de um recurso retórico supostamente legitimado pelo selo de "importado" que acompanha a teoria que serviu de ocasião a diversas arbitrariedades do que propriamente uma internalização dogmaticamente sustentada.

Ao longo do acórdão, contudo, veem-se diversas menções a precedentes estrangeiros, como, por exemplo: (i) julgado do Tribunal Constitucional Alemão acerca da "utilização do princípio da proporcionalidade como proibição de proteção deficiente"[64] (*BverfGE*

63 GRECO, Luís; LEITE, Alaor. "Fatos e mitos sobre a teoria do domínio do fato". *Consultor Jurídico*, 18 out. 2013. Disponível em: https://www.conjur.com.br/2013-out-18/luis-greco-alaor-leite-fatos-mitos-teoria-dominio-fato. Acessado em: 30.09.2022.

64 STF, Tribunal Pleno, AP 470, rel. Min Joaquim Barbosa, pp. 2323/8405 do acórdão.

88, 203, 1993); (ii) julgado do Supremo Tribunal Espanhol "acerca da aptidão da prova indiciária ou indireta para embasar juízo condenatório"[65] (STS 392/2006); (iii) decisão do Tribunal Federal de Justiça (BGH) da Alemanha a respeito do art. 129 do Código Penal Alemão, na citação feita por Jorg Kinzig;[66] (iv) irrelevância do modo como uma quadrilha se estrutura, nos termos da jurisprudência do 3º Senado do BGH Alemão (3 StR 231/11).[67]

É obvio que não estamos afirmando que as aplicações foram incorretas ou imprecisas. Nosso intuito aqui é destacar *como, no mais das vezes*, essas decisões estrangeiras são utilizadas: meras reproduções de ementas ou trechos do *decisum*, sem grandes contextualizações, com remissão, vez ou outra, a algum julgado ou citação doutrinária nacional aparentemente compatível.

Coisa muito diversa ocorreu, por exemplo, no julgamento do AgRg RE 217141 pela 2ª Turma do STF, no bojo do qual, com fundamento na doutrina de Jörn Ipsen cotejada conjuntamente com os princípios de nossa Constituição, entendeu-se que o ato administrativo fundado em lei inconstitucional não é necessariamente nulo.[68]

Merece destaque o fato de que a dogmática brasileira da Reclamação Constitucional, um de nossos mais remédios processuais-constitucionais com maiores potencialidades, tenha sido construído, em seu nascedouro, pela jurisprudência do STF fortemente influenciada por decisões da Suprema Corte Norte-Americana.

---

65 STF, Tribunal Pleno, AP 470, rel. Min Joaquim Barbosa, p. 1096 do acórdão.

66 STF, Tribunal Pleno, AP 470, rel. Min Joaquim Barbosa, pp. 1430/1431 do acórdão.

67 STF, Tribunal Pleno, AP 470, rel. Min Joaquim Barbosa, pp. 5944-5946 do acórdão.

68 Cf. STF, 2ª T., AgRg RE 217141-SP, rel. Min. Gilmar Mendes, j. 13.06.2006, DJ 04.08.2006.

A reclamação surge, inicialmente, como a resposta a um problema de cariz eminentemente prático: a necessidade de um instrumento que pudesse garantir a autoridade dos pronunciamentos do Supremo Tribunal Federal. Como bem anota a doutrina, a natureza prática do problema e a ausência de uma regulamentação a respeito da reclamação, fez com que sua utilização fosse de difícil legitimação, de modo que sua criação e evolução jurisprudencial mais sólidas tenham ocorrido a partir da chamada "teoria dos poderes implícitos" (*implied powers*).[69]

A doutrina dos poderes implícitos é em grande parte tributária do celebre caso *McCulloch vs. Maryland* (17 U.S. 316), julgado em 1819 pela Suprema Corte Norte-Americana. O caso tratava, essencialmente, da polêmica em torno da criação do Segundo Banco dos Estados Unidos da América em 1816, e estabelecimento de filiais (*branches*) em diversos Estados, que gerou à época forte reação em vista do fato de que boa parte de suas ações eram controladas por ingleses e outros estrangeiros.[70]

---

69 Cf. por todos, MENDES, Gilmar Ferreira; BRANCO, Paulo Gustavo Gonet. *Curso de Direito Constitucional.* 16ª ed. São Paulo: Saraiva, 2021. pp. 1573/1574. Jose da Silva Pacheco ressalta que ao lado da doutrina dos poderes implícitos, outras três influências foram importantes: "do Direito romano, em que se admitia a *suplicatio*, a partir da *cognitio extra ordine*; do nosso Direito antigo, em que se contemplava o agravo de ordenação não guardada, conforme Ordenações Filipinas, Livro III, tít. XX, § 46, e Livro I, tit. V, § 4º; e do agravo por dano irreparável do Regulamento 737, de 25.11.1850; (...) do direito de organização judiciária dos Estados, que incluía a correição parcial, principalmente pela do antigo Distrito Federal; (...) do mandado de segurança contra atos de autoridade judicial, a partir de 1934; e) do atentado contra ato judiciário". PACHECO, José da Silva. "A 'reclamação' no STF e no STJ de acordo com a nova Constituição". *Revista dos Tribunais*, vol. 646, 1989, pp. 19-32. Cf. ABBOUD, Georges. *Processo Constitucional Brasileiro.* 5ª ed. São Paulo: Revista dos Tribunais, 2021, n. 4.11.7.1., pp. 1025 e ss.

70 CASAGRANDE, Cássio Luís; BARREIRA Jônatas Henriques. "O caso McCulloch v. Maryland e sua utilização na jurisprudência do STF".

Uma das mais notáveis reações hostis foi justamente a do Estado de Maryland, que passou a taxar notas emitidas por bancos de fora do Estado, o que incluía a filial do Segundo Banco, além de impor uma penalidade de US$ 100 para cada nota emitida sem o respectivo recolhimento do tributo.[71] Conforme lembra Robert Eugene Cushman, desde o caso *Bank of United States vs. Deveaux*, em 1809, já houvera se estabelecido a celeuma acerca do direito de um Estado taxar uma filial do Banco dos Estados Unidos da América, que acabaria por culminar no caso *McCulloch vs. Maryland*.[72]

O Tribunal julgou no sentido de que ainda que não houvesse um poder expresso na Constituição dos EUA que permitisse ao Congresso a criação de um Banco, tal poder estaria implícito em outras competências expressas, tais como a de cunhar moedas, regular seu valor e instituir impostos (Seção 8).

Na emblemática decisão exarada, o então Chief Justice Marshall explicitou que "não há nada na Constituição dos Estados Unidos semelhante aos Artigos de Confederação, que excluem poderes incidentais ou implícitos", e prosseguiu afirmando que, se a finalidade for constitucionalmente legítima, ou seja, se o ente efetivamente dispuser daquela atribuição, deterá também todos os maiores apropriados à consecução daquele fim, desde que não proibidos.

Se determinado meio não é proibido pela Constituição e apropriado ao cumprimento de competências explicitamente conferidas ao Governo da União, o grau de sua necessidade, prossegue Marshall, é uma questão de discricionariedade legislativa, e não de

---

Revista de Informação Legislativa, vol. 56, nº 221, 2019, pp. 247-270 e 253.

71 CASAGRANDE, Cássio Luís; BARREIRA Jônatas Henriques. "O caso McCulloch v. Maryland e sua utilização na jurisprudência do STF". *Revista de Informação Legislativa*, vol. 56, nº 221, 2019, pp. 252/253.

72 CUSHMAN, Robert Eugene. "History of the Supreme Court in Resume". *Minnesota Law Review*, vol. 7, 1923, pp. 275-305 e 281-283.

conhecimento judicial. Numa palavra: a Constituição dá poderes implícitos ao exercício de competências explícitas.[73]

A discussão de fundo era a extensão da chamada cláusula "*necessary and proper*" aposta ao fim da Seção 8 da Constituição dos EUA que, após arrolar as competências do Congresso, dava a ele a competência para elaborar as leis "necessárias e apropriadas" ao exercício dos poderes elencados, bem como àqueles conferidos pela Constituição ao Governo dos Estados Unidos, qualquer departamento ou funcionário.[74]

James Madison fez contundente defesa da mencionada cláusula em artigo posteriormente incluído nos famosos Federalist Papers. Segundo ele, a Convenção poderia ter abordado o assunto de quatro outras formas: (i) copiar o artigo 2º dos Artigos da Confederação,

---

73 "There is nothing in the Constitution of the United States similar to the Articles of Confederation, which exclude incidental or implied powers. If the end be legitimate, and within the scope of the Constitution, all the means which are appropriate, which are plainly adapted to that end, and which are not prohibited, may constitutionally be employed to carry it into effect. The power of establishing a corporation is not a distinct sovereign power or end of Government, but only the means of carrying into effect other powers which are sovereign. Whenever it becomes an appropriate means of exercising any of the powers given by the Constitution to the Government of the Union, it may be exercised by that Government. If a certain means to carry into effect of any of the powers expressly given by the Constitution to the Government of the Union be an appropriate measure, not prohibited by the Constitution, the degree of its necessity is a question of legislative discretion, not of judicial cognizance". (JUSTIA. *McCulloch v. Maryland, 17 U.S. 316 (1819)*. Disponível em: https://supreme.justia.com/cases/federal/us/17/316/. Acessado em: 17.10.2022).

74 No original: "To make all Laws which shall be necessary and proper for carrying into Execution the foregoing Powers, and all other Powers vested by this Constitution in the Government of the United States, or in any Department or Officer thereof". UNITED STATES SENATE. *Seção 8, Constituição dos EUA*. Disponível em: https://www.senate.gov/civics/constitution_item/constitution.htm#a1_sec8. Acessado em: 17.10.2022.

que proibia o exercício de quaisquer poderes não expressamente designados; (ii) tentar numerar os poderes compreendidos como "necessários e apropriados"; (iii) tentar numerar negativamente os poderes que não estariam compreendidos entre estes; ou (iv) silenciar sobre o assunto, deixando os poderes "necessários e apropriados" à "construção e inferência".[75]

Após analisar as deficiências de cada uma das referidas opções, Madison anotou que

> (n)enhum axioma é mais claramente estabelecido na lei, ou na razão, do que onde quer que o fim seja requerido, os meios são autorizados; onde quer que seja dado um poder geral para fazer algo, todo poder particular necessário para fazê-lo está incluído.[76]

A doutrina dos poderes implícitos aparece de forma bastante clara no julgamento pelo Supremo Tribunal Federal da sempre citada Reclamação n. 141 em 1952, de relatoria do Min. Rocha Lagoa, no qual se afirmou que:

> A competência não expressa dos Tribunais Federais pode ser ampliada por construção constitucional. Vão seria o poder, outorgado ao Supremo Tribunal Federal de julgar em recurso extraordinário as causas decididas por outros Tribunais, se lhe não fôra possivel fazer prevalecer os seus próprios

---

75 MADISON, James. "The Federalist, 44". *In*: HAMILTON, Alexander; MADISON, James; JAY, John. *The Federalist Papers*. Nova York: Oxford University Press, 2008, pp. 224/225.

76 MADISON, James. "The Federalist, 44". *In*: HAMILTON, Alexander; MADISON, James; JAY, John. *The Federalist Papers*. Nova York: Oxford University Press, 2008, p. 226. No original: "No axiom is more clearly established in law, or in reason, than that wherever the end is required, the means are authorized; wher- ever a general power to do a thing is given, every particular power necessary for doing it is included". (Tradução nossa).

> pronunciamentos, acaso desatendidos pelas justiças locais. A criação dum remédio de direito para vindicar o cumprimento fiel das suas sentenças, está na vocação do Supremo Tribunal Federal e na amplitude constitucional e natural de seus poderes. Necessária e legitima é assim a admissão do processo de Reclamação, como o Supremo Tribunal tem feito. É de ser julgada procedente a Reclamação quando a justiça local deixa de atender à decisão do Supremo Tribunal Federal.[77]

Trata-se de um dos mais emblemáticos casos em que um efetivo *diálogo interjurisdicional de longo prazo* foi efetivamente levado a cabo. Começou por influenciar a jurisprudência nacional para, na sequência, culminar, em 1957, na inclusão do Capítulo V-A do Título III do RISTF/1940. O fim provisório dessa história é o atual CPC 988.

Passemos a análise de mais alguns julgados nas quais foram feitas remissões a jugados estrangeiros.

O HC 82424/RS foi paradigmático porque, a partir dele, o STF determinou que seria crime de racismo a publicação de livro com conteúdo antissemita (negativa de holocausto). O crime de racismo, *in casu*, constituiria óbice à liberdade de expressão. O item 9 da ementa do acórdão faz referência expressa às decisões internacionais.[78]

---

77 STF, Pleno, Rcl 141, rel. Min. Rocha Lagoa, j. 25.01.1952, DJ 17.04.1952.

78 "9. Direito Comparado. A exemplo do Brasil as legislações de países organizados sob a égide do Estado Moderno de Direito Democrático igualmente adotam em seu ordenamento legal punições para delitos que estimulem e propaguem segregação racial. Manifestações da Suprema Corte Norte-Americana, da Câmara dos Lordes da Inglaterra e da Corte de Apelação da Califórnia nos Estados Unidos que consagraram entendimento que aplicam sanções àqueles que transgridem as regras de boa convivência social com grupos humanos que simbolizem a prática de racismo". STF, Pleno, HC 82424-RS, rel. Min. Moreira Alves, rel. p/ ac. Min. Maurício Correa, j. 17.09.2003, m.v., *DJ* 19.03.2004.

Outro exemplo em que se fez alusão às decisões estrangeiras foi o julgamento da ADIn 3510/DF que julgava a constitucionalidade da Lei n. 11105/2005, a qual regulamentava as pesquisas com célula-tronco. Mais precisamente, o voto do Min. Gilmar Mendes, lastreado em posicionamento do Tribunal Constitucional Alemão, no sentido de que a Lei n. 11105/2005 5º era deficiente na regulamentação (tratamento normativo) das pesquisas com células-tronco e, por isso, seria inconstitucional por violar o princípio da proporcionalidade, não como proibição de excesso (*Übermassverbot*), mas como proibição de proteção deficiente (*Untermassverbot*).

O RE 477554/MG[79] estendeu o benefício por morte do parceiro do CC 1723 para união estável homoafetiva, para atingir essa conclusão lastreou-se em decisões estrangeiras que se socorreram do direito à felicidade. A Suprema Corte dos Estados Unidos tem aplicado esse princípio em alguns precedentes – como In Re Slaughter-House Cases (83 U.S. 36, 1872), Butchers' Union Co. *v.* Crescent City Co. (111 U.S. 746, 1884), Yick Wo *v.* Hopkins (118 U.S. 356, 1886), Meyer *v.* Nebraska (262 U.S. 390, 1923), Pierce *v.* Society of Sister (268 U.S. 150, 1925), Griswold *v.* Connecticut (381 U.S. 479, 1965), Loving *v.* Virginia (388 U.S. 1, 1967), Zablocki *v.* Redhail (434 U.S. 374, 1978), *v.g.* – nos quais esse Alto Tribunal, ao apoiar os seus "*rulings*" no conceito de busca da felicidade ("*pursuit of happiness*"), imprimiu-lhe significativa expansão, para, a partir da exegese da cláusula consubstanciadora desse direito inalienável, estendê-lo a situações envolvendo a proteção da intimidade e a garantia dos direitos de se casar com pessoa de outra etnia, de ter a custódia de filhos menores, de aprender línguas estrangeiras, de se casar novamente, de exercer atividade empresarial e de utilizar anticoncepcionais.

---

79 STF, RE 477554-MG AgR, 2ª T., rel. Min. Celso de Mello, j. 16.08.2011, v.u., *DJe* 26.08.2011.

No RE 477554/MG, os precedentes internacionais não foram explorados de forma densa, seu uso ocorreu mais como caráter doutrinário, no sentido de enriquecimento do voto mediante seu uso e não a partir de efetivo diálogo constitucional.

No HC 110185/SP,[80] foi utilizada decisão proferida pela Corte Interamericana de Direitos Humanos como parâmetro para se estabelecer o alcance do princípio constitucional do juiz natural.

Trata-se da decisão proferida pela Corte Interamericana de Direitos Humanos em 22.11.2005, no julgamento do "Caso Palamara Iribarne *vs.* Chile", em que se determinou à República do Chile que ajustasse o seu ordenamento interno aos padrões internacionais sobre jurisdição penal militar, de forma que, se se considerasse necessária a existência de uma jurisdição penal militar, fosse essa limitada ao conhecimento de delitos funcionais cometidos por militares em serviço ativo.

O STF tem entendido, em casos idênticos, que não se tem por configurada a competência da JMU, em tempos de paz, tratando-se de réus civis, se a ação eventualmente delituosa não afetar a integridade, a dignidade, o funcionamento e a respeitabilidade das instituições militares, que constituem os bens jurídicos penalmente tutelados.

Cabe rememorar a histórica decisão da Suprema Corte dos Estados Unidos da América ("*landmarking ruling*"), proferida em 1866, do caso "Ex Parte Milligan". A Suprema Corte, ao examinar a decisão condenatória motivada por fatos ocorridos no curso da Guerra Civil americana, veio a invalidar tal condenação, que impusera pena de morte por traição a um acusado civil, por entender que, mesmo que se tratasse de um crime praticado nas circunstâncias de tempo e de lugar em que ocorrera, ainda assim um civil não poderia

---

80 STF, HC 110185-SP, 2ª T., rel. Min. Celso de Mello, j. 14.05.2013, v.u., *DJe* 30.10.2014.

ser julgado por uma Corte militar, desde que os órgãos judiciários da Justiça comum estivessem funcionando regularmente.

Por decisão unânime, entendeu-se que a Constituição não se suspende em períodos de crise ou de emergência nacional, pois ela representa a lei suprema em qualquer tempo e se aplica a todos.

Estas considerações revelam-se de indiscutível importância em face do caráter de fundamentalidade de que se reveste o princípio do juiz natural, princípio esse de importante matriz político-ideológica, que conforma a atividade legislativa do Estado, bem como condicionam o desempenho das funções de caráter penal-persecutório.

Segundo o Relator, a essencialidade do princípio do juiz natural impõe ao Estado o dever de respeitar essa garantia básica que predetermina os órgãos judiciários investidos de competência funcional para apreciação de litígios penais, detendo tanto uma natureza de garantia indisponível a qualquer pessoa, quanto uma de limitação insuperável, incidindo sobre os órgãos incumbidos de promover a repressão criminal.

A decisão do HC 110185/SP, possivelmente, constitui um dos melhores usos de decisões estrangeiras pelo STF, uma vez que efetivamente se dialogou com o precedente estrangeiro como parâmetro normativo para se densificar a garantia constitucional do juiz natural.

Ainda sobre o tema, o precedente estrangeiro foi usado como parâmetro para definição acerca da viabilidade de pessoas tatuadas assumirem cargo em concurso público no julgamento do RE 898450/SP.[81] No referido julgado, o STF definiu que o Estado não pode compreender a liberdade de expressão como direito absoluto. Do mesmo modo, não seria lícito que o Estado proibisse o cidadão de acessar e exercer uma função pública, quando tiver sido aprovado em um concurso público, em virtude de ostentar de maneira visível

---

81 STF, Pleno, RE 898450/SP, rel. Min. Luiz Fux, j. 17.08.2016, m.v., *DJe* 31.05.2017.

ou não, uma pigmentação definitiva em seu corpo que simbolize alguma ideologia, sentimento, crença ou paixão.

Ou seja, uma tatuagem, *per se*, não é sinal de inaptidão profissional, apenas podendo inviabilizar o desempenho de um cargo ou emprego público, quando exteriorizar valores excessivamente ofensivos à dignidade dos seres humanos, ao desempenho da função pública pretendida (como na hipótese, *e.g.*, de um candidato ao cargo policial que possua uma tatuagem simbolizando uma facção criminosa ou o desejo de assassinato de policiais), incitação à violência iminente, ameaças reais ou representar obscenidades. O STF, para definir o que seria efeviamente tatuagem que não se coadunaria com a liberdade de expressão, usou o consagrado caso Miller *vs.* California que estabeleceu o chamado teste de Miller para definição do que seria ato obsceno. *Verbis*:

> Nunca é demais rememorar que, nos Estados Unidos, essas manifestações desarrazoadas estão fora da tutela proporcionada pela Primeira Emenda que assegura a liberdade de expressão. Especificamente quanto ao significado do que seria obscenidade, são seguros os critérios apontados pela Suprema Corte norte-americana no famoso aresto Miller vs. Califórnia de 1973 [413 U.S. 15 (1973)]. Nele, a Corte Constitucional dos Estados Unidos apontou que um ato será obsceno quando preencher três condições, desenhadas como os parâmetros do Miller-Test, a saber: um ato será obsceno quando: i) o homem médio, seguindo padrões contemporâneos da comunidade, considere que a obra, tida como um todo, atrai o interesse lascivo; ii) quando a obra retrata ou descreve, de modo ofensivo, conduta sexual, nos termos do que definido na legislação estadual aplicável; iii) quando a obra, como um todo, não possua um sério valor literário, artístico, político ou científico.[82]

---

82 STF, Pleno, RE 898450/SP, rel. Min. Luiz Fux, j. 17.08.2016, m.v., *DJe* 31.05.2017.

Ainda no mesmo julgamento, o STF utilizou precedentes estrangeiros para demonstrar que a liberdade de expressão tem uma dimensão ampla, não se limitando apenas aos discursos escritos ou falados. Desse modo:

> (...) a Suprema Corte Americana alarga a proteção da liberdade de expressão não apenas para os discursos falados e escritos pelos cidadãos, mas também para os "meios de comunicação não tradicional", como a "dança" (caso Schad v Borough of Mount Ephraim, 452 US 61, 65-66, 1981), os "filmes cinematográficos" (caso Joseph Burstyn, Inc v Wilson, 343 US 495, 501-02 1952) a "música" (caso Ward v Rock Against Racism, 491 US 781, 790, 1989), além de condutas demonstrativas de alguma expressão, como "queimar a bandeira" (caso Texas v Johnson, 491 US 397, 399, 1989), e algumas "expressões artísticas" (caso National Endowment for the Arts v Finley, 524 US 569, 602, 1998). Assim, colocar uma tatuagem em evidência, pela imagem ou mensagem que transmite, por si só, já seria a demonstração de que se trata de uma manifestação digna de receber a proteção da liberdade de expressão, dentro das limitações inerentes a este tipo de discurso.

No RE 627189/SP,[83] foi utilizado precedente da Corte Europeia de Justiça para parametrização do princípio da precaução na análise da tentativa de reduzir o campo eletromagnético das linhas de transmissão de energia elétrica abaixo do patamar legal. O assunto corresponde ao Tema 479 da Gestão por Temas da Repercussão Geral do portal do STF na internet e trata, à luz dos arts. 5º, *caput* e inciso II, e 225 da Constituição Federal, da possibilidade de se impor a concessionária de serviço público de distribuição de energia elétrica, por observância do princípio da precaução, a obrigação de reduzir o campo eletromagnético de suas linhas de transmissão, de acordo com padrões internacionais de segurança, em face de eventuais

---

83 STF, Pleno, RE 627189/SP, rel. Min. Dias Toffoli, j. 08.06.2016, v.m., *DJe* 03.04.2017.

efeitos nocivos à saúde da população. Assim, na visão do STF, nos controles administrativo e jurisdicional do exercício da precaução, deve-se verificar tão somente se, na escolha do Estado, foram adotados os procedimentos mencionados e se as decisões legislativas e/ou administrativas produzidas obedecem a todos os fundamentos de validade das opções discricionárias, como os requisitos da universalidade, da não discriminação, da motivação explícita, transparente e congruente, e da proporcionalidade da opção adotada.

Seria incorreta a afirmativa de que esse princípio deva ser aplicado quando não comprovado o afastamento total dos riscos efetivos ou potenciais, uma vez que, dificilmente, haverá um produto ou serviço que possa estar livre de qualquer margem de risco à saúde ou, conforme o caso, ao meio ambiente. Para a ciência, inclusive, não existe – em um contexto amplo – um nível de risco igual a zero, pois os riscos não podem ser excluídos, na medida em que sempre permanece a probabilidade de um dano menor, ou seja, os riscos sempre existirão, mas podem ser minimizados. Para corroborar seu entendimento, STF usou julgado da Corte de Justiça da Comunidade Europeia, no qual se salientou que as medidas de precaução não devem ser uma tentativa de se atingir um "risco zero", nem pode a adoção do princípio da precaução justificar a adoção de decisões arbitrárias.[84] Assim, a aplicação do princípio somente deve ser exigida quando existente certo nível de evidência sobre um risco e quando a margem de segurança for excedida; ou seja, incidirá o princípio quando houver incertezas científicas sobre riscos possíveis, a fim de se evitarem impactos potencialmente prejudiciais ao meio ambiente e/ou à saúde pública.[85]

No que diz respeito ao tema dos direitos fundamentais, no julgamento da ADIn 2859/DF, utilizou-se de informações de julgados

84 Cf. Court of Justice of the European Communities, Case C-241-01, julgado em 22.10.2002.

85 STF, Pleno, RE 627189/SP, rel. Min. Dias Toffoli, j. 08.06.2016, v.m., *DJe* 03.04.2017.

de diversas cortes para se definir a viabilidade ou não do compartilhamento direto de informações ao Fisco.[86]

Ainda sobre direitos fundamentais, no julgamento do MS 25787/DF[87] foi usado o precedente do Tribunal Constitucional Alemão para parametrização do contraditório. A questão debatida, na ocasião, estava adstrita a saber se a impetrante teve violados seus direitos à ampla defesa e ao contraditório no processo administrativo instaurado com o objetivo de apurar a ocorrência das causas legais para a declaração de caducidade do contrato de concessão para prestação do serviço de transporte aéreo. Foi usado o precedente de *Bundesverfassungsgericht* para demonstrar que o contraditório envolve não só o direito de manifestação e o direito de informação sobre o objeto do processo, mas também o direito do indivíduo de

---

86 STF, Pleno, ADIn 2859/DF, rel. Min. Dias Toffoli, j. 24.02.2016, m.v., *DJe* 21.10.2016. "Quanto ao tratamento dado à matéria pelas Cortes Constitucionais pelo mundo, destaco que as Supremas Cortes da Espanha e da Itália expressamente rejeitaram a ideia de oposição do sigilo bancário às autoridades fiscais, afirmando que simplesmente não é possível se extrair do Direito à intimidade e à vida privada uma proteção de acesso dos dados bancários dos contribuintes em face da Administração Tributária. Nesse contexto, o Brasil se coloca em situação peculiar em relação à absoluta maioria dos países civilizados com a manutenção de um entendimento jurisprudencial excessivamente ampliativo do âmbito de proteção do direito à intimidade e que interdita o acesso a tais dados pela Administração Tributária sem prévia autorização judicial".

Ao final, tece um resumo da discussão e a sua respectiva conclusão: "A requisição e o acesso direto pelas autoridades fiscais de informações bancárias e financeiras dos contribuintes é constitucional, desde que necessário para apuração do tributo, controlado o acesso e a utilização de tais dados no âmbito interno do Fisco e mantido o sigilo fiscal em relação a pessoas estranhas à Administração Tributária".

87 MS 25787-DF, Informativo/STF 449, rel. Min. Gilmar Mendes, j. 08.11.2006, *DJe* 14.09.2007.

ver os seus argumentos contemplados pelo órgão incumbido de julgar (BVerfGE 70, 288-293).[88]

No HC 97567/RJ utilizou-se precedentes internacionais para verificação da licitude de prova obtidas em monitoramente ambiental em escritório de advocacia. Nesse julgado, o STF fez menção à "exclusionary rule" – considerada essencial, pela jurisprudência da Suprema Corte dos Estados Unidos da América, na definição dos limites da atividade probatória desenvolvida pelo Estado – destina-se a proteger os réus, em sede processual penal, contra a ilegítima produção ou a ilegal colheita de prova incriminadora (Weeks *v.* United States, 232 U.S. 383, 1914 – Garrity *v.* New Jersey, 385 U.S. 493, 1967 – Mapp *v.* Ohio, 367 U.S. 643, 1961 – Wong Sun *v.* United States, 371 U.S. 471, 1963, *v.g.*), impondo, em atenção ao princípio do "due process of law", o banimento processual de quaisquer evidências que tenham sido ilicitamente coligidas pelo Poder Público.

---

88 "Daí afirmar-se, correntemente, que a pretensão à tutela jurídica, que corresponde exatamente à garantia consagrada no art. 5º, LV, da Constituição, contém os seguintes direitos: 1) direito de informação (*Recht auf Information*), que obriga o órgão julgador a informar à parte contrária dos atos praticados no processo e sobre os elementos dele constantes; 2) direito de manifestação (*Recht auf Äusserung*), que assegura ao defendente a possibilidade de manifestar-se oralmente ou por escrito sobre os elementos fáticos e jurídicos constantes do processo; 3) direito de ver seus argumentos considerados (*Recht auf Berücksichtigung*), que exige do julgador capacidade, apreensão e isenção de ânimo (*Aufnahmefähigkeit und Aufnahmebereitschaft*) para contemplar as razões apresentadas (...) que corresponde, obviamente, ao dever do juiz ou da Administração de a eles conferir atenção (*Beachtenspflicht*), pode-se afirmar que ele envolve não só o dever de tomar conhecimento (*Kenntnisnahmepflicht*), como também o de considerar, séria e detidamente, as razões apresentadas (*Erwägungspflicht*) (Cf. DÜRIG/ ASSMANN. *In*: MAUNZ-DÜRIGi. Grundgesetz-Kommentar. Art. 103, vol. IV, n. 97). É da obrigação de considerar as razões apresentadas que deriva o dever de fundamentar as decisões (Decisão da Corte Constitucional – BVerfGE 11, 218 (218); Cf. DÜRIG/ASSMANN. *In*: MAUNZ-DÜRIG. Grundgesetz-Kommentar. Art. 103, vol. IV, n. 97)". MS 25787-DF, Informativo/STF 449, rel. Min. Gilmar Mendes, j. 08.11.2006.

Na mesma linha, no HC 94082/RS, foram mencionadas duas decisões da Suprema Corte dos EUA para garantir o direito ao silêncio para indiciado/acusado e testemunha, são os casos Escobedo vs. Illinois (1964) e Miranda *vs.* Arizona (1966).

Em termos negativos, consideramos na decisão da ADPF 347/DF, uso equivocado do precedente estrangeiro. Mais especificamente, o colombiano para a inserção do argumento referente ao *estado de coisas inconstitucional*. Esse argumento foi introduzido no julgamento da APDF 347/DF de relatoria do Min. Marco Aurélio de Mello que trata do sistema carcerário brasileiro.

De forma sintética, a ação ajuizada busca obter, via Judiciário e com fundamento na declaração do "Estado de Coisas Inconstitucional", uma ordem ao governo federal para que elabore e encaminhe ao STF, no prazo de três meses, um Plano Nacional para modificação das condições do sistema carcerário. Após a deliberação do "Plano Nacional", determinar ao governo de cada Estado e do DF que formule e apresente ao STF, no prazo de três meses, um plano estadual ou distrital, que "se harmonize com o Plano Nacional" bem como impor o "imediato descontingenciamento das verbas existentes no Fundo Penitenciário Nacional (Funpen)", determinar ao Conselho Nacional de Justiça que coordene um ou mais mutirões carcerários, entre outras medidas.

Claro que consideramos imprescindível cuidado imediato com a situação prisional do Brasil, do mesmo modo, há diversos pontos positivos na ADPF 347/DF, por exemplo a obrigatoriedade das audiências de custódia. Ocorre que a obrigatoriedade da realização de audiência de custódia poderia ser obtida por meio de decisão declaratória de constitucionalidade ou mediante interpretação conforme a Constituição, em nenhuma hipótese, o ECI se faria imprescindível para tanto.

Nosso receio é a utilização de fundamento estrangeiro alheio à tradição do constitucionalismo nacional: o estado de coisas inconstitucional. A partir desse fundamento, sem a devida estruturação e fundamentação, corre-se o risco de se tornar judicializável, inclusive perante a jurisdição constitucional, qualquer questão fático-problemática, bem como qualquer política pública. Do mesmo modo, o estado de coisas inconstitucional não pode servir de subterfúgio decisório para que o STF adentre em qualquer matéria, ainda que não haja previsão no texto constitucional. Nesse contexto, caminharíamos para aniquilação normativa do princípio da separação de poderes, compreendido como parâmetro esteio de limitação do poder imprescindível numa democracia. Bem utilizado, contudo, o ECI pode ser uma ferramenta útil na discussão, perante o STF, de temas complexos e que exijam a atuação coordenada dos três poderes da República.

Se é verdade que a separação de poderes se modifica com o tempo, fato é que sua função limitadora de poder se mantém, e é justamente ela que foi a pedra base para solidificação das democracias e das atuais e complexas engenharias constitucionais.

Diante desse quadro, consideramos a utilização do *estado de coisas inconstitucional* um diálogo constitucional, sem padrões metodológicos, realizado pelo STF naquele caso específico, sem prejuízo de, conforme mencionado, o ECI poder ser de grande valia se bem estruturado. Daí a importância de estudarmos e estruturarmos premissas para que o diálogo se sofistique e aprimore. Com efeito, aqui se faz imprescindível o alerta de Marcelo Neves:

> (...) é bom que se tenha cuidado para que a inovação frequente da jurisprudência americana, alemã, e de outras ordens jurídicas não constitua mais um episódio histórico do colonialismo no campo da cultura jurídica. Passaríamos, então, da importação acrítica de modelos legislativos e doutrinários para uma incorporação inadequada de precedentes jurisprudenciais.[89]

89 NEVES, Marcelo. *Transconstitucionalismo*. São Paulo: WMF Martins Fontes, 2009, p. 182.

Assim, bem compreendido o diálogo constitucional, é possível que, no futuro, o constitucionalismo salte para um novo paradigma. Outrossim, bem realizado, o diálogo pode contribuir para a resolução de um dos maiores entraves ao Estado Constitucional contemporaneamente, qual seja, combater a discricionariedade judicial. Nesse sentido, Mauricio Ramires dispõe que:

> (...) o diálogo judicial assume-se como uma constrição da discricionariedade dos órgãos judiciais, à medida que estes, ao invés de se verem como absolutamente livres para atribuir ao texto constitucional o sentido que bem quiserem, passar a ter se se haver com os sentidos construídos por uma tradição compartilhada.[90]

Como é cediço, somente em um modelo decisório discricionário (não genuinamente democrático), faz sentido se perscrutar pelo bom ou mau humor do julgador, seu senso de justiça e outros critérios de índole subjetiva, afinal, o resultado da decisão depende daquilo que lhe for conveniente, oportuno ou justo.

No paradigma democrático, por sua vez, a discricionariedade deve constantemente ser combatida e fiscalizada, dado que a decisão não pode depender de critérios subjetivos, mas, sim, dos parâmetros e amarras próprios da democracia constitucional, ou seja, Constituição, lei, precedentes, doutrina, jurisprudência etc. No segundo modelo, não deve interessar o humor do julgador, mas sua correta interpretação dos diversos elementos jurídicos que detêm normatividade em face das especificidades do caso concreto.[91]

---

90 RAMIRES, Maurício. *Diálogo Judicial Internacional*: o uso da jurisprudência estrangeira pela justiça constitucional. Rio de Janeiro: Lumen Juris, 2016, p. 16.

91 ABBOUD, Georges. *Discricionariedade administrativa e judicial*. São Paulo: Revista dos Tribunais, 2014.

Desse modo, de nada adianta a Constituição e o processo democrático se admitirmos que as questões jurídicas possam ser julgadas por parâmetros extrajurídicos, em regra, correspondentes à consciência e à vontade do julgador. Nesse contexto, o círculo democrático não fecha. A ponta da decisão judicial, na qual o jurisdicionado deve(ria) ter seu direito tutelado e reparado, continua aberta, porque admite o uso da discricionariedade. Quando a questão jurídica do cidadão é examinada por um juízo discricionário, na realidade, está sendo-lhe conferida uma resposta não jurídica.

Portanto, não bastasse a clara perda democrática para o cidadão que teria sua questão jurídica solucionada com base na discricionariedade, a esse jurisdicionado também seria negada a possibilidade de realizar qualquer avaliação qualitativa da decisão jurídica, uma vez que, no contexto da discricionariedade, há uma multiplicidade de respostas corretas para o mesmo caso jurídico, ainda que contraditórias entre si.

Contemporaneamente, o maior desafio para o Direito é racionalizar a decisão sobre as questões jurídicas. Se houve avanço no campo da legalidade, há ainda um *déficit* no aspecto decisório. Tanto a decisão judicial quanto o ato administrativo somente adquirirão uma dimensão jurídico-democrática quando deixarem de ser pautados na subjetividade, na vontade e em parâmetros discricionários. Aliás, deve-se frisar que essa é a chave de leitura para uma correta interpretação e aplicação do § 1º do CPC 489, LINDB 20/21, bem como do art. 926, *caput*, do CPC. Nesse ponto que o diálogo constitucional se apresenta como importante ferramenta para contribuir nesse combate à discricionariedade judicial, mormente dos Tribunais responsáveis pela jurisdição constitucional, no caso brasileiro, o próprio Supremo Tribunal Federal.

Apesar de não termos feito pesquisa exaustiva, é possível realizarmos alguma análise acerca do uso do precedente estrangeiro pelo STF.

De início, podemos destacar que, não obstante haver diversas referências às decisões estrangeiras, efetivamente não há uma institucionalização do diálogo constitucional propriamente dito.

Mencionamos, logo de início, um exemplo bastante canhestro em que não só não houve diálogo entre jurisdições constitucionais, como a decisão invocada sequer foi minimamente analisada.[92]

Trata-se de decisão monocrática de 3.4.2021, no bojo da ADPF 701, no qual se impediu que Estados e municípios proibissem cultos presenciais na Páscoa – mesmo diante do alarmante estado de calamidade pública decorrente da pandemia da Covid-19 – tomando como um dos "fundamentos" a menção a uma decisão proferida pela Suprema Corte Norte-Americana (Decisão 592 U.S. 2021), em que se considerou inconstitucional a completa restrição a cultos religiosos.

Tal precedente sequer foi contextualizado, mas tão somente mencionado e aplicado sem recepção crítica, o que sequer satisfaz critérios simples de fundamentação, a exemplo do CPC 489, §1º, V. Dito de outra forma, se o CPC proíbe a mera menção a "precedente" brasileiro sem o devido cotejo, o que falar da utilização não fundamentada de decisão estrangeira?

A mencionada decisão não trouxe consigo um juízo de recepção jurídica do *decisum*, não se desincumbiu de justificar a efetiva *necessidade* de se mencionar o precedente estrangeiro, tampouco se atentou para as drásticas diferenças fáticas entre Brasil e EUA no que diz respeito ao controle da pandemia; afinal, à época já era amplamente sabido que este último logrou êxito em reduzir os índices

---

92 Neste ponto deter-nos-emos à análise da aplicação incorreta do precedente estrangeiro. Contudo, já tivemos a oportunidade de mencionar em artigo específico que a decisão incorreu em diversos outros equívocos. Ver ABBOUD, Georges. "Os cinco equívocos da decisão que permitiu cultos presenciais na Páscoa". *Consultor Jurídico*, 21 dez. 2021. Disponível em: https://www.conjur.com.br/2021-abr-07/abboud-equivocos-decisao-permitiu-cultos-presenciais. Acessado em: 30.09.2022.

de morte e contaminação pelo coronavírus mediante programas de vacinação que caminham em velocidade muito superior à nossa.

É preciso haver uma antropofagia hermenêutica do precedente estrangeiro. Em geral, precedentes estrangeiros são utilizados em grandes temas constitucionais nos quais um diálogo no âmbito mundial se impõe como forma de reduzir a complexidade da questão e auxiliar a evitar juízos discricionários sobre temas ainda não decididos no Direito nacional. Aqui, nos parece, tratou-se de mero recurso argumentativo para se chegar à decisão que se queria de antemão. Ou seja, o uso cosmético, e não metodológico, do precedente estrangeiro.

Por diversas vezes, as decisões têm uso meramente doutrinário, em outras, elas apenas ornamentam alguns julgados, e parte das decisões citadas não são sequer contextualizadas historicamente no ordenamento em que foram importadas. Novamente relembramos a lição de Legrand pela necessidade de uma visão arqueológica para estruturarmos efetivamente a questão do diálogo constitucional.

Dessa forma, para haver efetiva exploração dos julgados estrangeiros, o STF – ou qualquer Tribunal que faça uso da decisão estrangeira – deve realizar efetivo diálogo, ou seja, no mínimo expor o seguinte: a) por qual razão aquela decisão estrangeira foi escolhida; b) qual seu real conteúdo; c) quais foram as contribuições dessa decisão estrangeira no ordenamento importado; d) se ela ainda é referência normativa no ordenamento indicado; e) qual a real vantagem na sua importação; f) expor a dimensão normativa da decisão estrangeira mediante filtragem constitucional em face da nossa Constituição.

Se conseguirmos sedimentar real espaço para a concretização do dialogo, haverá produtivo uso das decisões estrangeiras o que nos concederá as seguintes vantagens: a) aumento exponencial das trocas de informações; b) existência de um denominador comum concernente ao tema dos direitos fundamentais, afinal, entre as democracias constitucionais, costuma haver uma repetição dos mesmos problemas que a tradição constitucional busca solucionar;

c) o engajamento dos Tribunais na tarefa de construir e reforçar a democracia por meio do Direito Constitucional;[93] d) eliminação de qualquer subterfúgio para a discricionariedade judicial no sentido de que em virtude do ineditismo da temática a ser decidida, seria lícito ao Tribunal atribuir ao texto o sentido que quisessem. O precedente internacional constituiria, a um só tempo, a eliminação de qualquer grau zero de sentido, bem como constituiria elemento linguístico apto a impor ônus argumentativo ao Tribunal para elaboração de decisões qualitativamente superiores; e) o uso do precedente internacional permitiria a globalização de aspectos positivos do constitucionalismo.

Referências bibliográficas

ABBOUD, Georges. *Direito Constitucional Pós-Moderno*. São Paulo: Revista dos Tribunais, 2021.

_____. *Discricionariedade administrativa e judicial*. São Paulo: Editora Revista dos Tribunais, 2014.

_____. "Os cinco equívocos da decisão que permitiu cultos presenciais na Páscoa". *Consultor Jurídico*, 21 dez. 2021. Disponível em: https://www.conjur.com.br/2021-abr-07/abboud-equivocos-decisao-permitiu-cultos-presenciais. Acessado em: 30.09.2022.

_____. *Processo Constitucional Brasileiro*. 5ª ed. São Paulo: Revista dos Tribunais, 2021.

DELEUZE, Gilles; GUATTARI, Félix. *Mil Platôs*: capitalismo e esquizofrenia. vol. 1, 1ª ed. São Paulo: Editora 34, 1995.

---

93 RAMIRES, Maurício. *Diálogo Judicial Internacional*: o uso da jurisprudência estrangeira pela justiça constitucional. Rio de Janeiro: Lumen Juris, 2016, pp. 110/111. Em sentido próximo, Marcelo Neves destaca que: "(...) o transconstitucionalismo, como modelo de entrelaçamento que serve à racionalidade transversal entre ordens jurídicas diversas, abre-se a uma pluralidade de perspectivas para a solução de problemas constitucionais, melhor adequando-se às relações entre ordens jurídicas do sistema jurídico hierárquico da sociedade mundial". NEVES, Marcelo. *Transconstitucionalismo*. São Paulo: WMF Martins Fontes, 2009, p. 131.

FARIA, José Eduardo; GIORGI, Rafaelle de; CAMPILONGO, Cesar. "Estado de Coisas Inconstitucional". *Estado de São Paulo*, 19 set. 2015. Disponível em: http://opiniao.estadao.com.br/noticias/geral,estado-de--coisas-%20-inconstitucional,10000000043#. Acessado em: 30.09.2022.

FOUCAULT, Michel. *Arqueologia do saber*. 6ª ed. Rio de Janeiro: Forense Universitária, 2002.

GARAPON, Antoine. *O guardador de promessas*: justiça e democracia. Lisboa: Instituto Piaget, 1996.

HABERMAS, Jürgen. *A Inclusão do Outro*: estudos de Teoria Política. 1ª ed. Trad. Denilson Luís Werle. São Paulo: Editora UNESP, 2018.

_____. *Zur Rekonstruktion des Historischen Materialismus*. 1ª ed. Frankfurt am Main: Suhrkamp Verlag, 1976.

JUSTIA. McCulloch v. Maryland, 17 U.S. 316 (1819). Disponível em: https://supreme.justia.com/cases/federal/us/17/316/. Acessado em: 17.10.2022.

LEGRAND, Pierre. *Como ler o Direito Estrangeiro*. Trad. Daniel Wunder Hachem. São Paulo: Contracorrente, 2018.

LUHMANN, Niklas. "Am Anfang war kein Unrecht". *In*: _____. *Gesellschaftsstruktur und Semantik: Studien zur Wissenssoziologie der modernen Gesellschaft*. vol. III. Frankfurt am Main: Suhrkamp, 1989.

_____. *Die Politik der Gesellschaft*. 1ª ed. Frankfurt am Main: Suhrkamp Verlag, 2002.

_____. "Evolution und Geschichte em: Geschichte und Gesellschaft". *Zeitschrift für historische Sozialwissenschaft*, 2, 1976.

_____. *Sistemas sociais*: esboço de uma teoria geral. Trad. Marco Antonio dos Santos Casanova et al. Petrópolis: Vozes, 2016.

MIRANDA, Jorge. *Teoria do Estado e da Constituição*. 3ª ed. Rio de Janeiro: Forense, 2011.

NEVES, Marcelo. *Transconstitucionalismo*. São Paulo: WMF Martins Fontes, 2009.

RAMIRES, Maurício. *Diálogo judicial internacional*. Rio de Janeiro: Lumen Juris, 2016.

RODRIK, Dani. *The globalization paradox*: democracy and the future of the world economy. W. W. Norton & Company. (Edição do Kindle).

SLAUGHTER, Anne-Maria. "A typology of transjudicial communication". *University of Richmond Law Review*, nº 99, 1994.

TEUBNER, Gunther. *Fragmentos constitucionais*. São Paulo: Saraiva, 2020.

THORNHILL, Chris. *A sociology of transnational constitutions*: social foundations of the post-national legal structure. 1ª ed. Cambridge: Cambridge University Press, 2016.

TUSHNET, Mark. "The inevitable globalization of Constitutional Law". *Harvard Law School. Public Law & Legal Theory Working Paper Series*, 2008. Disponível em: http://ssrn.com/abstract=1317766. Acessado em: 30.09.2022.

UNITED STATES SENATE. *Seção 8, Constituição dos EUA*. Disponível em: https://www.senate.gov/civics/constitution_item/constitution.htm#a1_sec8. Acessado em: 17.10.2022.

VOSSKUHLE, Andreas. "Rechtpluralismus als Herausforderung: Zur Bedeutung des Völkerrechts und der Rechtsvergleichung in der Rechtsprechung des Bundesverfassungsgerichts". *ZaöRV*, vol. 79, 2019.

CAPÍTULO II

QUOD OMNES TANGIT (O QUE RESPEITA A TODOS): CONSTITUIÇÕES TRANSNACIONAIS SEM DEMOCRACIA?[1]

GUNTHER TEUBNER

É bastante controverso, no debate teórico-democrático, e não apenas nele, o que a constitucionalização atualmente em curso dos regimes transnacionais significa para a democratização deles. Tribunais nacionais e internacionais, instituições de política internacional e de Direito Internacional, movimentos sociais e organizações não governamentais, mas também os próprios regimes transnacionais devem confrontar-se com os crescentes problemas resultantes de seu *déficit* democrático e dispor-se para a busca de novas soluções.

---

1 TEUBNER, Gunther. “Quod omnes tangit: transnationale verfassungen ohne demokratie?” *Der Staat*, 57, 2018, pp. 1-24.

Apresenta-se aos Tribunais esta questão, quando devem decidir sobre se eles reconhecem ou não as Constituições dos regimes transnacionais como direito vigente, o que oferece, particularmente, grandes dificuldades para os regimes híbridos e privados. Preste-se como exemplo o caso Waite e Kennedy contra a Alemanha, no qual a Corte Europeia de Direitos Humanos submeteu a Constituição de um regime transnacional, o dos departamentos europeus de astronáutica, a um controle judicial.[2] O Tribunal estabeleceu a seguinte regra: contanto que as normas de uma Constituição de regime violem princípios fundamentais de legitimidade democrática, sobretudo direitos fundamentais, o Tribunal declarará tais normais como nulas.[3] Isso é uma forma do generalizado princípio do "enquanto" ("*Solange*") do regime democrático, com o qual o Tribunal torna o reconhecimento de Constituições de regime dependentes de sua legitimidade democrática. Enquanto Constituições de regime não se preocuparem com uma legitimidade suficiente, principalmente com a proteção dos direitos fundamentais, as normas estabelecidas pelo regime não serão reconhecidas como direito vigente. Se essa prática judiciária consolidar-se, a Justiça há de se tornar uma das instâncias que exercem considerável pressão externa, com o que os regimes desenvolvem, com responsabilidade própria, processos de democracia interna.[4]

---

2 EGMR, Urt. V. 18.02.1999, Beschw.-Nr. 26083/94 – Waite und Kennedy/Germany. Uma fundamental discussão encontra-se em WALTER, Christian. "Constitutionalizing (Inter)national Governance: Possibilities for and Limits to the Development of an International Constitutional Law". *German Yearbook of International Law*, 44, 2001, pp. 170 (187 e ss.).

3 As normas em questão conferem imunidade de jurisdição internacional ao ESA, nos casos em que o Tribunal verificou uma violação do princípio, de direito fundamental, do direito de ser ouvido por autoridades judiciais.

4 Sobre a atuação conjunta da pressão externa e da autoconstitucionalização interna, VIELLECHNER, Lars. *Transnationalisierung des Rechts*. Alemanha: Velbrück, 2013, pp. 285 e ss.; VIELLECHNER,

No que concerne à política internacional, constatou Andrew Moravcsik desde 2004: "A *global governance* está democraticamente legitimada ou padece sob um *déficit* democrático? Essa se torna uma das questões centrais – talvez a questão central na política mundial atual".[5] Desde então, diante das massivas tendências de renacionalização tanto no espectro político de direita quanto de esquerda, agravaram-se claramente os problemas de legitimidade da *governance* transnacional.[6] Isso coloca agentes da sociedade civil, movimentos de protesto, organizações não governamentais, sindicatos, mídia e as diversas partes interessadas dos regimes transnacionais diante desta alternativa estratégica: devem eles utilizar sua influência política para fortalecer a legitimidade dos regimes transnacionais ou devem eles, ao contrário, contribuir para a deslegitimação deles, e concentrar suas próprias atividades, em vez disso, na política estatal nacional?

Por fim, corresponde ao próprio interesse dos regimes transnacionais que eles procurem reduzir, energicamente, seu *déficit* de legitimidade. Uma vez que os regimes transnacionais e, sobretudo, aqueles do setor privado, são instruídos pela livre cooperação dos destinatários das normas, devem eles prestar atenção à aceitação, a fim de que possam, afinal, implementar suas *policies* e regras.[7] E

Lars. "Responsiver Rechtspluralismus: Zur Entwicklung eines transnationalen Kollisionsrecht". *Der Staat*, vol. 51, 2012, p. 559.

5 MORAVCSIK, Andrew. "Is there a 'Democratic Deficit' in World Politics? a Framework for Analysis". *Government and Opposition*, vol. 39, 2004, p. 336.

6 Se, por um lado, para os direitos políticos, as tendências nacionalistas constituem uma rotina esperável, a renacionalização significa, para a esquerda política uma revisão comprometedora de seus princípios de internacionalização, STREECK, Wolfgang. *Gekaufte Zeit*: Die vertagte Krise des demokratischen Kapitalismus. Alemanha: Suhrkamp Verlag, 2013; SCHEIDERMAN, David. "Resisting Economic Globalization: Critical Theory and International Investment Law". *Basingstoke*, 2013.

7 TAKE, Ingo. "Legitimacy in Global Governance: International, Transnational and Private Institutions Compared". *Swiss Political Science Review*, vol. 18, 2012, p. 220.

suas capacidades de resolução de problemas dependem diretamente da disposição de atuação conjunta das pessoas interessadas.[8]

1 Crítica: incapacidade democrática dos regimes transnacionais?

De qualquer modo, a legitimidade democrática continua a ser o calcanhar de Aquiles dos regimes transnacionais. As Constituições de regime sem democracia – assim diz a crítica fundamental do constitucionalismo transnacional.[9] Sob palavras-chave como "federalismo executivo pós-democrático", "Estado Global imperial em formação" e "novo constitucionalismo da economia global", a constitucionalização transnacional é criticada como busca mal escamoteada do próprio interesse das elites políticas e econômicas[10] ou como tendência de expansão de sistemas de função dominantes.[11] As Constituições, para além do Estado nacional, podem, na verdade, estabelecer, em

---

8 SCHOLTE, Jan-Aart. "Reinventing Global Democracy". *European Journal of International Relations*, vol. 20, 2014, p. 3.

9 Particularmente proeminente, HABERMAS, Jürgen. "Die Krise der Europäischen Union im Lichte einer Konstitutionalisierung des Völkerrechts". *In*: HABERMAS, Jürgen. *Zur Verfassung Europas*: Ein Essay. Berlim: Suhrkamp, 2011, p. 39; HABERMAS, Jürgen. "Konstitutionalisierung des Völkerrechts und die Legitimationsprobleme einer verfassten Weltgesellschaft". *In*: HABERMAS, Jürgen. *Philosophische Texte, 4*: Politische Theorie. Frankfurt am Main: Suhrkamp, 2009, p. 402. Uma assimilação cuidadosa da crítica em MÖLLER, Kolja. "A Critical Theory of Transnational Regimes: Creeping Mangerialism and the Quest for a Destituent Power". *In*: BLOME, Kerstin; FISCHER-LESCANO, Andreas; FRANZKI, Hannah; MARKARD, Nora (Coord.). *Contested Collisions*: Norm Fragmentation in World Society. Cambridge: Cambridge University Press, 2016, p. 255.

10 HIRSCHL, Ran. *Towards Juristocracy*: the Origins and Consequences of the New Constitutionalism. Cambridge: Harvard University Press, 2004.

11 MÖLLER, Kolja. "From constituent to Destituent Power Beyond the State". *Transnational legal Theory*, 7, 2018.

certa medida, de modo bem sucedido, procedimentos internos de decisão, talvez também fortalecer tendências do Estado de Direito ou até mesmo institucionalizar direitos fundamentais, mas, diante das exigências da democracia, elas falham em grande medida.

A crítica é completamente justificada, na medida em que ela insiste sobre o fato de que os princípios de legitimidade desenvolvidos historicamente também devem valer para a *govenance* transnacional. Contudo, não se devem negligenciar, nessa crítica, duplos *standards* não justificados e elementos de auto-imunização. Ambos, efetivamente, bloqueiam, o que Roberto Unger denominou como "*institucional imagination*".[12] Quando constitucionalistas e cientistas políticos caracterizam regimes transnacionais "privados" como ilegítimos, porque lhes falta o elemento do "público", quando eles, porém, ao mesmo tempo, reconhecem a legitimidade dos regimes "públicos", contanto que possam derivar apenas formalmente de instituições do mundo de Estados, então isso é um claro caso de injustificados duplos *standards*.[13] Eles ignoram, simplesmente, numerosos estudos empíricos que demonstram que alguns regimes "privados", como a *governance* de internet ICANN ou as organizações da *Forest and Marine Stewardship Councils*, constituídas sob regime de Direito Privado, apresentam claramente um grau de democratização mais elevado do que muitos regimes "públicos".[14] Segundo as investigações

---

12 UNGER, Roberto M. "Legal Analysis as Institutional Imagination". *The Modern Law Review*, vol. 59, 1996, p. 59.

13 Claro quanto à polêmica, BOGDANDY, Armin; DELLAVALLE, Sergio. "Die Lex mercatória der Systemtheorie: Verortung, Rekonstruktion und Kritik aus öffentlichrechtlicher Perspektive". *In*: CALLIESS, Christian; FISCHER-LESCANO, Andreas; WIELSCH, Dan; ZUMBANSEN, Peer. *Soziologische Jurisprudenz*: Festschrift Für Gunther Teubner. Berlim: De Gruyter, 2009, p. 645.

14 Sobre o ICANN, VIELLECHNER, Lars. *Transnationalisierung des Rechts*. Alemanha: Velbrück, 2013, pp. 134 e ss.; sobre o Marine Stewardship Council, ELLIS, Jaye. "Network Governance for High Seas Fisheries: the Role of the Marine Stewardship Council". *SSRN eLibraby*, 2011; sobre o Forest Stewardship Council, MEIDINGER,

de Take, nem mesmo um único dos casos empíricos estudados provam que "a *governance* internacional de Direito Público possa pretender um grau de legitimação elevado, em princípio, comparativamente às formas de *governance* transnacionais ou privadas".[15] E, em suas críticas aos regimes transnacionais do "setor privado", mostram-se elas cegas diante do massivo *déficit* democrático das instituições públicas nacionais e internacionais, cujo caráter "pós-democrático" foi continuamente descoberto e criticado.[16]

Hauke Brunkhorst, um dos críticos mais perfilados do constitucionalismo transnacional em nome da democracia, atreve-se à discutível tese de que o *déficit* democrático pode ser combatido quando os regimes transnacionais forem autorizados pelas instituições políticas da União Europeia.[17] Como pode, seriamente, apostar em tal delegação de poder, quando se sabe que a delegação sempre abre

---

Errol. "Competitive Supra-Governmental Regulation: How Could It Be Democratic?" *Buffalo Legal Studies Research Paper Series*, nº 2007-007.

15 TAKE, Ingo. "Legitimacy in Global Governance: International, Transnational and Private Institutions Compared". *Swiss Political Science Review*, vol. 18, 2012, "Conclusion", sub. 1.

16 Cf. CROUCH, Colin. *Das befremdliche Überleben des Neoliberalismus*. Berlim: Suhrkamp, 2011.

17 BRUNKHORST, Hauke. "The Beheading of The Legislative Power: European Constitutionalisation Between Capitalism and Democracy". *In*: FOSSUM, John Erik; MENÉNDEZ, Agustín José (Coord.). *The European Union in Crises Or The European Union as Crises?* Noruega: University of Oslo, 2014, p. 585. Certamente, com mais razão, outros autores exigem um fortalecimento das vinculações de legitimação dos regimes transnacionais para os Estados nacionais, MAUS, Ingeborg. "Verfassung oder Vertrag: Zur Verrechtlichung globaler Politik". *In*: NIESEN, Peter; HERBORTH, Benjamin (Coord.). *Anarchie der kommunikativen Freiheit*. Frankfurt am Main: Suhrkamp, 2007, p. 350 (381); RENNER, Moritz. *Zwingendes transnationales Recht*: Zur Struktur der Wirtschaftsverfassung jenseits des Staates. Baden-Baden: Nomos, 2011, pp. 244 e ss.

espaços incontroláveis de autonomia?[18] O *déficit* de legitimação desapareceria ou apenas diminuiria se regimes transnacionais devem se estabelecidos com o auxílio de mecanismos formais de delegação do Poder Público e ser reconduzidos a uma longa e interminável cadeia de legitimação, que se estende do cidadão aos seus representantes políticos, aos sistemas de atuação dos Estados nacionais – submetidos a muitos regimes autoritários com discutível convicção democrática – até as alturas da delegação de poder nos regimes?[19]

Autores mais ambiciosos sob o ponto de vista teórico praticam uma espécie de auto-imunização quando empregam, implicitamente, diversas medidas, de um lado, para as Constituições políticas estatais e, de outro lado, para as Constituições transnacionais de regime. Alguns se servem até mesmo dos instrumentos conceituais da teoria do sistema, mas apenas, infelizmente, de maneira altamente seletiva. Logo, eles tratam de modo bastante diferente a relação seguramente problemática entre, de um lado, a lógica da função dos sistemas sociais e, de outro lado, de sua legitimação democrática, conforme essa relação diga respeito ao sistema político ou ao sistema econômico (ou outros sistemas sociais).[20] Para os regimes do sistema político, eles

---

18 Assim, claramente, KJAER, Poul. "The Function of Justification in Transnational Governance". *Center for Global Constitutionalism*, 2015, p. 17.

19 Para uma crítica às tentativas de fundamentar a legitimidade das instituições transnacionais nos Estados nacionais ou no Direito Internacional, HORST, Johan. "Lex Financiaria: Das transnationale Finanzmarktrecht der International Swaps and Derivates Association (ISDA)". *Archiv des Völkerrechts*, vol. 53, 2015, p. 461; igualmente, FORST, Rainer. "Transnationale Gerechtigkeit and Demokratie: Zur Überwindung von drei Dogmen der politischen Theorie". *In*: NIESEN, Peter (Coord.). *Transnationale Gerechtigkeit und Demokratie*. Frankfurt am Main: Suhrkamp, 2012, p. 29 (44).

20 SCHNEIDERMAN, David. "Global, Constitutionalism and International Economic Law: The Case of International Investment Law". *In*: BUNGENBERG, Marc; HERRMANN, Christoph; KRAJEWSKI, Markus; TERHECTE, Philipp Jörg (Coord.). *Europeanh Yearbook of International Economic Law*. Oklahoma: Springer,

concedem, na verdade, que os imperativos funcionais do aparato de poder tendem a instrumentalizar a legitimidade democrática, mas tratam disso, por fim, como um pecado capital no perpétuo conflito entre *la politique* e *le politique*, que pode ser perdoado quando nós fizermos penitência na luta pelas coisas justas. Em outros âmbitos sociais, porém, principalmente na economia capitalista, a democracia não teria, em princípio, nenhuma chance. Até mesmo a mínima tentativa de democratizar a economia tornar-se-ia necessária e, ao mesmo tempo, totalmente instrumentalizada pelos imperativos econômicos funcionais. E eles tampouco desistem dessa versão sistêmica da *capture theory* quando são confrontados com instituições mutualistas democráticas realmente existentes na sociedade capitalista, com atividades de sindicatos, greves e boicotes, cogestão de trabalhadores, movimentos de protesto, protesto de consumidores, movimentos feministas e ecológicos, com atividades do terceiro setor, cooperativas e movimentos atuais dos *commons*. Tais impulsos econômico-democráticos dentro das sociedades capitalistas são quase sempre denunciados pelos críticos como *window dressing*.

Como se pode afirmar, seriamente, que a instrumentalização da legitimidade democrática pode ser superada para fins de cumulação de poder na política e, ao mesmo tempo, ver sua instrumentalização para a lógica do proveito da economia como uma necessidade fatal? Como já dito, essa afirmação é simplesmente, sob o ponto de vista empírico, errada para os regimes transnacionais em política e economia. Não se pode provar facilmente uma correlação sistemática entre o tipo de arranjo de *governance* (internacional, transnacional, privado) e o grau de aceitação democrática. Não se deveria admitir ser historicamente contingente, nos sistemas funcionais como um todo, se e qual grau as instituições mutualistas democráticas modificam a

---

2016, pp. 23 e ss.; GOLDONI, Marco. "The Politics of Global Legal Pluralism". *Jura Gentium*, 2014, p. 104; CHRISTODOULIDIS, Emilio A. "On the Politics of Societal Constitutionalism". *Indiana Journal of Global Legal Studies*, vol. 20, 2013, p. 629.

autoprodução unidimensional da lógica de poder, ou seja, da lógica de proveito? No caso da economia, os críticos praticam, de fato, aquilo que, de outra forma, abominam: a reificação (*Verdinglichung*). Ao mesmo tempo que eles inserem, abusivamente, o meio conceitual da teoria do sistema, eles reificam as características historicamente variáveis do sistema social – funções, programas, códigos binários – e declaram-nas como necessidades funcionais imutáveis, que são imunes às mutações históricas. E, assim, embora eles pudessem saber que Luhmann demonstrou em detalhes que não apenas programas, mas até mesmo códigos binários estão submetidos a variações históricas, assim como na economia, na qual o código de propriedade transformou-se em código de dinheiro.[21]

Essa combinação de *standards* duplos e auto-imunização desemboca em um cinismo que Berthold Brecht habilmente qualificou como resultando de uma crítica convincente: "ao esforço segue-se a criação; à talvez exagerada esperança, segue-se a talvez exagerada falta de esperança".[22] E, assim, concordam os autores críticos, finalmente, com o realismo cínico nos direitos políticos, para os quais a democracia não tem nenhum lugar, de qualquer forma, em instituições internacionais. A partir dessa posição de excessiva falta de esperança, os críticos terão apenas desprezo pelas propostas moderadas, a serem discutidas em seguida, de democracia nos regimes transnacionais. Eles consideram-nas ou como completamente irrealistas ou, caso resultem bem sucedidas, como último truque do capitalismo. Contudo, eles padecem da fata de alternativas convincentes, que eles cuidadosamente ocultam atrás de críticas abertas. A resposta apropriada para isso é esta: crítica sem contraproposta não conta.

---

21 LUHMANN, Niklas. *Die Wirtschaft der Gesellschaft*. Frankfurt am Main: Suhrkamp, 1988, pp. 187 e ss.

22 BRECHT, Bertold. *Prefácio a Galileo Galilei*. 1939. Disponível em: www.ddr-hoerspiele.net/3-1p./galileo-galilei.html. Acessado em: 03.10.2022.

2 Nova determinação da democracia sob as condições transnacionais

Mas onde, precisamente, situa-se o exagero dos críticos? Eles aplicam, acriticamente, uma clássica parêmia às relações transnacionais: *quod omnes tangit, ab omnibus tractari et approbari debet.* O que respeita a todos deve ser tratado e aprovado por todos. A identidade dos autores e dos destinatários da imposição de normas é apresentada como um princípio atemporal e imutável da democracia.[23] Contudo, considerando-se mais precisamente a história do *quod omnes tangit*, emerge a suposta universalidade como uma extrema particularidade.[24] No Direito romano, a parêmia serviu para resolver um problema técnico do direito civil, que se apresenta quando uma pluralidade de tutores com poder de representação tinha de decidir sobre a emancipação do mesmo pupilo. No século XII, os juristas do Direito secular e canônico empregaram o princípio no contexto inteiramente novo das *corporationes*. Sob as condições da estratificação feudal, o princípio não foi, naturalmente, aplicado a todos os destinatários, mas inserido apenas quando os membros do alto escalão queriam estabelecer seu poder de veto. Democracia? Apenas no início da modernidade a parêmia *quod omnes tangit* tornou-se um princípio condutor da participação política. Contudo, já com a ascensão do Estado nacional sobre uma grande área, o princípio

---

23 Proeminent, HABERMAS, Jürgen. "Über den internen Zusammenhang von Rechtsstaat und Demokratie". *In*: ______. *Die Einbeziehung des Anderen*: Studien zu politischen Theorie. Frankfurt am Main: Suhrkamp, 1994, p. 293; HABERMAS, Jürgen. *Faktizität und Geltung*. Frankfurt am Main: Suhrkamp, 1992, pp. 169 e ss.; GÜNTHER, Klaus. "Rechtspluralismus und universaler Code der Legalität: Globalisierung als rechtstheoretisches Problem". *In*: WINGERT, Lutz; GÜNTHER, Klaus (Coord.). *Die Öffentlichkeit der Vernunft und die Vernunft der Öffentlichkeit*. Frankfurt am Main: Suhrkamp, 2001, p. 507.

24 Sobre isso, LUHMANN, Nikas. "Quod Omnes Tangit: Remarks on Jürgen Habermas's Legal Theory". *In*: ROSENFELD, Michel; ARATO, Andrew (Coord.). *Habermas on Law and Democracy*: Critical Exchanges. Berkeley: University of California Press, 1998, p. 157.

transforma-se da participação de cada um na representação por poucos. A identidade de autores e destinatários – assim também se admite, tacitamente, pelas palavras do princípio *quod omnes* – não se pode manter mais como processo real de decisão de cidadãos reais, mas apenas para a situação hipotética de um discurso ideal entre, igualmente, partícipes hipotéticos.[25]

Na atual passagem das instituições nacionais para as transnacionais, o princípio *quod omnes tangit* atravessa ainda uma mais dramática transformação. Com efeito, até agora, o princípio democrático, apesar de todas as variações na situação, deveria ligar, mais ou menos satisfatoriamente, duas tendências contrapostas: a construção identitária do consenso, de um lado e, de outro, a institucionalização do dissenso interno. Ambas as tendências contam, com razão, como princípios complementares da democracia. Sim, eles não são apenas combinados um ao outro em compromissos precários, mas podem servir, em condições determinadas, até mesmo ao recíproco desenvolvimento. O Estado nacional democrático era o ponto alto, mas também o fim dessa simbiose. Dado que ele havia superado os limites estreitos de comunidades de pequena escala, que efetivamente excluíam os dissensos internos, o Estado nacional dispunha de grandeza suficiente e complexidade para institucionalizar o dissenso fundamental em oposição organizada e pluralismo político, sem que ele perdesse a capacidade de decisão. Esse dissenso organizado, que permitiu alta variabilidade nas decisões coletivas, resultou, ao mesmo tempo, em uma forte identificação dos cidadãos com o Estado nacional.

---

25 HABERMAS, Jürgen. "Über den internen Zusammenhang von Rechtsstaat und Demokratie". *In*: ______. *Die Einbeziehung des Anderen*: Studien zu politischen Theorie. Frankfurt am Main: Suhrkamp, 1994; GÜNTHER, Klaus. "Rechtspluralismus und universaler Code der Legalität: Globalisierung als rechtstheoretisches Problem". *In*: WINGERT, Lutz; GÜNTHER, Klaus (Coord.). *Die Öffentlichkeit der Vernunft und die Vernunft der Öffentlichkeit*. Frankfurt am Main: Suhrkamp, 2001.

Entretanto, essa simbiose democrática é um *Paradise lost*, como numerosos críticos da sociedade "pós-democrática" argumentam convincentemente.[26] Enquanto o recíproco fortalecimento das tendências democráticas opostas já se mostra em dificuldades no Estado nacional, nas instituições transnacionais, a vinculação de tendências de identificação e de conflitos internos transforma-se numa quadratura do círculo.

Contudo, poderia ser um erro, agora, diante das justificadas críticas ao romantismo da participação, abstrair completamente dos elementos participativos e identitários da democracia e limitar a democracia exclusivamente à produção de alternativas políticas mediante oposição organizada, como exige Niklas Luhmann.[27] Em vez disso, os grandes efeitos e os efeitos de escala impulsionam para estabelecer uma nova divisão do trabalho entre diversos modos de processo democráticos em diferentes contextos. A teoria democrática seria bem aconselhada a produzir uma analogia com as teorias do federalismo, que associam diversos planos territoriais com diversas estruturas de *governance*. A construção identitária do consenso continua a ser um elemento necessário da democracia, mas as suas chances de realização são limitadas a contextos locais – e, até mesmo no contexto nacional, pode ela, no princípio da representação, ser eficaz em certo grau. Aqui está também o relativo ganho das mais novas tendências à renacionalização e relocalização, que se tornam virulentas, hoje, em ambos os extremos do espectro político. De fato, aqui, um considerável potencial permanece não aproveitado para fortalecer a participação, a identificação e a construção da comunidade nos planos local, regional e também nacional. São muito maiores as chances de uma democracia identitária quando formas de processo democrático, para além do sistema político, também são

26 CROUCH, Collin. *Postdemokratie*. Berlim: Suhrkamp, 2012.

27 LUHMANN, Nikas. "Die Zukunft der Demokratie". *In*: ______. *Soziologische Aufklärung 4*: Beiträge zur funktionalen Differenzierung der Gesellschaft. Opladen: Westdeutscher, 1987, pp. 126 e ss.

realizadas em numerosas instituições "não políticas" da sociedade, em empresas econômicas, universidades, associações, fundações e, particularmente, nos novos meios de informação. A efetiva difusão de princípios democráticos em planos locais, em diferentes âmbitos da sociedade, demonstra que isso não é mera utopia normativa.

Em contrapartida, as instituições transnacionais são apenas fracas candidatas para a democracia identitária. A referida divisão do trabalho atribui-lhes a tarefa de concentrar-se, em vez disso, no segundo elemento da democracia, a saber, o fortalecimento do dissenso organizado. Quando instituições transnacionais devem elevar a responsividade diante de seus ambientes sociais, naturais e humanos, sua democratização não pode ser compreendida, certamente, como garantia para a identidade de autores e destinatários. Se, porém, é ela compreendida como garantia para o dissenso organizado, pode ela então exigir decisões dos detentores do poder e "fazer valer o poder do sem poder".[28]

Nesse sentido, definir democracia como dissenso institucionalizado não está muito longe das teorias epistêmicas e deliberativas da democracia, que acentuam a capacidade de resolução de problema das instituições democráticas.[29] Entretanto, há uma diferença decisiva: enquanto a finalidade dessas consiste na "correção" das decisões

---

28 LUHMANN, Nikas. "Die Zukunft der Demokratie". *In*: ______. *Soziologische Aufklärung 4*: Beiträge zur funktionalen Differenzierung der Gesellschaft. Opladen: Westdeutscher, 1987, p. 127. Isso se diferencia absolutamente do argumento de que a democracia, nas relações transnacionais, é substituída pela justificação. NEYER, Jürgen. "Justice, Not Democracy: Legitimacy in the European Union". *Journal of Common Market Studies*, vol. 48, 2010, pp. 903 e ss. Sem a pressão no sentido de um dissenso efetivamente institucionalizado, a existência fundada na justificação degenera facilmente para uma autojustificação ideológica.

29 Teoria democrática epistêmica: ESTLUND, David. "Introduction: Epistemic Approaches to Democracy". *Episteme*, vol. 5, 2008; teoria democrática deliberativa: ELSTER, Jon. *Deliberative democracy*. Cambridge: Cambridge University Press, 1998.

políticas sob a base dos bons argumentos, uma teoria do dissenso institucionalizado comporta-se, antes, ceticamente, diante de pretensões de verdade normativa e insiste, por sua vez, em um "direito em contingência", um Direito que abre construções alternativas de mundo.[30] O centro de força da comunicação democrática não deve ser a esperança ingênua na *one best solution*, mas o confronto com diferentes visões de mundo.[31]

Faz-se necessária, então, uma considerável *institutional imagination*, quando se tenta realizar uma nova e diferente relação de fortalecimento recíproco. O dissenso organizado apenas pode-se desenvolver quando se garante uma alta capacidade coletiva de decisão e, ao mesmo tempo, disposta ao aprendizado. E, ao contrário, a qualidade da decisão coletiva é instruída no dissenso organizado. No espaço transnacional, a democracia é orientada a que os procedimentos efetivamente funcionais de decisão trabalhem para a "possibilidade do dissenso como pressuposto da seletividade autônoma distribuída na sociedade".[32] E, na direção contrária, o dissenso organizado deve poder causar abalo em um alto potencial de decisão coletiva.

Em seu desenvolvimento histórico, como demonstrado acima, o princípio do *quod omnes tangit* foi continuamente recontextualizado sobre o novo, mais precisamente mediante duas operações: generalização a partir de um contexto e reespecificação para uma

30 WEISS, Alexander. "Left After Luhmann? Emanzipatorische Potentiale in Luhmanns Systemtheorie und ihre Anwendung in der Demokratietheorie". *In*: HAUS, Michael; DE LA ROSA, Sybille (Coord.). *Politische Theorie und Gesellschaftstheorie*. Baden-Baden: Nomos, 2016, p. 169.

31 WEISS, Alexander. "Die Verdoppelung der Welt und das Recht auf Kontingenz". *In*: MÖLLER, Kolja; SIRI, Jasmin (Coord.). *Systemtheorie und Gesellschaftskritik*. Bielefeld: Transcript Verlag, 2016, p. 169 (182).

32 LUHMANN, Niklas. "Politische Verfassungen im Kontext des Gesellschaftssystems". *Der Staat*, vol. 12, 1973, pp. 1 e 165 (178).

nova situação histórica.[33] Tal recontextualização, na atual globalização, que sabidamente nada mais significa do que a expansão de diferenciações funcionais a todo o globo terrestre, é novamente colocada em questão.[34] Quando democracias transnacionais exigem, sobretudo, o fortalecimento do dissenso institucionalizado, como as instituições democráticas clássicas do Estado nacional – eleições, representação, pluralismo político, oposição organizada – podem ser generalizadas e reespecificadas para os regimes globais profundamente especificados sob a perspectiva funcional? A resposta consta de duas teses:

Primeira tese – Generalização: o princípio estatal nacional da representação política, que pode ser compreendido sempre como a expressão da simbiose democrática tradicional, deve ser generalizado para os espaços transnacionais e, nesses, ser suprido exclusivamente pelo princípio de uma auto-oposição institucionalizada. A auto-oposição democrática exige que os regimes transnacionais intensifiquem a sua sensibilidade de irritação diante de exigências externas e, ao mesmo tempo, institucionalizem os dissensos internos.

Segunda tese – Reespecificação: a auto-oposição institucionalizada não pode ser realizada em todos os regimes transnacionais da mesma maneira, mas exige sua realização em formas altamente diferenciadas, que refletem a diversidade funcional de regimes especializados. O princípio condutor da "subsidiariedade epistêmica" poderia oferecer uma orientação para essa variação.

---

33 Sobre a generalização e a reespecificação em contraste com a simples analogia, PARSONS, Talcott; ACKERMAN, Charles. "The Concept of 'Social System' as a Theoretical Device". *In*: DIRENZON, Gordon J. (Coord.). *Concepts, Theory and Explanation in the Behavioral Sciences*. Nova York: Random House, 1966, p. 19.

34 Assim, PRANDINI, Riccardo. "The Morphogenesis of Constitutionalism". *In*: DOBNER, Petra; LOUGHLIN, Martin (Coord.). *The Twillight of Constitutionalism?* Oxford: Oxford University Press, 2010, p. 309 (310).

A auto-oposição institucionalizada e, ao mesmo tempo, a sua diversificada contextualização,[35] essa dupla exigência desafiadora, cria, claramente, novas e consideráveis dificuldades, mas abre também chances realistas de realização, pois ela pode apoiar-se nas instituições realmente existentes do dissenso organizado que já se encontram hoje, em todo caso, rudimentarmente, nos regimes transnacionais.[36] Assim, Take identifica, empiricamente, nos variados regimes, uma multiplicidade de instituições de *governance* legítimas, que poderiam, no futuro, ter um considerável potencial de desenvolvimento.[37] Nesse sentido, também observa Stewart que, na realidade, os processos de legitimação e a atribuição de responsabilidade admitem formas muito variadas, conforme se realizem no espaço nacional

---

35 Alguns autores aproximam-se da segunda exigência quando requerem variações contextuais da democracia transnacional. KJAER, Poulf. "The Metamorphosis of the Functional Synthesis: a Continental European Perspective on Governance, Law and the Political int the Transnational Space". *Wisconsin Law Review*, nº 2, 2010, p. 489 (522); KRISCH, Nico. "Pouvoir Constituant and Pouvoir Irritant in the Postnational Order". *International Journal of Constitutional Law*, vol. 14, 2016, p. 657.

36 Sobre isso, MARTENS, Wil. "Democracy for Transnational Regimes". *In*: MARTENS, Wil; LEIJSSENAAR, Bas; MARTENS, Judith; ZWEERDE, Evert Van der (Coord.). *Futures of Democracy*. Nijmegen: Wilde Raven, 2014, p. 113 (129).

37 Take sintetiza seus resultados: "*The supposed correlation between (normative) acceptability and factual acceptance appears most clearly in the cases of the ILO (International Labour Organization) ant the FSC (Forest Stewardship Council), and to a lesser degree ICANN (Internet Corporation for Assigned Names and Numbers). In addition, the findings about Rug Mark (Rug Mark-Initiative) and SAI (Social Accountability Initiative) support the aforementioned interrelation in the same way, namely, a medium degree of acceptability correlates with a medium degree of acceptance. As for the PEFC (Programme for the Endorsement of Forest Certification Schemes) and ISO 14001 (International Standards Organization), a medium degree of acceptability correlates with a high degree of acceptance*". (TAKE, Ingo. "Legitimacy in Global Governance: International, Transnational and Private Institutions Compared". *Swiss Political Science Review*, vol. 18, 2012).

ou internacional.[38] Correspondentemente, o antigo princípio deve ser reformulado: *quod omnes tangit, ab omnibus contestari debet.* A democracia transnacional não pode realizar-se na identidade de autores e destinatários, mas em formas adequadas de contexto da auto-oposição institucionalizada.

Onde se encontram as dificuldades dependentes do contexto, às quais está exposta a nova versão do *quod omnes tangit* sob condições transnacionais? A diferença em relação às condições estatais nacionais está em cada um dos três componentes do princípio. (1) *Omnes*: enquanto o Estado nacional, em seus limites territoriais, pode recorrer a um e apenas a um *demos* como sujeito coletivo do consenso e do dissenso, os regimes transnacionais funcionalmente especificados não podem recorrer a um coletivo bem definido. Sua dificuldade consiste em organizar os processos de auto-oposição em um âmbito não situado em um território e, ao mesmo tempo, extremamente fluido de destinatários de normas. (2) *Quod*: enquanto os sistemas políticos dos Estados nacionais dizem respeito a todas as decisões da coletividade em, praticamente, todos os campos políticos, os regimes transnacionais são, em regra, especializados em um único campo político. O resultado é uma extremamente estreita visão de túnel, cuja fixação em uma *idée directive* ameaça paralisar possíveis processos de auto-oposição. (3) *Tangit*: enquanto no Estado nacional a oposição democrática está concentrada no meio de poder do sistema politico, os regimes transnacionais estão diante da dificuldade de ter de desenvolver processos de auto-oposição não apenas diante do poder político, mas diante de uma pluralidade de diversas fontes de autoridade, pois eles agem em contextos sociais altamente diversos da economia financeira, ciência e técnica, saúde, educação, cultura e dos novos meios digitais.

---

38 STEWART, Richard. "The Normative Dimensions and Performance of Global Administrative Law". *International Journal of Constitutional Law*, vol. 13, 2015, p. 499.

3 Primeira dificuldade: participantes do regime flutuantes

Quod omnes tangit: quem é o *demos* do *self-contained regime* transnacional? Como os destinatários das normas desses diversos regimes, como o WTO, a *lex mercatoria*, a *lex digitalis*, as empresas transnacionais, podem ser inequivocamente determinados? Não foi, certamente, nenhum acaso que findou em desastre a bem intencionada tentativa de *governance* de internet ICANN que quis produzir legitimidade universal, ao mesmo tempo que o utilitário de internet deviam escolher representantes para cada continente.

Parece que, com a ascensão de regimes especializados transnacionais, revive um conflito político quase esquecido, que movimentou os sofrimentos políticos do final do século XIX e início do XX. Tratou-se da alternativa de um sistema político centralizado, de um lado, e, de outro lado, de uma política decentralizada em instituições tematicamente especializadas, que, então, foi decidida sob um desenho político inteiramente diverso, como conflito entre democracia parlamentarista e democracia de conselhos. Onde está o legítimo lugar das decisões políticas? Em um sistema político centralizado, no qual políticos profissionais legitimados por eleições gerais decidem todas as questões socialmente relevantes? Ou em um sistema social decentralizado de decisões, no qual questões, pertinentes a âmbitos específicos, legitimadas democraticamente dentro dos próprios setores sociais, são decididas? Enquanto as práticas repressivas do fascismo e do socialismo real desacreditaram quase completamente as formas funcionais de representação, a representação parlamentar centralizada tornou-se o modelo *standard* das democracias liberais. Em todo caso, a versão social-democrática da democracia de conselhos de Sinzheimer encontra hoje, ainda, um eco nos diversos corporativismos dos Estados-previdência norte-europeus.[39]

---

39 Sobre isso, TEUBNER, Gunther. "Wirtschaftsverfassung/Wirtschaftsdemokratie: Franz Böhm und Hugo Sinzheimer jenseits des Nationalstaates". *ZaöRV*, vol. 74, 2014, p. 733.

Contudo, nas atuais arenas transnacionais, a balança entre formas políticas centralizadas e política decentralizada em regimes sociais especializados moveu-se claramente a favor de uma – *sit venia verbo* (haja licença para a palavra) – "democracia de conselhos transnacional". A transformação, muito discutida, de *governments* nacionais em *governance* transnacional, significa, dentre outras coisas, que não existe nenhum sistema político representativo centralizado no plano mundial que, como equivalente dos *governments* nacionais, decida, com competência geral, sobre o conjunto das questões de política mundial. Na verdade, existe o sistema político das relações internacionais da comunidade de Estados, mas isso é apenas um subsistema global dentre outros e não pode pretender nenhuma prioridade. Os regimes transnacionais autônomos tornaram-se centros de decisão para questões sociais altamente especializadas. Os sujeitos que lhe conferem legitimidade não podem mais ser compreendidos como uma unidade coletiva, seja essa a "comunidade internacional" dos Estados, seja a população geral do globo. Ela pode apenas ser localizada dentro das múltiplas fronteiras simbólicas do regime segmentado ou nos espaços intermediários de sua interação.[40] O *demos* compacto do Estado nacional perde-se em uma pluralidade de *demoi* sobrepostos e diferentes esferas do público.[41] E, no que concerne à institucionalização da auto-oposição democrática, é o estilo de encontrar decisões decentralizadas para problemas específicos o verdadeiro motivo pelo qual David Kennedy visualiza chances muito promissoras para uma transferência exitosa

---

40 FORST, Rainer. "Transnationale Gerechtigkeit and Demokratie: Zur Überwindung von drei Dogmen der politischen Theorie". *In*: NIESEN, Peter (Coord.). *Transnationale Gerechtigkeit und Demokratie*. Frankfurt am Main: Suhrkamp, 2012, p. 44.

41 KRISCH, Nico. "Pouvoir Constituant and Pouvoir Irritant in the Postnational Order". *International Journal of Constitutional Law*, vol. 14, 2016; MARTENS, Wil. "Democracy for Transnational Regimes". *In*: MARTENS, Wil; LEIJSSENAAR, Bas; MARTENS, Judith; ZWEERDE, Evert Van der (Coord.). *Futures of Democracy*. Nijmegen: Wilde Raven, 2014, p. 127.

> de promessa de democracia, dos direitos fundamentais individuais, da autoadministração econômica, do engajamento cidadão, da autorização de grupos sociais e da partição nas decisões que dizem respeito à vida dos indivíduos – uma transferência no próprio lugar das autoridades globais e transnacionais, como essa transferência sempre pode ser localmente formada. A diversificação dos lugares em que as decisões podem ser visíveis e contestadas, em vez da sua concentração em um único centro, depende da esperança por heterogeneidade de soluções e começos de soluções e de amplos âmbitos da experimentação.[42]

Onde, nos regimes transnacionais, podem ser identificados os lugares de auto-oposição que podem fornecer um equivalente institucional para a oposição parlamentar e extraparlamentar no Estado nacional?[43] Análises dos regimes transnacionais distinguem entre três *demoi*, entre três categorias de participantes do regime: membros, destinatários de normas e estranhos atingidos.[44] Esses três grupos não formam um *demos* estável, mas constituem, antes, agregações extremamente fluidas de participantes do regime.[45] Muito frequentemente, os indivíduos passam de uma categoria para outra. Isso é descrito com a expressão "*fuzzy citizenship*".[46] Por essa razão,

---

42 KENNEDY, David. "The Mystery of Global Governance". *Ohio Northern University Law Review*, 34, 2008, p. 827 (859).

43 Esta é a questão aberta do "*demos*" das instituições transnacionais. BESSON, Samantha. "Whose Constitution(s)? International Law, Constitutionalism, and Democracy". *In*: DUNOFF, Jeffrey L.; TRACHTMAN, Joel P. (Coord.). *Ruling the World?* Constitutionalism, International Law, aind Global Governance. Cambridge: Cambridge University Press, 2009, p. 381 (393 e ss.).

44 CAFAGGI, Fabrizio. "New foundations of Transnational Private Regulation". *Journal of Law and Society*, vol. 38, 2011, p. 20.

45 KJAER, Poul. "The Function of Justification in Transnational Governance". *Center for Global Constitutionalism*, 2015, pp. 12 e ss.

46 KOENIG-MARCHIBUGI, Mathais. "Fuzzy Citizenship in Global Society". *The Journal of Political Philosophy*, vol. 20, 2012, pp. 456

essas categorias também não podem ser identificadas com pessoas ou organizações reais, sendo, sobretudo, as atuações individuais que determinam o pertencimento a uma dessas categorias.

Por que é tão importante distinguir estes três âmbitos de atuação: primeiramente, o centro do regime, que, frequentemente, é uma organização formal – ou uma rede de organizações – com competências profissionais nucleares; em segundo lugar, a periferia do regime, que é formada por interações do centro com os destinatários das normas e, em terceiro lugar, as relações externas do regime com seus relevantes setores ambientais? Resposta: uma institucionalização bem sucedida da auto-oposição democrática depende, precipuamente, de suas diferenças e do jogo concertado dessas diferenças. As tensões imanentes entre essas três arenas – a arena profissional organizada, a arena espontânea dos destinatários de normas e a arena das externalidades diante dos estranhos, constitui o centro de forças do regime para a auto-oposição democrática. Enquanto as *policies* do regime podem ser decididas e implementadas no setor profissional organizado e os agentes do setor espontâneo exigem que seus interesses sejam observados, os estranhos atingidos são a fonte da irritação, oposição e protesto mais intensos.[47] Por conseguinte, os procedimentos da auto-oposição devem ser realizados, na verdade, em cada uma das três categorias, mas o ponto decisivo é que isso acontece de maneiras variadas conforme o papel que elas desempenham nesse conflito.

---

e ss.; ABIZADEH, Arah. "On the Demos ant its Kin: Nationalism, Democracy and the Boundary Problem". *American Political Science Review*, vol. 106, 2012, p. 867.

47 TEUBNER, Gunther. *Verfassungsfragmente*: Gesellschaftlicher Konstitutionalismus in der Globalisierung. Berlim: Suhrkamp Verlag, 2012, pp. 139 e ss.

4 O âmbito das externalidades do regime

A auto-oposição mais radical provém dos estranhos, que são negativamente atingidos pelas decisões do regime.[48] Uma série de autores – James Trully, Antonio Negri, Gavin Anderson, Ugo Mattgei – observam, com razão, que o relevante potencial democrático de oposição deve ser encontrado, na verdade, não no centro dos regimes transnacionais, mas nos momentos sociais, na "*multitudo*", em diversos momentos de protestos, nas organizações não governamentais e nos segmentos transnacionais do público político.[49] Anderson identifica esse potencial de oposição "*from below*" nos novos "poderes constitucionais, que, devem ser encontrados dentro ou fora das estruturas da democracia representativa, aos últimos pertencendo, particularmente, os movimentos de descolonização e movimentos internacionalistas, organizações não governamentais alternativas e configurações que não compreendem as categorias tradicionais, como o fórum social mundial".[50] Esses estranhos não representam o *demos* no sentido originário, sobre cujo consenso os regimes transnacionais podem ser fundados. Ao contrário, eles

---

48 Uma análise profunda de tais externalidades do regime é oferecida por Horst (HORST, Johan. "Lex Financiaria: Das transnationale Finanzmarktrecht der International Swaps and Derivates Association (ISDA)". *Archiv des Völkerrechts*, vol. 53, 2015, B II).

49 TRULLY, James. "The Imperialism of Modern Constitutional Democracy". *In*: WALKER, Neil; LOUGHLIN, Martin (Coord.). *The Paradox of Constitutionalism*: constituent Power and Constitutional Form. Oxford: Oxford University Press, 2007, p. 315 (319, 323 e ss.); HARDT, Michael; NEGRI, Antonio. "Commonwealth". Cambridge: Harvard Univesity Press, 2009; ANDERSON, Gavin W. "Societal Constitutionalism, Social Movements and Constitutionalism from Below". *Indiana Journal of Global Legal Studies*, vol. 20, 2013, p. 881; BAILEY, Saki; MATTEI, Ugo. "Social Movements as Constituent Power: the Italian struggle for the Commons". *Indiana Journal of Global Legal Studies*, vol. 20, 2013, p. 965.

50 ANDERSON, Gavin W. "Societal Constitutionalism, Social Movements and Constitutionalism from Below". *Indiana Journal of Global Legal Studies*, vol. 20, 2013, p. 902.

representam aquilo que Nico Krisch caracteriza como "*pouvoir irritant*".[51] Se se quer determinar variados poderes constituintes, esse poder não é um poder de fundação, mas um poder de oposição.[52] Os movimentos globais de protesto são "forças de oposição contra o processo de constitucionalização econômica, que é propulsionado pelas instituições econômicas internacionais".[53] As instituições contrárias da sociedade civil fora do regime, protestos espontâneo, movimentos sociais, organizações internacionais, sindicados, mídia e público intelectual e político dispõem de um potencial de irritação considerável, quando eles exercem pressão externa massiva sobre os regimes transnacionais, a fim de força-los à auto-oposição interna.[54]

Um fenômeno perceptível é a mudança de orientação dos movimentos de protesto, nos quais se realiza, conforme a posição de alguns observadores, uma nova qualidade política.[55] Os confli-

---

51 Krish e Möller identificam o potencial dos movimentos de protesto não em seu Poder Constituinte, mas em seu poder "destituinte". (RISCH, Nico. "Pouvoir Constituant and Pouvoir Irritant in the Postnational Order". *International Journal of Constitutional Law*, vol. 14, 2016; MÖLLER, Kolja. "A Critical Theory of Transnational Regimes: Creeping Mangerialism and the Quest for a Destituent Power". *In*: BLOME, Kerstin; FISCHER-LESCANO, Andreas; FRANZKI, Hannah; MARKARD, Nora (Coord.). *Contested Collisions*: Norm Fragmentation in World Society. Cambridge: Cambridge University Press, 2016).

52 Sobre as diversas formas de Poder Constituinte, COLÓN-RIÓS, Joel I. "Five Conceptions of Constituent Power". *Law Quarterly Review*, vol. 130, 2014, p. 306.

53 BAILEY, Saki; MATTEI, Ugo. "Social Movements as Constituent Power: the Italian struggle for the Commons". *Indiana Journal of Global Legal Studies*, vol. 20, 2013, p. 1012.

54 Sobre os movimentos sociais globais ativos, PORTA, Donatella Della (Coord.). *Global Justice Movement*: Cross-National and Transnational Perspectives. Londres: Routledge, 2016; THORNHILL, Chris. *A Sociology of Transnational Constitutions*. Cambridge: Cambridge University Press, 2016, p. 405.

55 CROUCH, Colin. *Das befremdliche Überleben des Neoliberalismus*. Berlim: Suhrkamp, 2011; O'BRIEN, Robert; GOETZ, Anne Marie; SCHOLTE, Jan A.; WILLIAMS, Marc. *Contesting Global Governance*:

tos atuais são: Brent Spar, fórum social mundial, energia nuclear, protestos sobre direitos dos animais contra universidades, Stuttgart 21, Wikileaks, indignados, Occupy Wall Street, protestos digitais contra o Google & Comp. É-lhes comum o fato de que os protestos da sociedade civil cada vez mais não se dirigem (apenas) contra o Estado, mas, seletiva e visadamente, contra as instâncias profissionais organizadas da economia e de outros sistemas funcionais, que são responsabilizados pelas gravas falhas de desenvolvimento.

Obviamente, é difícil, senão mesmo contraprodutivo, realizar aquela formalização de seu papel como *pouvoir irritant*. Mas seu protesto necessita, se deve ter efeitos reais, do apoio de duas instituições democráticas que, de sua parte, devem ser institucionalizadas pelo Direito, a saber, os direitos opostos e a transparência. Alguns autores falam não apenas de direitos opostos, mas de um genuíno direito de oposição/resistência,[56] como se sabe, a última arma dos cidadãos contra poderes estatais corruptos, que os opõem às intromissões da economia e de outros âmbitos expansivos sociais.[57] Uma efetiva proteção desses direitos opostos poderia ser uma das mais

---

Multilateral Economic Institutions and Global Social Movements. Cambridge: Cambridge University Press, 2002, p. 2.

56 Para uma concepção exigente de direitos de oposição, MENKE, Christoph. *Kritik der Rechte*. Berlim: Suhrkamp, 2015.

57 BIFULCO, Daniela; GOLIA, Angelo. "The Right of Resistence as a State Law Basis for Transnational Regimes Self-Contestation". *Journal of Law and Society*, vol. 45, 2018; GOLIA, Angelo. "La responsabilità delle imprese transnazionali in una prospettiva di diritto costituzionale". *Seconda Università di Napoli*, 2017, pp. 321 e ss.; MÖLLER, Kolja. "A Critical Theory of Transnational Regimes: Creeping Mangerialism and the Quest for a Destituent Power". *In*: BLOME, Kerstin; FISCHER-LESCANO, Andreas; FRANZKI, Hannah; MARKARD, Nora (Coord.). *Contested Collisions*: Norm Fragmentation in World Society. Cambridge: Cambridge University Press, 2016, fala de tendências de desconstitucionalização; de modo semelhante, FEMIA, Pasquale. "Infrasystemische Subversion". *In*: AMSTUTZ, Marc; FISCHER-LESCANO, Andreas (Coord.). *Kritische Systemtheorie*. Bielefeld: Transcript, 2013, p. 305 (310 e ss.).

importantes tarefas para os Tribunais na construção de uma eficácia horizontal dos direitos fundamentais. Não é por acaso que essa doutrina já foi aplicada exitosamente em casos de oposição contra condições desumanas de trabalho, de protestos ecológicos contra estratégias empresariais lesivas do meio-ambiente e de denúncias contra irresponsabilidades organizadas. Na época da vinculação global, tais direitos fundamentais econômicos ganharão em poder explosivo e necessitarão de uma elevada proteção jurídica.

Entretanto, esses direitos opostos apenas podem, efetivamente, ser feitos valer sob a base de transparência processual. Estudos empíricos demonstram que, hoje, os maiores regimes transnacionais não estão prontos a abrir seus processos de decisão para o observador, e torná-los transparente para o público.[58] Apenas poucos regimes estabeleceram uma política informacional codificada, que compreende também observadores externos e assegura que as decisões possam ser atribuídas a pessoas responsáveis, o que, claramente, fortaleceu a sua legitimidade. Para o futuro, a "transparência das estruturas e dos processos de *governance* global poderia representar um indicador indispensável para a legítima *governance*".[59]

5 O âmbito espontâneo dos destinatários do regime

Uma oposição menos radical, mas, em contrapartida, um dissenso mais efetivo, orientado a uma finalidade, pode ser esperado de setores espontâneos dentro do regime. Esses são formados

---

58 TAKE, Ingo. "Legitimacy in Global Governance: International, Transnational and Private Institutions Compared". *Swiss Political Science Review*, vol. 18, 2012.

59 TAKE, Ingo. "Legitimacy in Global Governance: International, Transnational and Private Institutions Compared". *Swiss Political Science Review*, vol. 18, 2012, p. 243; KJAER, Poul. "The Function of Justification in Transnational Governance". *Center for Global Constitutionalism*, 2015, pp. 12 e ss.

por atuações dos destinatários de normas. Trata-se, aqui, de uma participação formalizada da parte interessada que torna efetiva a auto-oposição. Disso, há, em outros contextos, provas históricas suficientes: participação de trabalhadores nas empresas econômicas, direitos de audiência e de participação na Administração Pública e direitos coletivos de ação, *amicus curiae* e outras formas da articulação coletiva de interesses nos processos judiciais. Correspondentemente, faz-se necessária também, nos regimes transnacionais, a articulação direta de organizações dos atingidos, mas também de especialistas e de organizações que atuam, como advogados, para os atingidos.[60] Como alternativa à representação dos grupos de interesses propôs-se também a institucionalização de diversas orientações de valor e discursos políticos dentro dos procedimentos de decisão nos regimes.[61] Na verdade, alguns regimes transnacionais já desenvolveram tais instituições de partes interessadas, ainda que apenas de forma rudimentar. Por exemplo, o setor da regulação bancária foi aberto para comentários da sociedade civil.[62] A União Europeia, nesse caso, deve experimentar diálogos dos cidadãos em diferentes campos da política.[63] Há cartas, sempre mais frequentemente, cartas de *amicus curiae* na jurisdição arbitral de investimentos, com consideráveis efeitos para a percepção de interesses de estranhos.[64] E o WTO criou

---

60 MARTENS, Wil. "Democracy for Transnational Regimes". *In*: MARTENS, Wil; LEIJSSENAAR, Bas; MARTENS, Judith; ZWEERDE, Evert Van der (Coord.). *Futures of Democracy*. Nijmegen: Wilde Raven, 2014, p. 135.

61 DYZEK, John; NIEMEYER, Simon. "Reconciling Pluralism and Consensus as Political Ideals". *American Journal of Political Science*, vol. 50, 2006, p. 634.

62 BARR, Michael S.; MILLER, Geoffrey P. "Global Administrative Law: the View From Basel". *The European Journal of International Law*, vol. 17, 2006, p. 15.

63 European Commission: European Governance – A White Paper, COM (2001), 428, Brussels, 2001.

64 SAEI, Joseph. "Amicus Curious: Structure and Play in Investment Arbitration". *Transnational Legal Theory*, 2018, p. 247.

processos para possibilitar a participação de agentes da sociedade civil.[65] Contudo, isso tudo não foi suficientemente longe. Auto-oposição efetiva significaria que as estratégias de regimes transnacionais até agora consentidas para defesa e fortalecimento da ordem econômica capitalista global são postas, fundamentalmente, em questão. Segundo Colin Crouch, as instituições econômicas globais assumem uma, em si mesma, nova responsabilidade pela política social em geral e para a efetiva redistribuição da prosperidade.[66] A exigência consiste em pressionar a economia global, que, por assim dizer, encontra-se no estágio do pré-capitalismo, à sua transformação como Estado de Bem-Estar.[67]

6 O âmbito do regime profissional organizado

Os representantes de empresas, de organizações técnicas de estandardização, equipes de especialistas, Estados nacionais e organizações internacionais estão interessados na preparação, produção e implementação das regras no centro de decisões dos regimes. Sua participação é, em regra, espontânea; eles perseguem interesses próprios diante da regulação;[68] suas atuações constituem o centro de autoridade do regime. É muito sensato, para essa relação de participação formal em sentido estrito, introduzir princípios de

65 LANG, Andrew. *World Trade after Neoliberalism*: Reimagining the Global Economic Order. Oxford: Oxford University Press, 2011, p. 88.

66 CROUCH, Colin. "Globale Institutionen müssen Sozialstaat verwirklichen: Konsequenz aus rechtem und linkem Protest". *Dei Welt*, 5.5.2017.

67 Sobre as transformações exigidas da Constituição econômica global, a exemplo da Constituição das empresas, TEUBNER, Gunther. "Wirtschaftsverfassung/Wirtschaftsdemokratie: Franz Böhm und Hugo Sinzheimer jenseits des Nationalstaates". *ZaöRV*, vol. 74, 2014, pp. 21 e ss.

68 CAFAGGI, Fabrizio. "New foundations of Transnational Private Regulation". *Journal of Law and Society*, vol. 38, 2011.

representação a partir da tradição do Estado nacional.[69] Para isso, o ponto decisivo pode ser, além de princípios de representação adequada, a formulação de regras jurídicas estritas, que estabeleçam ligação com os outros dois setores e, com isso, contribuam para o desenvolvimento do dissenso. As regras devem orientar-se à abertura diante das coberturas ambientais, aos interesses de terceiros afetados e ao interesse público.[70] Este é o lugar no qual as Constituições de regimes deveriam positivar princípios de um profissionalismo crítico, de uma oposição interna ao regime e de um pluralismo interno ao regime.[71] E as conhecidas regras do *Global Administrative Law* – regulação do *due process*, regras do *notice and comment*, dever de consulta de especialistas, princípio da proporcionalidade e da proteção dos direitos fundamentais – são candidatas precípuas para a constitucionalização do regime.[72]

É, contudo, decisivo, que essas regras constituam um todo inseparável para as três arenas dos variados princípios democráticos.

---

69 MARTENS, Wil. "Democracy for Transnational Regimes". *In*: MARTENS, Wil; LEIJSSENAAR, Bas; MARTENS, Judith; ZWEERDE, Evert Van der (Coord.). *Futures of Democracy*. Nijmegen: Wilde Raven, 2014, p. 115.

70 PAIEMENT, Phillip. "Paradox and Legitimacy in Transnational Legal Pluralism". *Transnational Legal Theory*, vol. 4, 2015, p. 197 (224 e ss.).

71 HERBERG, Martin. "Bringing Professions Back, in: a Fresh Look at the Dynamics of Institution-building in (World) Society". *In*: JOEGERS, Christian; FALKE, Josef (Coord.). *Karl Polanyi, Globalisation and the Potential of Law in Transnational Markets*. Oxford: Hart Publishing, 2011, p. 107.

72 KINGSBURY, Benedict; KRISCH, Nico (Coord.). "Symposium: Global Governance and Global Administrative Law in the International Legal Order". *Symposium Issue of the European Journal of International Law*, vol. 17, 2006; STEFFEK, Jens. "Sources of Legitimacy Beyond the State: a View from International Relations". *In*: JOEGERS, Christian; SAND, Inger-Johanne; TEUBNER, Gunther (Coord.). *Transnational Governance and Constitutionalism*. Oxford: Hart Publishing, 2004, p. 81 (82, 94 e ss.).

Nenhuma das três – nem os altos protestos dos estranhos, nem as atividades das partes interessadas, nem o profissionalismo crítico – pode, sozinha, produzir uma responsividade ambiental fortalecida. Antes, quando o protesto dos estranhos, a articulação de interesses das partes interessadas e o dissenso interno organizado atuam conjuntamente, uma auto-oposição externamente induzida pode ser estabelecida com êxito.

7 Segunda dificuldade: visão de túnel dos regimes transnacionais

Quod omnes tangit. A segunda dificuldade, que se apresenta à institucionalização da auto-oposição, tem a ver com as particularidades das decisões do regime, sua qualidade, seus conteúdos, sua amplitude em contraste com os seus componentes de Estado nacional. Enquanto os sistemas políticos dos Estados nacionais pretendem um poder compreensivo de regulação para quase todas as questões socialmente relevantes, os regimes transnacionais especializam-se em um campo político definido, mais ou menos estreito.

> Mediante a especialização – isso é, o estabelecimento de regimes especiais de conhecimento e expertise, como "Direito Comercial", "direitos humanos", "Direito Ambiental", "Direito Securitário", "Direito Penal Internacional", "Direito europeu" e assim por diante – o mundo da prática jurídica é dividido em diversos projetos institucionais, que se destinam a esferas especiais de interesse com um *ethos* especial.[73]

As Constituições dos Estados nacionais são sempre ordens holísticas, nas quais estão sempre embutidas regulações altamente especializadas em um tecido normativo justo a partir de variados

---

73 KOSKENNIEMI, Martti. "The Politics of International Law – 20 Years Later". *European Journal of International Law*, vol. 29, 2009, p. 7 (12 e ss.).

âmbitos da vida. Uma visão de túnel não vem, primeiramente, à tona, mas, antes, as regulações devem afirmar-se na colisão das diferentes normas, princípios e *policies*. Diante disso, os regimes transnacionais desenvolvem suas regras operativas em espaços protegidos de um único sistema funcional, o que lhes permite, por conseguinte, o alinhamento monocontextual aos seus critérios de racionalidade. Isso lhes empresta grande força de avanço, tornando-os, porém, ao mesmo tempo, solipsistas e imperialistas. A sua visão de túnel especializada em uma função impede-os, assim, de orientar suas normas ao interesse público.[74]

Disso resulta outra distinção: Constituições nacionais são, principalmente, direcionadas a procedimentos formais, e contêm apenas um limitado número de princípios materiais, além disso, de forma abstrata. Nas Constituições transnacionais pode, ao contrário, ser observada fortes tendências de materialização. Elas são direcionadas, frequentemente, a uma única *idée directrice* material: livre mercado, proveito empresarial, qualidade das relações de trabalho, segurança dos bens de consumo, proteção ambiental, cuidados com a saúde, qualidade científica. O resultado é uma superdeterminação substancial das Constituições do regime.[75] Essa fixação substancial é criticada por Koskenniemi veementemente como "projeto hegemônico".[76] Quando esse projeto político está registrado nas normas

---

74 Em comparação com o regime nacional e transnacional, critica KLEINLEIN, Thomas. "Fragmentierung im Öffentlichen Recht: Diskursvergleich im internationalen und im nationalen Recht". *Deutsches Verwaltungsblatt*, vol. 17, 2017, p. 1072 (1078), a "setorialização temática" do regime como risco da democracia.

75 MÖLLER, Kolja. "A Critical Theory of Transnational Regimes: Creeping Mangerialism and the Quest for a Destituent Power". *In*: BLOME, Kerstin; FISCHER-LESCANO, Andreas; FRANZKI, Hannah; MARKARD, Nora (Coord.). *Contested Collisions*: Norm Fragmentation in World Society. Cambridge: Cambridge University Press, 2016.

76 KOSKENNIEMI, Martti. "Hegemonic Regimes". *In*: YOUNG, Margaret (Coord.). *Regime Interaction in International Law*: Facing Fragmentation. Cambridge: Cambridge University Press, 2012, p. 305.

de alto escalão de sua Constituição, então isso se torna problemático, pois suas "teleologias funcionam como formas, que reduzem drasticamente as variações de seleção, de modo que 'linguagens alternativas' são sistematicamente marginalizadas".[77] As narrativas dos regimes ameaçam, nessas tendências a um regime totalitário, degenerar em ideologias, ou seja, na "introdução de uma descrição do sistema no sistema com a condição de que ela é a única correta e, por isso, deve ser imposta".[78]

É, nesse lugar, reconhecível um equivalente para a auto-oposição, que o Estado nacional, com a ajuda de suas colisões internas de racionalidade, institucionalizou? Marten põe suas esperanças na sobreposição de interesses dos membros do regime (como consumidores, empregadores etc.), que substituiria a única orientação do regime em favor de um largo espectro de valores conflitantes.[79] Contudo, conforme todas as experiências, isso poderia representar apenas um antídoto contra o solipsismo do regime.

Por sua vez, Georg Wilhelm Friedrich Hegel desenvolveu um forte antídoto contra as visões de túnel das altamente especializadas esferas sociais, que se poderia caracterizar, na terminologia atual, como auto-oposição heterárquica. Diante do dilema de manter, de um lado, as conquistas históricas de instituições monocontextuais e, de outro, de contrariar as suas evidentes tendências destrutivas, ele diagnosticou no exemplo do sistema jurídico, que a patologia não estava na concentração em apenas uma liderança, mas em seu imperialismo, que consiste em impingir sua exclusiva orientação de

---

77 KJAER, Poul. "The Function of Justification in Transnational Governance". *Center for Global Constitutionalism*, 2015, p. 7.

78 LUHMANN, Niklas. *Die Wirtschaft der Gesellschaft*. Frankfurt am Main: Suhrkamp, 1988, p. 135.

79 MARTENS, Wil. "Democracy for Transnational Regimes". *In*: MARTENS, Wil; LEIJSSENAAR, Bas; MARTENS, Judith; ZWEERDE, Evert Van der (Coord.). *Futures of Democracy*. Nijmegen: Wilde Raven, 2014, p. 128.

valor a outras esferas sociais.[80] A solução está em um sistema bem ordenado de diversas esferas da vida ética. O resultado são colisões institucionalizadas de diferentes esferas, que se mantêm, reciprocamente, sob controle.[81]

Essa auto-oposição heterárquica funciona, em princípio, por duas diversas vias: ou as orientações de valores conflitantes são internalizadas na Constituição dos regimes conflitantes, ou são elas externalizadas em atuações adversárias entre os regimes. Nos atuais regimes transnacionais, ambas as alternativas, embora de modo rudimentar, já são realizadas, de um lado, no *case law* do Tribunal do regime e, de outro, nos sistemas de conduta entre os regimes. Um pluralismo constitucional do regime deveria decidir-se entre as duas formas de um "metaconstitucionalismo", a fim de corrigir as visões de túnel extremas e de impingir outras construções de mundo aos regimes monocontextuais.

Em ambos os casos, os regimes transnacionais reagem diferentemente às colisões. No caso da internalização, as normas do regime estranho são reconstruídas muito analogamente às regras de colisão do Direito Internacional Privado clássico diante do próprio fórum. A ordem jurídica do WTO deve realizar as próprias decisões regulatórias e, ao mesmo tempo, respeitar outros regimes transnacionais, cujas regras, princípios e instituições orientam-se a outros valores – saúde, *standards* de trabalho, proteção ambiental

---

80 HEGEL, Georg Wilhelm Friedrich. *Grundlinien der Philosophie des Rechts*. Frankfurt am Main: Suhrkamp, 1986, p. 96; sobre uma discussão dessa solução sob as condições atuais, LOICK, Daniel. "Juridification and Politics: from the Dilema of Juridification to the Pardoxes of Rights". *Philosophy and Social Criticism*, vol. 40, 2014, p. 757 (764 e ss.).

81 KLEINLEIN, Thomas. "Fragmentierung im Öffentlichen Recht: Diskursvergleich im internationalen und im nationalen Recht". *Deutsches Verwaltungsblatt*, vol. 17, 2017, p. 1078.

ou direitos humanos.[82] A desvantagem da internacionalização é, evidentemente, que ela aumenta ainda mais a fragmentação das ordens jurídicas do regime.

No segundo caso – a externalização – os conflitos são tematizados, reconstruídos e decididos em atuações adversárias dos regimes. Não há, incondicionalmente, uma obrigação de decidir, mas as chances de observar construções alternativas de mundo poderiam, claramente, aumentar. Outras perspectivas abrem-se, aqui, para o papel do Direito, principalmente para pré-estruturar as premissas de decisão dos sistemas de atuação. As normas jurídicas podem, desse modo, contribuir para as decisões extrajurídicas de conflitos, para o que elas asseguram o confronto com outros interesses e diversas racionalidades. Dunoff pôde demonstrar empiricamente como o potencial de cooperação de regimes transnacionais pode produzir uma nova balança entre diferentes racionalidades.[83] Com certeza, apresenta-se, aqui, de maneira aguda, o problema de assimetrias de poder. A partir disso, alguns autores propõem fortalecer o poder de atuação de regimes mais fracos, como o da *Food and Agricultural Organization*.[84]

---

82 HOWSE, Robert; NICOLAIDIS, Kalypso. "Enhancing WTO Legitimacy: Constitucionalization or Global Subsidiarity". *Governance*, 16, 2003, p. 73.

83 DUNOFF, Jeffrey L. "How to Avoid Regime Collisions". *In*: BLOME, Kerstin; FISCHER-LESCANO, Andreas; FRANZKI, Hannah; MARKARD, Nora; OETER, Stefan (Coord.). *Contested Regime Collisions*: Norm Fragmentation in World Society. Cambridge: Cambridge University Press, 2016, p. 49 (55 e ss.); DUNOFF, Jeffrey L. "A New Approach to Regime Interaction". *In*: YOUNG, Margaret (Coord.). *Regime Interaction in International Law*: Facing Fragmentation. Cambridge: Cambridge University Press, 2011, p. 136.

84 MARGULIS, Matias E. "The Regime Complex for Food Security: Implications for the Global Hunger Challenge". *Global Governance*, vol. 19, 2013, p. 53.

Diante dos dois conjuntos de problemas, permanece a questão se determinadas instituições opostas dentro do regime social – regras de colisão ou processos de atuação – aumentam as chances de abrir os regimes diante de discursos marginalizados. O Direito pode, aqui, desempenhar um papel de apoio, se ele estiver pronto para transferir dos princípios contrapostos do Direito Internacional – reconhecimento recíproco dos Estados e orientação para uma *ordre public international* – para a relação entre regimes transnacionais. O princípio do reconhecimento recíproco não significa apenas que os regimes transnacionais toleram-se mutuamente, como o princípio da "tolerância constitucional"[85] exige, mas que eles realizam a "responsividade constitucional" e desenvolvem normas materiais, que solucionam conflitos constitucionais nos quadros de um compromisso.[86]

8 Terceira dificuldade: idiossincrasias epistêmicas

Quod omnes tangit. A terceira dificuldade é proporcionada pela extrema extensão da variação dos instrumentos regulatórios, aos quais os regimes expõem os destinatários das normas. Nesse ponto, vale afastar uma profunda má compreensão, em consequência da qual as formas não adequadas de auto-oposição democrática são ativadas. A má compreensão consiste em ver a relação dos regimes transnacionais com seus membros, primariamente, como uma relação de poder. Por conseguinte, a democratização é entendida exclusivamente como ativação de oposição contra esse poder. Mais uma vez, o sistema político do Estado nacional é responsável por essa má compreensão, cujos princípios de contrapoder democrático

---

85 KUMM, Mattias. "Beyond Golf Clubs and the Judicialization of Politics: Why Europe Has a Constitution Properly So Called". *American Journal of Compartive Law*, vol. 54, 2006, p. 505 (528 e ss.).

86 VIELLECHNER, Lars. *Transnationalisierung des Rechts*. Alemanha: Velbrück, 2013.

– participação, eleições, representação, partidos políticos, pluralismo de grupos, decisões coletivas, divisão de poderes, oposição organizada – são, no conjunto, talhadas nos mecanismos de poder da política do Estado nacional. E, para a democratização de regimes transnacionais, são acriticamente transpostos para esses mecanismos de contrapoder. Contudo, em muitos regimes, essa mal conduzida lógica de poder desata efeitos perversos. A falsa politização seria a consequência fatal para essa *episteme* idiossincrática de muitos regimes transnacionais.[87]

Em vez de substituir um modelo facilitado de poder político por modelos mais complexos de diferenciação plural e, assim, orientar os processos de auto-oposição democrática a essa pluralidade, as exigências normativas na democracia do Estado nacional são simplesmente transferidas para todas as instituições transnacionais.[88]

> A diferença entre os regimes transnacionais especializados em temas e os Estados nacionais exclui a simples transferência de modelos desenvolvidos para esses últimos. Um regime funcionalmente especializado, que atua monocontextualmente em um espaço social policontextual, está encarregado de desenvolver novas formas de representação de discurso público e de processos de decisão.[89]

---

87 "*Because of diverse contexts, governance beyond the nation-state cannot refer to forms of decision making and mechanisms of enforcement established at the state level. Therefore, the criterion for legitimate global governance must be chosen with regard to the structural characteristics*". (TAKE, Ingo. "Legitimacy in Global Governance: International, Transnational and Private Institutions Compared". *Swiss Political Science Review*, vol. 18, 2012, p. 221).

88 Exprime um otimismo ininterrupto em relação a tal transposição de modelos políticos de decisão nos campos sociais afastados da política. (HABERMAS, Jürgen. *Protestbewegung und Hochschulreform*. Frankfurt am Main: Suhrkamp, 1969).

89 MARTENS, Wil. "Democracy for Transnational Regimes". *In*: MARTENS, Wil; LEIJSSENAAR, Bas; MARTENS, Judith; ZWEERDE,

Os meios de comunicação fazem a diferença. Os regimes transnacionais desenvolvem, sobre o seu próprio meio de comunicação, uma *episteme* idiossincrática, que está encarregada de uma respectiva forma idiossincrática da auto-oposição democrática. Apenas em regimes "públicos", ou seja, em coligações de domínio, é adequado direcionar a auto-oposição democrática contra o meio de comunicação do poder político, ao passo que, nos regimes "sociais", a contraposição a outros meios de comunicação – dinheiro, conhecimento, tecnologias, cálculo digital – deve ser desenvolvida de modo completamente diverso. Por exemplo, a auto-oposição democrática poderia ser incompleta em um regime econômico, quando ela se limitasse aos fenômenos do poder econômico. Antes, ela deve colocar na comunicação monetária como tal, independentemente se essa – além das hierarquias empresariais ou dos monopólios de mercado – está ou não inserida na comunicação de poder. Semelhantemente, é inadequado querer democratizar, segundo modelos de contrapoder político, regimes transnacionais que são ativos no campo da ciência e tecnologia, medicina ou educação. Antes, isso depende de desenvolver formas efetivas de variadas contra-especializações, que colocam em questão as formas dominantes de ciência. É necessária uma cuidadosa reespecificação da auto-oposição, até mesmo no que respeita aos métodos, processos e instituições dentro de um único regime.[90] Variadas formas de contra-especialização em lugar de simples contrapoder – isso poderia ser o dado direcional para calibrar a auto-oposição nas idiossincrasias dos regimes individuais.

As democracias deliberativas da democracia aproximam-se disso diretamente. Elas acentuam, com razão, o papel da justificação, particularmente sob condições transnacionais, quando os

---

Evert Van der (Coord.). *Futures of Democracy*. Nijmegen: Wilde Raven, 2014, p. 128.

90 MARTENS, Wil. "Democracy for Transnational Regimes". *In*: MARTENS, Wil; LEIJSSENAAR, Bas; MARTENS, Judith; ZWEERDE, Evert Van der (Coord.). *Futures of Democracy*. Nijmegen: Wilde Raven, 2014, pp. 133 e ss.

processos democráticos clássicos não mais satisfazem: estruturas de poder deveriam ser transformadas em estruturas de justificação.[91] Entretanto, devem ser trazidas duas correções. A primeira, deve-se substituir sua orientação dominante de consenso por uma orientação mais fortalecida de dissenso. A outra, a sua confiança em uma legitimação discursiva unitária deve-se adaptar à confiança em diferentes legitimações epistêmicas.[92] De fato, elas costumam subestimar o número de *epistemes* idiossincráticas, às quais as diversas formas de justificação devem se adaptar.[93]

Nesse ponto, o princípio da "subsidiariedade epistêmica" abre para o desenvolvimento de novas perspectivas, diversos processos de auto-oposição, em diferentes regimes transnacionais.[94] Isso depende da admissão de que a relação entre ciência e poder não decorre, simplesmente, do universalismo dos cientistas, mas de múltiplas maneiras, é dependente de contextos culturais. Pôde-se demonstrar que essa relação, na União Europeia, dá-se diversamente daquela em contextos culturais do Estado nacional.[95] O motivo para isso está em que a legitimidade epistêmica não é, simplesmente, uma peça do *input* científico, mas que depende sempre de orientações de valor,

---

91 FORST, Rainer. "Transnationale Gerechtigkeit and Demokratie: Zur Überwindung von drei Dogmen der politischen Theorie". *In*: NIESEN, Peter (Coord.). *Transnationale Gerechtigkeit und Demokratie*. Frankfurt am Main: Suhrkamp, 2012, p. 46.

92 ELLIS, Jaye. "Scientific expertise and transnational standards: authority, legitimacy, validity". *Transnational Legal Theory*, vol. 8, 2017, p. 181 (par. 2).

93 GALÁN, Alexis; LAW, Stephanie. "The emergence of European private law and the plurality of authority". *Transnational Legal Theory*, vol. 7, 2016, p. 499.

94 JASANOFF, Sheila. "Epistemic Subsidiarity: Coexistence, Cosmopolitanism, Constitutionalism". *European Journal of Risk Regulation*, nº 2, 2013, p. 133.

95 PASKALEV, Veso. "May science be with you: can scientific expertise confer legitimacy to transnational authority?" *Transnational Legal Theory*, vol. 8, 2017, p. 202.

interesses e preferências das comunidades epistêmicas locais ou nacionais.[96] Por essa razão, o princípio da subsidiariedade epistêmica foi introduzido como princípio constitucional, a fim de poder contrabalançar as relações entre ciência e política em diferentes planos e conforme seus diversos contextos culturais.

Esse princípio não deve ser aplicado apenas aos planos territoriais de diferentes Estados nacionais, mas, ao mesmo tempo, ser estendido aos planos funcionais dos regimes transnacionais. Cada regime desenvolve seus próprios meios de legitimação cultural na interação entre *expertise* e interesses de partes interessadas. As Constituições podem desempenhar um importante papel nessa acomodação entre *expertise* e política. Acerca do regime do meio-ambiente, Ellis descreve essas instituições de ponte do seguinte modo:

> Uma parte de tais instituições seriam normas jurídicas especiais, que possibilitam julgamentos não arbitrários sobre a adequação de provas científicas para determinada afirmação ou, tendo em vista certo fato, para a adequação da aplicação de um *standard* de sustentabilidade altamente técnico.[97]

Nesse lugar, não podem ser desenvolvidos, em detalhes, as condições especiais de introdução de auto-oposição para cada tipo de regime. Em vez disso, deve bastar, como exemplo para a subsidiariedade epistêmica, um breve aceno ao regime contratual transnacional.[98] O ponto de partida consiste em que os problemas de legitimação do *private government* não podem ser atacados com os meios de normatização pública. Antes, o teste consiste em verificar

96 ELLIS, Jaye. "Scientific expertise and transnational standards: authority, legitimacy, validity". *Transnational Legal Theory*, vol. 8, 2017.

97 ELLIS, Jaye. "Scientific expertise and transnational standards: authority, legitimacy, validity". *Transnational Legal Theory*, vol. 8, 2017, par. 4.

98 Sobre isso, VIELLECHNER, Lars. *Transnationalisierung des Rechts*. Alemanha: Velbrück, 2013, pp. 222 e ss.

se as peculiaridades dos mecanismos contratuais oferecem, suficientemente, potencial para a auto-oposição. Em princípio, os processos contratuais de atuação dispõem entre interesses antagônicos sobre um potencial considerável de auto-oposição, que possibilita a formulação de dissenso suficiente entre as partes e, ao mesmo tempo, capacidade suficiente de decisão. Mas, como se sabe, isso é possível apenas entre duas condições ideais: primeiramente, não podem existir assimetrias de poder entre as partes contratuais e, em segundo lugar, o contrato não pode desenvolver externalidades negativas para terceiros. Assim que se apresentam assimetrias de poder ou externalidades negativas, a tradicional legitimação contratual chega às suas fronteiras, pois os direitos de liberdade dos outros agentes privados são postos em risco. A legitimação pode ser, contudo, restabelecida, caso a eficácia horizontal dos direitos fundamentais substitua compensatoriamente, ou seja, contanto que esses direitos fundamentais prestem-se não apenas à proteção jurídica individual, mas tornem-se elementos de um regime de legitimação.

Em suma, é necessário, para possibilitar a auto-oposição em regimes transnacionais, uma calibragem cuidadosa de instituições contrárias, que partam de uma base experimental, de trajetórias de alto risco, de informações amplas de interesses e da política de tentativa e erro.

Referências bibliográficas

ABIZADEH, Arah. "On the Demos ant its Kin: Nationalism, Democracy and the Boundary Problem". *American Political Science Review*, vol. 106, 2012.

ANDERSON, Gavin W. "Societal Constitutionalism, Social Movements and Constitutionalism from Below". *Indiana Journal of Global Legal Studies*, vol. 20, 2013.

BAILEY, Saki; MATTEI, Ugo. "Social Movements as Constituent Power: the Italian struggle for the Commons". *Indiana Journal of Global Legal Studies*, vol. 20, 2013.

BARR, Michael S.; MILLER, Geoffrey P. “Global Administrative Law: the View From Basel”. *The European Journal of International Law*, vol. 17, 2006.

BESSON, Samantha. “Whose Constitution(s)? International Law, Constitutionalism, and Democracy”. *In*: DUNOFF, Jeffrey L.; TRACHTMAN, Joel P. (Coord.). *Ruling the World?* Constitutionalism, International Law, aind Global Governance. Cambridge: Cambridge University Press, 2009.

BIFULCO, Daniela; GOLIA, Angelo. “The Right of Resistence as a State Law Basis for Transnational Regimes Self-Contestation”. *Journal of Law and Society*, vol. 45, 2018.

BOGDANDY, Armin; DELLAVALLE, Sergio. “Die Lex mercatória der Systemtheorie: Verortung, Rekonstruktion und Kritik aus öffentlichrechtlicher Perspektive”. *In*: CALLIESS, Christian; FISCHER-LESCANO, Andreas; WIELSCH, Dan; ZUMBANSEN, Peer. *Soziologische Jurisprudenz*: Festschrift Für Gunther Teubner. Berlim: De Gruyter, 2009.

BRECHT, Bertold. *Prefácio a Galileo Galilei*. 1939. Disponível em: www.ddr-hoerspiele.net/3-1p./galileo-galilei.html. Acessado em: 03.10.2022.

BRUNKHORST, Hauke. “The Beheading of The Legislative Power: European Constitutionalisation Between Capitalism and Democracy”. *In*: FOSSUM, John Erik; MENÉNDEZ, Agustín José (Coord.). *The European Union in Crises Or The European Union as Crises?* Noruega: University of Oslo, 2014.

CAFAGGI, Fabrizio. “New foundations of Transnational Private Regulation”. *Journal of Law and Society*, vol. 38, 2011.

CHRISTODOULIDIS, Emilio A. “On the Politics of Societal Constitutionalism”. *Indiana Journal of Global Legal Studies*, vol. 20, 2013.

COLÓN-RIÓS, Joel I. “Five Conceptions of Constituent Power”. *Law Quarterly Review*, vol. 130, 2014.

CROUCH, Colin. “Globale Institutionen müssen Sozialstaat verwirklichen: Konsequenz aus rechtem und linkem Protest”. *Dei Welt*, 5.5.2017.

______. *Das befremdliche Überleben des Neoliberalismus*. Berlim: Suhrkamp, 2011.

______. *Postdemokratie*. Berlim: Suhrkamp, 2012.

DUNOFF, Jeffrey L. “A New Approach to Regime Interaction”. *In*: YOUNG, Margaret (Coord.). *Regime Interaction in International Law*: Facing Fragmentation. Cambridge: Cambridge University Press, 2011.

______. "How to Avoid Regime Collisions". *In*: BLOME, Kerstin; FISCHER-LESCANO, Andreas; FRANZKI, Hannah; MARKARD, Nora; OETER, Stefan (Coord.). *Contested Regime Collisions*: Norm Fragmentation in World Society. Cambridge: Cambridge University Press, 2016.

DYZEK, John; NIEMEYER, Simon. "Reconciling Pluralism and Consensus as Political Ideals". *American Journal of Political Science*, vol. 50, 2006.

ELLIS, Jaye. "Network Governance for High Seas Fisheries: the Role of the Marine Stewardship Council". *SSRN eLibraby*, 2011.

______. "Scientific expertise and transnational standards: authority, legitimacy, validity". *Transnational Legal Theory*, vol. 8, 2017.

ELSTER, Jon. *Deliberative democracy*. Cambridge: Cambridge University Press, 1998.

ESTLUND, David. "Introduction: Epistemic Approaches to Democracy". *Episteme*, vol. 5, 2008.

FEMIA, Pasquale. "Infrasystemische Subversion". *In*: AMSTUTZ, Marc; FISCHER-LESCANO, Andreas (Coord.). *Kritische Systemtheorie*. Bielefeld: Transcript, 2013.

FORST, Rainer. "Transnationale Gerechtigkeit and Demokratie: Zur Überwindung von drei Dogmen der politischen Theorie". *In*: NIESEN, Peter (Coord.). *Transnationale Gerechtigkeit und Demokratie*. Frankfurt am Main: Suhrkamp, 2012.

GALÁN, Alexis; LAW, Stephanie. "The emergence of European private law and the plurality of authority". *Transnational Legal Theory*, vol. 7, 2016.

GOLDONI, Marco. "The Politics of Global Legal Pluralism". *Jura Gentium*, 2014.

GOLIA, Angelo. "La responsabilità delle imprese transnazionali in una prospettiva di diritto costituzionale". *Seconda Università di Napoli*, 2017.

GÜNTHER, Klaus. "Rechtspluralismus und universaler Code der Legalität: Globalisierung als rechtstheoretisches Problem". *In*: WINGERT, Lutz; GÜNTHER, Klaus (Coord.). *Die Öffentlichkeit der Vernunft und die Vernunft der Öffentlichkeit*. Frankfurt am Main: Suhrkamp, 2001.

HABERMAS, Jürgen. "Die Krise der Europäischen Union im Lichte einer Konstitutionalisierung des Völkerrechts". *In*: HABERMAS, Jürgen. *Zur Verfassung Europas*: Ein Essay. Berlim: Suhrkamp, 2011.

_____. "Konstitutionalisierung des Völkerrechts und die Legitimationsprobleme einer verfassten Weltgesellschaft". *In*: HABERMAS, Jürgen. *Philosophische Texte, 4*: Politische Theorie. Frankfurt am Main: Suhrkamp, 2009.

_____. "Über den internen Zusammenhang von Rechtsstaat und Demokratie". *In*: _____. *Die Einbeziehung des Anderen*: Studien zu politischen Theorie. Frankfurt am Main: Suhrkamp, 1994.

_____. *Faktizität und Geltung*. Frankfurt am Main: Suhrkamp, 1992.

_____. *Protestbewegung und Hochschulreform*. Frankfurt am Main: Suhrkamp, 1969.

HARDT, Michael; NEGRI, Antonio. *Commonwealth*. Cambridge: Harvard Univesity Press, 2009.

HEGEL, Georg Wilhelm Friedrich. *Grundlinien der Philosophie des Rechts*. Frankfurt am Main: Suhrkamp, 1986.

HERBERG, Martin. "Bringing Professions Back, in: a Fresh Look at the Dynamics of Institution-building in (World) Society". *In*: JOEGERS, Christian; FALKE, Josef (Coord.). *Karl Polanyi, Globalisation and the Potential of Law in Transnational Markets*. Oxford: Hart Publishing, 2011.

HIRSCHL, Ran. *Towards Juristocracy*: the Origins and Consequences of the New Constitutionalism. Cambridge: Harvard University Press, 2004.

HORST, Johan. "Lex Financiaria: Das transnationale Finanzmarktrecht der International Swaps and Derivates Association (ISDA)". *Archiv des Völkerrechts*, vol. 53, 2015.

HOWSE, Robert; NICOLAIDIS, Kalypso. "Enhancing WTO Legitimacy: Constitucionalization or Global Subsidiarity". *Governance*, 16, 2003.

JASANOFF, Sheila. "Epistemic Subsidiarity: Coexistence, Cosmopolitanism, Constitutionalism". *European Journal of Risk Regulation*, nº 2, 2013.

KENNEDY, David. "The Mystery of Global Governance". *Ohio Northern University Law Review*, 34, 2008.

KINGSBURY, Benedict; KRISCH, Nico (Coord.). "Symposium: Global Governance and Global Administrative Law in the International Legal Order". *Symposium Issue of the European Journal of International Law*, vol. 17, 2006.

KJAER, Poul. "The Function of Justification in Transnational Governance". *Center for Global Constitutionalism*, 2015.

______. "The Metamorphosis of the Functional Synthesis: a Continental European Perspective on Governance, Law and the Political int the Transnational Space". *Wisconsin Law Review*, nº 2, 2010.

KLEINLEIN, Thomas. "Fragmentierung im Öffentlichen Recht: Diskursvergleich im internationalen und im nationalen Recht". *Deutsches Verwaltungsblatt*, vol. 17, 2017.

KOENIG-MARCHIBUGI, Mathais. "Fuzzy Citizenship in Global Society". *The Journal of Political Philosophy*, vol. 20, 2012.

KOSKENNIEMI, Martti. "Hegemonic Regimes". *In*: YOUNG, Margaret (Coord.). *Regime Interaction in International Law*: Facing Fragmentation. Cambridge: Cambridge University Press, 2012.

______. "The Politics of International Law – 20 Years Later". *European Journal of International Law*, vol. 29, 2009.

KRISCH, Nico. "Pouvoir Constituant and Pouvoir Irritant in the Postnational Order". *International Journal of Constitutional Law*, vol. 14, 2016.

KUMM, Mattias. "Beyond Golf Clubs and the Judicialization of Politics: Why Europe Has a Constitution Properly So Called". *American Journal of Compartive Law*, vol. 54, 2006.

LANG, Andrew. *World Trade after Neoliberalism*: Reimagining the Global Economic Order. Oxford: Oxford University Press, 2011.

LOICK, Daniel. "Juridification and Politics: from the Dilema of Juridification to the Pardoxes of Rights". *Philosophy and Social Criticism*, vol. 40, 2014.

LUHMANN, Niklas. "Politische Verfassungen im Kontext des Gesellschaftssystems". *Der Staat*, vol. 12, 1973.

______. "Quod Omnes Tangit: Remarks on Jürgen Habermas's Legal Theory". *In*: ROSENFELD, Michel; ARATO, Andrew (Coord.). *Habermas on Law and Democracy*: Critical Exchanges. Berkeley: University of California Press, 1998.

______. *Die Wirtschaft der Gesellschaft*. Frankfurt am Main: Suhrkamp, 1988.

______. "Die Zukunft der Demokratie". *In*: ______. *Soziologische Aufklärung 4*: Beiträge zur funktionalen Differenzierung der Gesellschaft. Opladen: Westdeutscher, 1987.

MARGULIS, Matias E. "The Regime Complex for Food Security: Implications for the Global Hunger Challenge". *Global Governance*, vol. 19, 2013.

MARTENS, Wil. "Democracy for Transnational Regimes". *In*: MARTENS, Wil; LEIJSSENAAR, Bas; MARTENS, Judith; ZWEERDE, Evert Van der (Coord.). *Futures of Democracy*. Nijmegen: Wilde Raven, 2014.

MAUS, Ingeborg. "Verfassung oder Vertrag: Zur Verrechtlichung globaler Politik". *In*: NIESEN, Peter; HERBORTH, Benjamin (Coord.). *Anarchie der kommunikativen Freiheit*. Frankfurt am Main: Suhrkamp, 2007.

MEIDINGER, Errol. "Competitive Supra-Governmental Regulation: How Could It Be Democratic?" *Buffalo Legal Studies Research Paper Series*, nº 2007-007.

MENKE, Christoph. *Kritik der Rechte*. Berlim: Suhrkamp, 2015.

MÖLLER, Kolja. "A Critical Theory of Transnational Regimes: Creeping Mangerialism and the Quest for a Destituent Power". *In*: BLOME, Kerstin; FISCHER-LESCANO, Andreas; FRANZKI, Hannah; MARKARD, Nora (Coord.). *Contested Collisions*: Norm Fragmentation in World Society. Cambridge: Cambridge University Press, 2016.

______. "From constituent to Destituent Power Beyond the State". *Transnational legal Theory*, 7, 2018.

MORAVCSIK, Andrew. "Is there a 'Democratic Deficit' in World Politics? a Framework for Analysis". *Government and Opposition*, vol. 39, 2004.

NEYER, Jürgen. "Justice, Not Democracy: Legitimacy in the European Union". *Journal of Common Market Studies*, vol. 48, 2010.

O'BRIEN, Robert; GOETZ, Anne Marie; SCHOLTE, Jan A.; WILLIAMS, Marc. *Contesting Global Governance*: Multilateral Economic Institutions and Global Social Movements. Cambridge: Cambridge University Press, 2002.

PAIEMENT, Phillip. "Paradox and Legitimacy in Transnational Legal Pluralism". *Transnational Legal Theory*, vol. 4, 2015.

PARSONS, Talcott; ACKERMAN, Charles. "The Concept of 'Social System' as a Theoretical Device". *In*: DIRENZON, Gordon J. (Coord.). *Concepts, Theory and Explanation in the Behavioral Sciences*. Nova York: Random House, 1966.

PASKALEV, Veso. "May science be with you: can scientific expertise confer legitimacy to transnational authority?" *Transnational Legal Theory*, vol. 8, 2017.

PORTA, Donatella Della (Coord.). *Global Justice Movement*: Cross-National and Transnational Perspectives. Londres: Routledge, 2016.

PRANDINI, Riccardo. "The Morphogenesis of Constitutionalism". *In*: DOBNER, Petra; LOUGHLIN, Martin (Coord.). *The Twillight of Constitutionalism?* Oxford: Oxford University Press, 2010.

RENNER, Moritz. *Zwingendes transnationales Recht*: Zur Struktur der Wirtschaftsverfassung jenseits des Staates. Baden-Baden: Nomos, 2011.

SAEI, Joseph. "Amicus Curious: Structure and Play in Investment Arbitration". *Transnational Legal Theory*, 2018.

SCHEIDERMAN, David. "Resisting Economic Globalization: Critical Theory and International Investment Law". *Basingstoke*, 2013.

_____. "Global, Constitutionalism and International Economic Law: The Case of International Investment Law". *In*: BUNGENBERG, Marc; HERRMANN, Christoph; KRAJEWSKI, Markus; TERHECTE, Philipp Jörg (Coord.). *Europeanh Yearbook of International Economic Law*. Oklahoma: Springer, 2016.

SCHOLTE, Jan-Aart. "Reinventing Global Democracy". *European Journal of International Relations*, vol. 20, 2014.

STEFFEK, Jens. "Sources of Legitimacy Beyond the State: a View from International Relations". *In*: JOEGERS, Christian; SAND, Inger--Johanne; TEUBNER, Gunther (Coord.). *Transnational Governance and Constitutionalism*. Oxford: Hart Publishing, 2004.

STEWART, Richard. "The Normative Dimensions and Performance of Global Administrative Law". *International Journal of Constitutional Law*, vol. 13, 2015.

STREECK, Wolfgang. *Gekaufte Zeit*: Die vertagte Krise des demokratischen Kapitalismus. Alemanha: Suhrkamp Verlag, 2013.

TAKE, Ingo. "Legitimacy in Global Governance: International, Transnational and Private Institutions Compared". *Swiss Political Science Review*, vol. 18, 2012.

TEUBNER, Gunther. "Quod omnes tangit:transnationale verfassungen ohne demokratie?" *Der Staat*, 57, 2018.

______. "Wirtschaftsverfassung/Wirtschaftsdemokratie: Franz Böhm und Hugo Sinzheimer jenseits des Nationalstaates". *ZaöRV*, vol. 74, 2014.

______. *Verfassungsfragmente*: Gesellschaftlicher Konstitutionalismus in der Globalisierung. Berlim: Suhrkamp Verlag, 2012.

THORNHILL, Chris. *A Sociology of Transnational Constitutions*. Cambridge: Cambridge University Press, 2016.

TRULLY, James. "The Imperialism of Modern Constitutional Democracy". *In*: WALKER, Neil; LOUGHLIN, Martin (Coord.). *The Paradox of Constitutionalism*: constituent Power and Constitutional Form. Oxford: Oxford University Press, 2007.

UNGER, Roberto M. "Legal Analysis as Institutional Imagination". *The Modern Law Review*, vol. 59, 1996.

VIELLECHNER, Lars. "Responsiver Rechtspluralismus: Zur Entwicklung eines transnationalen Kollisionsrecht". *Der Staat*, vol. 51, 2012.

______. *Transnationalisierung des Rechts*. Alemanha: Velbrück, 2013.

WEISS, Alexander. "Die Verdoppelung der Welt und das Recht auf Kontingenz". *In*: MÖLLER, Kolja; SIRI, Jasmin (Coord.). *Systemtheorie und Gesellschaftskritik*. Bielefeld: Transcript Verlag, 2016.

______. "Left After Luhmann? Emanzipatorische Potentiale in Luhmanns Systemtheorie und ihre Anwendung in der Demokratietheorie". *In*: HAUS, Michael; DE LA ROSA, Sybille (Coord.). *Politische Theorie und Gesellschaftstheorie*. Baden-Baden: Nomos, 2016.

CAPÍTULO III

A EXPANSÃO TRANSNACIONAL DE DIREITOS FUNDAMENTAIS ESTATAIS: SOBRE A CONSTITUCIONALIZAÇÃO DO REGIME GLOBAL DO DIREITO PRIVADO[1]

KARL-HEINZ LADEUR

LARS VIELLECHNER

Introdução

Nas longas discussões acerca do "constitucionalismo global",[2] uma estimulante questão permanece, frequentemente, pouco elucidada:

---

1 LADEUR, Karl-Heinz; VIELLECHNER, Lars. "Die transnationale Expansion staatlicher Grundrechte: Zur Konstitutionalisierung globaler Privatrechtsregimes". *Archiv des Völkerrechts*, vol. 46, 2008, pp. 42-73.

2 Cf. BOGDANDY, Armin von. "Constitutionalism in International Law: Comment on a Proposal from Germany". *Harvard International Law*

a questão da necessidade e possibilidade de uma constitucionalização dos novos "regimes jurídicos",[3] que parecem sedimentar-se, para além da ubiquidade das relações contratuais, individuais ou interorganizacionais, em formas próprias.[4] Um exemplo disso é a internet e sua infraestrutura normativa auto-organizada,[5] que procura vincular uma multiplicidade de novos conflitos que, segundo o Direito nacional (na Alemanha, em todo caso), levantam a questão

---

Jounal, vol. 47, 2006, pp. 223 e ss.; FISCHER-LESCANO, Andreas. *Globalverfassung*: Die Geltungsbegründung der Menschenrechte. Weilerswist: Velbruück, 2005; PETERS, Anne. "Global Constitutionalism in a Nutshell". *In*: DICKE, Klaus *et al.* (Coord.). *Weltinnenrecht*: liber amicorum Jost Delbrück. Berlim: Duncker & Humblot, 2005, pp. 535 e ss.; assim como as contribuições em MacDONALD, Ronald St. John; JOHNSTON, Douglas M. (Coord.). *Towards World Constitutionalism*: Issues in the Legal Ordering of the World Community. Leiden: Brill Publishers, 2005.

3 Cf. sobre isso, FISCHER-LESCANO, Andreas; TEUBNER, Gunther. *Regime-Kollisionen*: Zur Fragmentierung des globalen Rechts. Frankfurt am Main: Suhrkamp, 2006; FISCHER-LESCANO, Andreas; TEUBNER, Gunther. "Fragmentierung des Weltrechts: Vernetzung globaler Regimes statt etatistischer Rechtseinheit". *In*: ALBERT, Mathias; STICHWEH, Rudolf (Coord.). *Weltstaat und Weltstaatlichkeit*: Beobachtungen globaler politischer Strukturbildung. Wiesbaden: Sozialwissenschaften, 2007, pp. 37 e ss.

4 Cf. porém, as contribuições em JOERGES, Christian; SAND, Inger-Johanne; TEUBNER, Gunther (Coord.). *Transnational Governance and Constitutionalism*. Oxford: Hart Publishing, 2004.

5 Cf. sobre isso, por exemplo, REIDENBERG, Joel. "Lex Informatica: the Formulation of Information Policy Rules Trough Technology". *Texas Law Review*, vol. 76, 1998, pp. 533 e ss.; BERNSTORFF, Jochen von. "The Structural Limitations of Network Governance. ICANN as a Case in Point". *In*: JOERGES, Christian; SAND, Inger-Johanne; TEUBNER, Gunther (Coord.). *Transnational Governance and Constitutionalism*. Oxford: Hart Publishing, 2004, pp. 257 e ss. Cf. sobre a Constituição juridical atual da internet, o relatório de KLEINWÄCHTER, Wolfgang. "Internet Governance Forum". *MMR*, 2007, p. XX.

da eficácia horizontal dos direitos fundamentais, particularmente da liberdade de expressão.[6]

Nesse cenário, investiga-se, em primeiro lugar, se e em qual medida a introdução de uma constitucionalização do Direito Internacional (II) ou – conforme outra forma metódica de aproximação – a admissão da emersão de uma ordem transnacional espontânea de direitos fundamentais, que reflete os novos regimes em um meta-plano normativo (III), podem fazer jus aos desafios do sistema jurídico pelas novas relações jurídicas transnacionais. Segundo uma consideração provisória sobre a questão da vinculação estatal de direitos fundamentais nacionais (IV), esboça-se uma tese própria, apenas aparentemente tradicional, que procura fazer valer a eficácia horizontal dos direitos fundamentais estatais para o Direito Privado transnacional (V). Deve-se demonstrar que essa solução é compatível somente com o caráter heterárquico das relações jurídicas globais. O pensamento condutor para isso consiste na admissão de que a globalização não é nenhum processo que coloca limites ao Direito interno apenas de fora. Antes, esse pensamento encontra sua relação de correspondência na fragmentação do Direito e na pluralização de normas,[7] assim como na comutabilidade entre Direito Privado e Público[8] como forma de manifestação da autotransformação acelerada da sociedade pela mudança tecnológica, particularmente a

6 Cf. dentre a doutrina pouco mais controlável, OETER, Stefan. "'Drittwirkung' der Grundrechte und die Autonomie des Privatrechts". *Archiv des öffentlichen Rechts*, vol. 119, 1994, pp. 529 e ss.

7 Cf. LADEUR, Karl-Heinz. *Postmoderne Rechtstheorie*: Selbstreferenz, Selbstorganisation, Prozeduralisierung. 2ª ed. Berlim: Duncker & Humblot, 1995.

8 Cf. DICKINSON, Laura A. "Public Law Values in a Privatized World". *Yale Journal of International Law*, vol. 31, 2006, pp. 384 e ss.; FREEMAN, Jody. "The Private Role in Public Governance". *New York University Law Review*, vol. 75, 2000, pp. 543 e ss.; FREEMAN, Jody. "Extending Public Law Norms Trough Privatization". *Harvard Law Review*, vol. 116, 2003, pp. 1285 e ss.; GUÉHENNO, Jean-Marie. *Das Ende der Demokratie*. München: Artemis & Winkler, 1994, p. 47.

informatização da economia[9] e a construção de novas formas híbridas de coordenação econômica, para além da simples dicotomia entre mercado e organização (apontamentos: rede de relações e contratos relacionais).[10] Esse desenvolvimento foi acelerado pela globalização, mas não se deve apenas a essa última. A isso se liga a suposição de que as formas de construção do Direito Estatal sob essas condições, parcialmente, tanto podem ser mudadas de fora,[11] quanto, ao contrário, o Direito Estatal deve ser permeável, de dentro, para o

---

9 Cf. sobre os fundamentos teoréticos da ciência social: IACONO, C. Suzanne; FREEMAN, Peter A. "Cyberinfrastructure in the Making: Can We Get There from Here?" *In*: KAHIN, Brian; FORAY, Dominique (Coord.). *Advancing Knowledge and the Knowledge Economy*. Cambridge: MIT Press, 2006, p. 455 (460); HEDSTROM, Margaret; KING, John Leslie. "Epistemic Infrastructure in the Rise of the Knowledge Economy". *In*: KAHIN, Brian; FORAY, Dominique (Coord.). *Advancing Knowledge and the Knowledge Economy*. Cambridge: MIT Press, 2006, p. 113 (122); COHENDET, Patrick; MEYER-KRAHMER, Frieder. "The Theoretical and Policy Implications of Knowledge Codification". *Research Policy*, vol. 30, 2001, pp. 1563 e ss.

10 Cf. para o Direito Civil, TEUBNER, Gunther. *Netzwerk als Vetragsverbund*: Virtuelle Unternhemen, Franchising, Just-in-Time in sozialwissenschaftlicher und juristischer Sicht. Baden-Baden: Nomos, 2004, particularmente, pp. 109 e ss.; TEUBNER, Gunther. "Vertragswelten: das Recht in der Fragmentierung von Private Governance Regimes". *Rechtshistorisches Journal*, nº 17, 1998, p. 234; para o Direito Público e a ciência administrativa, MÖLLERS, Christoph. "Netzwerk als Kategorie des Organisationsrechts". *In*: OEBBECKE, Janbernd (Coord.). *Nicht-normative Steuerung in dezentralen Systemen*. Stuttgart: Franz Steiner, 2005, pp. 285 e ss.; LADEUR, Karl-Heinz. "Was leistet der Netzwerkbegriff für die Verwaltungswisseschaft?" *In*: MEHDE, Veit; RAMSAUER, Ulrich (Coord.). *Theorien der Verwaltungswissenschaft*, 2007; teoreticamente, BARÁBASIS, Albert-Lazlo. *Linked*: the New Science of Networks. Cambridge: Perseus Books, 2002.

11 Cf. por exemplo, sobre um Direito Administrativo Global sem Estado, KINGSBURY, Benedict; KRISCH, Nico; STEWART, Richard B. "The Emergence of Global Administrative Law". *Law & Contemporary Problems*, vol. 68, 2005, pp. 15 e ss.

fenômeno da globalização,[12] apesar de que o Direito, por isso, não se torna sem Estado.

1 Constitucionalização do Direito Internacional e eficácia horizontal dos direitos humanos internacionais

1.1 Unidade da ordem jurídica para além do Estado?

No Direito Internacional, fala-se, cada vez mais, da constitucionalização de processos de construção do Direito sem Estado.[13]

---

12 Cf. DI FABIO, Udo. *Das Recht offener Staaten*: Grundlinien einer Staats- und Rechtstheorie. Tübingen: Mohr Siebeck, 1998; HOBE, Stephan. *Der offene Verfassungstaat zwischen Souvernänität und Interdependenz.* Berlim: Duncker & Humblot, 1998.

13 Cf. sobre o Direito Internacional, *von Bogdandy* (BOGDANDY, Armin von. "Constitutionalism in International Law: Comment on a Proposal from Germany". *Harvard International Law Jounal*, vol. 47, 2006), como uma valoração atenta no final (p. 241); FAßBENDER, Bardo. "The United Nations Charter as Constitution of the International Community". *Columbia Journal of Transnational Law*, vol. 36, 1998, pp. 529 e ss.; TOMUSCHAT, Christian. "International Law: Ensuring the Survival of Manking of the Eve of a New Century". *Recueil des Cours*, vol. 281, 1999, pp. 25 e ss.; WALTER, Christian. "Constitutionalizing (Inter)national Governance - Possibilities for and Limits to the Development of an International Constitutional Law". *German Yearbookf of International Law*, vol. 44, 2001, pp. 170 e ss.; ZANGL, Bernhard; ZÜRN, Michael. "Make Law, Not War: Internationale und transnationale Verrechtlichung als Baustein für Global Governance". *In*: ______. (Coord.). *Verrechtlichung – Baustein für Global Governance?* Berlim: Dietz Verlag, 2004, p. 12 (18, 36); sobre a crítica, SOLTE, Ulrich. "Völkerrecht und Weltgesellschaft aus systemtheoretisher Sicht". *ARSP*, vol. 89, 2003, pp. 519 e ss.; também, já DUPUY, Pierre-Marie. "The Constitutional Dimension of the Charter of the United Nations Revisited". *Max Planck Yearbook of the United Nations Law*, 1997, pp. 1 e ss. Sobre o Direito europeu, WALKER, Neil. "EU Constitutionalism and New Governance". *In*: BÚRCA, Gráinne de; SCOTT, Joanne (Coord.). *Constitutionalism and New Governance*

Por trás disso está a ideia de que, para além do Estado, os processos de construção de instituições novas experimentam uma pressão para vinculação dos riscos da globalização, e de que os clássicos métodos do Direito Internacional não podem mais ser justificados para a nova dinâmica da auto-organização em e entre as matérias jurídicas.

Isso foi, primeiramente, discutido no Direito da Comunidade Europeia. Por meio disso, desatou-se um processo que, exclusivamente sob a perspectiva política, desembocou no acordo de Constituição[14] e, no final, teria desapossado consideravelmente os Estados como "senhores dos acordos".[15] Ter-se-ia retirado, consideravelmente, o chão da concepção de competências da Comunidade Europeia, que se baseiam na transferência do poder estatal (art. 23 GG). A falha (provisória) do acordo europeu de Constituição demonstrou que tal constitucionalização,[16] que poderia, finalmente, levar à construção de um novo superestado,[17] encontra resistência. O Estado, até agora o verdadeiro objeto da constitucionalização do Poder Público, de nenhum modo tem de cessar de existir dentro da Comunidade

---

in the European Union and the United States. Oxford: Hart, 2006, pp. 111 e ss.; sobre a crítica, HALTERN, Ulrich. "Pathos and Patina, The Failure and Promise of Constitutionalism in the European Imagination". *European Law Journal*, vol. 9, 2003, pp. 14 e ss.

14 Cf. sobre o projeto de tratado acerca de uma Constituição para a Europa, WALKER, Neil. "EU Constitutionalism in the State Constitutional Tradition". *European University Institute Law Working Paper*, nº 21, 2006.

15 Cf. a partir de uma perspectiva alemã, *BVerfGE* 89, 155 ss. (Maastricht).

16 Cf. sobre a crítica, MORAVCSIK, Andrew. "What Can We Learn From the Collapse of the European Constitutional Project?" *Politische Vierteljahresschrift*, vol. 47, 2006, pp. 219 e ss.

17 Cf. sobre a crítica do desenvolvimento da Comunidade Europeia, que tende, sempre mais, para essa direção, ROSA, Jean-Jacques. *Le second XXe siècle*: Déclin des hiérarchies et avenir des nations. Paris: B. Grasset, 2000.

Europeia.[18] Por trás da fórmula da constitucionalização, permanecem outros processos concretos e mais diversificados da construção e proliferação de "interlegalidade",[19] para além do Estado, particularmente em um novo espaço transnacional, dentro do qual os limites do Direito Público e Privado ou da construção jurídica coletiva e do uso legal individual confundem-se, ocultam-se reiteradamente e, frequentemente, ficam sem a devida elucidação teórica. As colisões de diferentes tradições jurídicas, a coordenação diagonal de matérias jurídicas variadas e sobrepostas de vários titulares de Direito (Direito Administrativo europeu particular/Direito Administrativo nacional geral etc.),[20] o problema da interpretação do Direito em sistemas

---

18 Cf. fundamentalmente, sobre o desenvolvimento da relação entre o Direito supranacional e nacional na Comunidade Europeia, CASSESE, Sabino. *Lo spazio giuridicio globale*. Roma: Laterza, 2003, pp. 55 e ss. e 93 e ss.

19 AMSTUTZ, Marc. "In-Between Worlds: Marleasing and the Emergence of Interlegality in Legal Reasoning". *European Law Journal*, vol. 11, 2005, pp. 766 e ss. Cf. também, AMSTUTZ, Marc; KARAVAS, Vaios. "Rechstmutation: Zu Genese und Evolution des Rechts im transnationalen Raum". *Rechtsgeschichte*, vol. 8, 2006, pp. 14 e ss.; TWINING, William. "Diffusion and Globalization Discourse". *Harvard International Law Journal*, vol. 47, 2006, pp. 507 e ss.; LADEUR, Karl-Heinz. "Die rechtswissenschaftliche Methodendiskussion und die Bewältigungdes gesellschaftlichen Wandels". *Rabels Zeitschrift*, vol. 64, 2000, pp. 60 e ss.

20 Cf. sobre isso, LADEUR, Karl-Heinz. "Zur Bedeutung eines Allgemein Teils des europäisierten Verwaltungsrechts". *Ms.* 2007; cf. sobre o Direito Privado europeizado, SCHMID, Christoph. "The ECJ as a Constitutional and a Private Law Court". *Zentrum für Europäische Rechtspolitik*, vol. 4, 2006; sobre a modificação do Direito Privado Internacional pela introdução do princípio do país de origem, MICHAELS, Ralf. "EU Law as Private International Law? Re-Conceptualizing the Country-of-Origin Principle as Vested Rights Theory". *Journal of Private International Law*, vol. 2, 2006, p. 195 (211); WAI, Robert. "Transnational Private Law and Private Ordering in a Contested Global Society". *Harvard International Law Journal*, vol. 46, 2005, p. 471 (472); JOERGES, Christian. "Europarecht als Kollisionsrecht neuen Typs: Wie eine europäische unitas in pluralitate verfasst werden kann". *In*: FÜHR, Martin *et al.* (Coord.). *Umweltrecht*

de vários planos (interpretação conforme as diretivas,[21] garantia do "*effet utile*")[22] são vistas, praticamente, como um fenômeno de transmissão no processo de produção de um novo sistema estatal europeu, que se constitui de modo semelhante à conformação do Direito em forma de pirâmide hierárquica, assim como o clássico Estado nacional.[23]

Uma tendência semelhante pode ser observada também no Direito Internacional. Uma vez que seu centro de referência torna-se cada vez mais a "comunidade internacional" como uma unidade em formação[24] que transpõe a estatalidade, até agora o centro de

---

und Umweltwissenschaft: Festschrift für Eckard Rehbinder. Berlim: Erich Schmidt, 2007, pp. 719 e ss.

21 Cf. AMSTUTZ, Marc. "Evolutorische Rechtsmethodik im europäischen Privatrecht. Zur richtlinienkonformen Auslegung und ihren Folgen für den autonomen Nachvollzug des Gemeinschaftsprivatrechts in der Schweiz". *In*: WERRO, Franz; PROBST, Thomas (Coord.). *Das Schweizerische Privatrecht im Lichte des europäischen Gemeinschaftsrecht*. Bern: Staempfli, 2004, pp. 105 e ss.

22 Cf. sobre o requisito do "*effet utile*" e seu caráter invasivo, TOMKINS, Adam. "Of Institutions and Individuals: the Enforcement of EC Law". *In*: CRAIG, Paul; RAWLINGS, Richard (Coord.). *Law and Administration in Europe*: Essay in Honour of Carol Harlow. Oxford: Oxford University Press, 2003, pp. 273 e ss.

23 A Comunidade Europeia produz, além disso, em alto nível, a estatalidade afetada pela globalização. Assim, particularmente, HABERMAS, Jürgen. "Warum braucht Europa eine Verfassung?" *JuristenZeitung*, nº 27, 2001, p. 28; sobre a construção, McCORMICK, John P. "Habermas, Supranational Democracy and the European Constitution". *European Constitutional Law Review*, vol. 2, 2006, pp. 398 e ss.

24 Cf. PAULUS, Andreas L. *Die internationale Gemeinschaft im Völkerrecht*: eine Untersuchung zur Entwicklung des Völkerrechts im Zeitalter der Globalisierung. München: C. H. Beck, 2001; BOGDANDY, Armin von. "Constitutionalism in International Law: Comment on a Proposal from Germany". *Harvard International Law Jounal*, vol. 47, 2006; KADELBACH, Stefan; KLEINLEIN, Thomas. "Überstaatliches Verfassungsrecht: Zur Konstitutionalisierung im Völkerrecht". *Archiv des Völkerrechts*, vol. 44, 2006, pp. 235 e ss.

referência para a questão da validade das normas, de sua interpretação[25] e de seu aperfeiçoamento para os agentes da comunidade internacional. Isso tem consequências, sobretudo, para a interpretação dos acordos internacionais que, até agora, estava orientado na vontade das partes dos acordos[26] e, por conseguinte, tinha excluído elementos abrangentes, particularmente os teleológicos, da integração do Direito Internacional dos contratos – para além do recurso aos princípios mais gerais do Direito Internacional Consuetudinário – a fim de construir um sistema, conceitual, metódico e, pela evocação de valores gerais, cônsono com o modelo do Direito Estatal.[27] Essa problemática apresenta-se, por exemplo, diante da questão de em

25 Cf. sobre a interpretação no Direito Internacional pós-moderno, KOSKENNIEMI, Martti. *From apology to utopia*: the structure of international legal argument. Cambridge: Cambridge University Press, 2005, pp. 159 e ss e 171 e ss.

26 Cf. sobre a interpretação do Direito Internacional, KOSKENNIEMI, Martti. *From apology to utopia*: the structure of international legal argument. Cambridge: Cambridge University Press, 2005, pp. 435 e ss. Seria de se pensar, aqui, em uma dimensão jurídica internacional do método do "textualismo" relativo à Constituição. Cf. sobre isso, MOLOT, Jonathan T. "The Rise and Fall of Textualism". *Columbia Law Review*, vol. 106, 2006, pp. 1 e ss.; MANNING, John F. "What Divides Textualists From Purposivists?" *Columbia Law Review*, vol. 106, 2006, pp. 70 e ss.

27 Cf. sobre isso, TRACHTMAN, Joel P. "Changing the Rules: Constitutional Moments of the WTO". *International Trade*, vol. 26, 2004, pp. 44 e ss. Por fim, também cético sobre a possibilidade de se obter mais do que princípios gerais a partir de uma concepção de um "Direito Constitucional supraestatal", KADELBACH, Stefan; KLEINLEIN, Thomas. "Überstaatliches Verfassungsrecht: Zur Konstitutionalisierung im Völkerrecht". *Archiv des Völkerrechts*, vol. 44, 2006, p. 255. Cuidadoso quanto ao reconhecimento de um "interesse comum" da comunidade de Estados, também OETER, Stefan. "Chancen und Defizite internationaler Verrechtlichung: Was das Recht jenseits des Nationalstaats leisten kann". *In*: ZANGL, Bernhard; ZÜRN, Michael. "Make Law, Not War: Internationale und transnationale Verrechtlichung als Baustein für Global Governance". Berlim: Dietz Verlag, 2004, p. 46 (50).

qual medida o Direito Contratual Econômico e o Direito Ambiental podem ser sistematicamente conciliados.[28]

1.2 Crítica da constitucionalização do Direito Internacional (Koskenniemi)

Martti Koskenniemi, dentre outras coisas, criticou esse desenvolvimento em sua crítica da doutrina atual do Direito Internacional.[29] Resumidamente, verificou o autor que a constitucionalização do Direito Internacional está abertamente direcionada contra os grandes poderes e obedece a uma visão, no final, utópica da globalização.[30] Ao modelo da constitucionalização do Direito Internacional subjaz a concepção, por sua vez não estranha ao Direito integrado estatalmente, de que a Constituição emancipa-se das forças que a criaram.[31] A relação entre as hipóteses normativas e fáticas, que subjazem a esse ponto de vista teleológico, exige, contudo, esclarecimento. Esse método de construção do Direito e de interpretação,

---

28 Cf. sobre isso, a controvérsia entre GUZMAN, Andrew T. "Global Governance and the WTO". *Harvard International Law Journal*, vol. 45, 2004, pp. 303 e ss.; McGINNIS, John O.; MOVSESIAN, Mark L. "Against Global Governance in WTO". *Harvard International Law Journal*, vol. 45, 2004, pp. 353 e ss. Cf. também, PETERSMANN, Ernst-Ulrich. "Human Rights, Constitutionalism and the World Trade Organization: Challenges for World Trade organization Jurisprudence and Civil Society". *Leiden Journal of International Law*, vol. 19, 2006, pp. 633 e ss.; TRACHTMAN, Joel P. "Changing the Rules: Constitutional Moments of the WTO". *International Trade*, vol. 26, 2004.

29 Cf. KOSKENNIEMI, Martti. *From apology to utopia*: the structure of international legal argument. Cambridge: Cambridge University Press, 2005, p. 569.

30 KOSKENNIEMI, Martti. *From apology to utopia*: the structure of international legal argument. Cambridge: Cambridge University Press, 2005, p. 611.

31 Este também é o pano de fundo para a controvérsia norte-americana sobre um "textualismo" na interpretação constitucional. Cf., sobre isso, as referências na nt. 26.

desenvolvido há séculos para a interpretação do Direito Estatal, que obedece a uma mudança fundamental da estatalidade, não pode ser reformulado, sem mais, para um simples postulado normativo destinado à integração do Direito Internacional. Conforme a interpretação de Koskenniemi, falta ao constitucionalismo um projeto comum no plano internacional, e a sua substituição pelo recurso a valores deve findar em uma prática inanimada da ponderação.[32] Para isso, são dados exemplos a partir da jurisprudência dos Tribunais internacionais. No que respeita ao campo que, aqui, encontra-se em primeiro plano, a saber, os direitos humanos, refere-se Koskenniemi, com razão, ao fato de que não existe, por exemplo, nenhum critério generalizável para a legitimidade de uma intervenção humanitária no Direito Internacional. Por fim, o recurso ao constitucionalismo esgota-se, também nesse âmbito específico do Direito Internacional, na evocação de princípios vagos, como o da proporcionalidade ou na substituição de vinculação jurídica por opiniões ainda controvertidas de especialistas.[33] Contudo, Koskenniemi defronta-se também com (e desaprova) a tentativa de se recorrer, produtivamente, ao pluralismo jurídico no Direito Internacional.[34] Ele sustenta que isso seja apenas o lado negativo do constitucionalismo, pois, com isso, as fraquezas

---

32 Cf. KOSKENNIEMI, Martti. "The Fate of Public International Law: Constitutional Utopia or Fragmentation?" *Chorley Lecture*, London School of Economics and Political Science, 07 jun. 2006, p. 24. Disponível em: http://www.helsinki.fi/eci./Publications.MKChorley%20 Text-06a.pdf.

33 KOSKENNIEMI, Martti. "The Fate of Public International Law: Constitutional Utopia or Fragmentation?" *Chorley Lecture*, London School of Economics and Political Science, 07 jun. 2006, p. 15. Disponível em: http://www.helsinki.fi/eci./Publications.MKChorley%20 Text-06a.pdf.

34 Cf. KOSKENNIEMI, Martti. "Global Legal Pluralism: Multiple Regimes and Multiple Modes of Thought". *Harvard University*, 05 mar. 2005. Disponível em: http://www.helsinki.fi/eci/Publications/ MKPluralism-Harvard-05d%B1%D.pdf. Sobre isso, também, OETER, Stefan. "International Law and General Systems Theory". *GYIL*, vol. 44, 2001, p. 72 (78).

do Direito Internacional são aceitas de um modo problemático, e a estabilização de regras jurídicas para as arenas individuais do pluralismo, como para a coordenação dele, são deixadas a um pragmático "gerencialismo" [*Managerialismus*].[35] O pluralismo jurídico substituiria, assim, a hierarquia faltante de normas no Direito Internacional. As arenas individuais, que, conforme os pontos de vista pluralistas, são organizadas ou foram formadas por regimes particulares de Direito Internacional, seriam, no final, submetidas a "*truth regimes*", que teriam tomado o lugar de "*rule regimes*" e, em seus problemas jurídicos, seriam transformadas, novamente, em solicitações ao conhecimento de especialistas.[36] Assim, por exemplo, no âmbito do *e-commerce*, as estratégias informais de superação de conflitos deveriam afastar as soluções jurídico-formais de conflitos, porque não existiria mais "*meta-rationality*" e, com isso, a via tornar-se-ia nivelada para a introdução de "*rules de facto*".[37]

1.3 Autonomia da ordem jurídica transnacional em um mundo heterárquico

Pode ser deixada em aberto se a principal crítica ao constitucionalismo sem Estado, sobretudo no que concerne aos direitos humanos internacionais e sua validade, é adequada. Quando se recorda a vinculação do Direito Internacional com a prática dos Estados e das organizações internacionais e se desconfia da evocação de valores que não têm nenhuma base na prática internacional, deve-se constatar, de maneira mais realista, que se não pode observar, em

35 Cf. KOSKENNIEMI, Martti. "The Fate of Public International Law: Between Technique and Politics". *Modern Law Review*, vol. 70, 2007, p. 43.

36 KOSKENNIEMI, Martti. "The Fate of Public International Law: Between Technique and Politics". *Modern Law Review*, vol. 70, 2007, p. 13.

37 KOSKENNIEMI, Martti. "The Fate of Public International Law: Between Technique and Politics". *Modern Law Review*, vol. 70, 2007, p. 35.

muitos campos do comércio, uma prática estabilizada, ainda que incipiente, que poderia dar contornos jurídicos aos direitos humanos.[38] Em todo caso, mesmo para a Comunidade Europeia, assim como para um Estado mundial, cuja configuração da constitucionalização do Direito Internacional é esperada a longo prazo, dever-se-ia ter, por enquanto, um considerável nível de ceticismo diante de todas as expectativas de harmonização jurídica. Assim, abandonam-se as possibilidades de operação produtiva com um pluralismo jurídico transnacional e internacional de média envergadura,[39] as quais podem ser formuladas de melhor maneira com o paradigma de uma rede heterárquica de relações de diversos agentes e matérias jurídicas – normas de Direito Internacional, estatal e de auto-organização – em face da globalização.

Isso vale para aqueles processos de construção jurídica que ressaltam um "*global law without a state*",[40] no qual velhas e novas fixações do Estado, em primeiro lugar, ameaçam fracassar. Enquanto as recepções normativas e fáticas para os processos de constitucionalização na Comunidade Europeia e no mundo permanecem, de modo fortemente negativo, fixadas no Estado nacional como modelador a exemplo, elas assumiram, sob essa forma, ao mesmo tempo, um problema, sob esse formato não atualizado, que também não pode ser construído dogmaticamente de maneira adequada na versão estatal originária, a saber, o problema da chamada

---

38 Cf. as reflexões críticas de SCHILLING, Theodor. "On the Constitutionalization of General International Law". *New York University Jean Monnet Working Paper*, nº 6, 2005, pp. 15 e 19. Cético, particularmente em relação à liberdade de pensamento como direito humano, RIEDEL, Eibe. *Die Universalität der Menschenrechte*: Philosophische Grundlagen – nationale Gewährleistungen – inernationale Garantien. Berlim: Duncker & Humblot, 2003, p. 305.

39 Cf. KOSKENNIEMI, Martti. "The Fate of Public International Law: Between Technique and Politics". *Modern Law Review*, vol. 70, 2007, pp. 1 e ss.

40 Cf. as contribuições em TEUBNER, Gunther (Coord.). *Global Law Without a State*. Aldershot: Dartmouth, 1997.

eficácia horizontal dos direitos fundamentais entre privados.[41] Essa problemática foi, nos últimos anos, na Alemanha, completada e diferenciada pela generalização de uma dimensão objetivo-jurídica dos direitos fundamentais, que, para além da dicotomoia "*the man vs. the state*", produz seus efeitos em diferentes variantes.[42] Aqui, separam-se as mentalidades já dentro da Europa,[43] de modo que seria mais difícil de conceber, dentro da constitucionalização do Direito da Comunidade Europeia – apesar de já haver, na jurisprudência do Tribunal europeu, alguns pontos de partida[44] – e, particularmente daquela do Direito Internacional, uma tendência para essa eficácia horizontal dos direitos fundamentais e humanos na comunidade internacional.[45] A isso não se opõe o fato de que também a Decla-

---

41 Cf. sobre a discussão internacional para uma eficácia horizontal dos direitos fundamentais na Comunidade Europeia ou no Direito Internacional, ALSTON, Philip (Coord.). *Non-State Actors and Human Rights*. Oxford: Oxford University Press, 2005; CLAPHAM, Andrew. *Human Rights in the Private Sphere*. Oxford: Clarendon Press, 1993; CLAPHAM, Andrew. *Human Rights Obligations of Non-State Actors*. Oxford: Oxford University Press, 2006; sobre a discussão europeia--amerciana, SAJÓ, András; UITZ, Renáta (Coord.). *The constitution in private relations*: expanding constitutionalism. Utrecht: Eleven International Publishing, 2005.

42 Cf. *BVerfGE* 81, 242 ss. (operador de Mercado); sobre isso, HERMES, Georg. "Das BVerfG zu Schutzpflicht und mittelbarer Drittwirkung der Berufsfreiheit". *NJW*, 1990, pp. 1764 e ss.; *BverfGE* 89, 214 ss. (garantia); sobre isso, TEUBNER, Gunther. "Ein Fall struktureller Korruption? Die Familienbürgschaft in der Kollision unveträglicher Handlungslogiken". *KritV*, vol. 83, 2000, pp. 388 e ss.

43 Cf. As contribuições em BRÜGGEMEIER, Gert; COLOMBI-CIACCHI, Aurelia; COMANDÉ, Giovanni (Coord.). *Fundamental Rights and Private Law in the European Union*. 2006; FRIEDMAN, Daniel; DARAK-EREZ, Daphne (Coord.). *Human Rights in Private Law*. Oxford: Hart, 2001.

44 Cf. *EuGH Slg*. 2000, I-4139; PREEDY, Kara. *Die Bindung Privater an die europäischen Grundfreiheinten*. Berlim: Duncker & Humblot, 2005.

45 Cf. sobre isso, CLAPHAM, Andrew. *Human Rights Obligations of Non-State Actors*. Oxford: Oxford University Press, 2006, pp. 82

ração de Direitos Humanos da ONU postula certa vinculação dos privados, mas que permanece muito obscura.[46] É significativo que isso, praticamente, seja discutido apenas em relação à vinculação de agentes transnacionais privados (empresas multinacionais) pelos direitos humanos à vida e saúde em países do terceiro mundo.

---

e 195 e ss.; STEIHARDT, Ralph G. "Corporate Responsibility and the International Law of Human Rights: the New Lex Mercatoria". *In*: ALSTON, Philip (Coord.). *Non-State Actors and Human Rights*. Oxford: Oxford University Press, 2005, pp. 177 (223 e ss.), com a observação metodológica de que os *standards* de direitos humanos deveriam, como a *lex mercatoria*, ser desenvolvidos "por baixo". Cf., também, ALSTON, Philip. "The 'Not-a-Cat' Syndrome: can the International Human Rights Regime Accommodate Non-State Actors?" *In*: ______. (Coord.). *Non-State Actors and Human Rights*. Oxford: Oxford University Press, 2005, p. 3921); moderadamente, também TOMUSCHAT, Christian. *Human rights*: between idealism and realism. Oxford: Oxford University Press, 2003, p. 320; SCHILLING, Theodor. "On the Constitutionalization of General International Law". *New York University Jean Monnet Working Paper*, nº 6, 2005, p. 15: não existiria nenhuma "prática observável" sobre a qual a compreensão dos direitos humanos pudesse ser, em geral, orientada; para uma proposta de "balanço", RATNER, Stephen. "Corporations and Human Rights: a Theory of Legal Responsability". *Yale Law Journal*, vol. 111, 2001, p. 443 (513 e ss.); cf., também, WESCHKA, Marion. "Human Rights and Multinational Enterprises: How Can Multinational Enterprises be Held Responsible for Human Rights Violations". *ZaöRV*, vol. 66, 2006, pp. 625 e ss.

46 Cf. PETERS, Anne. "Privatisierung, Globalisierung und die Resistenz des Verfassungstaates". *ARSP*, vol. 105, 2006, p. 100 (131).

2 Autoconstitucionalização do Direito Transnacional e eficácia de Direito Privado dos direitos fundamentais

2.1 Constituições civis globais e direitos de discurso (Teubner)

Gunther Teubner deu a esse problema, sucintamente, uma nova formulação, para além da herdada concepção da eficácia horizontal, mas também para além de uma constitucionalização fixada pelo Estado.[47] Para tanto, ele tentou fortalecer os direitos humanos como "limites negativos da comunicação social" para a proteção contra o perigo da "integridade da psique e da corporeidade pela ultrapassagem de limites das *matrix* comunicativa".[48] Como "*matrix*" compreende-se, para além de operações isoladas de risco, a – de se compreender de modo amplo, sistemática e teoricamente – "pluralidade de processos de comunicação anônimos e autonomizados e, hoje, globalizados".[49] Com isso, estão implicados os riscos da "multiplicação de sistemas sociais expansivos", cuja fragmentação coloca sob pressão as tradições integrantes (religião, cultura etc.).[50]

Essa teoria tem, primariamente, seus quadros de referência somente nos processos transnacionais de construção do Direito,

---

47 Cf. TEUBNER, Gunther. "Die anonyme Matrix: Zu Menschenrechtsverletzungen durch 'private' transnationale Akteure". *Der Staat*, vol. 45, 2006, pp. 161 e ss.

48 TEUBNER, Gunther. "Die anonyme Matrix: Zu Menschenrechtsverletzungen durch 'private' transnationale Akteure". *Der Staat*, vol. 45, 2006, p. 181.

49 TEUBNER, Gunther. "Die anonyme Matrix: Zu Menschenrechtsverletzungen durch 'private' transnationale Akteure". *Der Staat*, vol. 45, 2006, p. 180.

50 TEUBNER, Gunther. "Die anonyme Matrix: Zu Menschenrechtsverletzungen durch 'private' transnationale Akteure". *Der Staat*, vol. 45, 2006, p. 175.

ainda que ela consinta também uma variante intraestatal. Ela coloca a tônica sobre a fragmentação da sociedade,[51] que não pode ser compensada em um plano europeu ou na comunidade internacional mediante constitucionalização de cima, mas experimenta, naquele, uma particular escalada. A construção teórica deixa atrás de si uma tentativa de possível atrelamento dos direitos fundamentais nos textos constitucionais para as relações transnacionais e procura, para além da clássica dicotomia do público e privado, localizar a eficácia deles "como instituições sociais e jurídicas contrárias às tendências de expansão de sistemas sociais".[52] "Processos anônimos de poder", aos quais se defrontam "corpos maltratados" a "almas feridas",[53] não podem ser expressos em variantes da relação do Estado com os cidadãos, que caracteriza o clássico – referido ao Estado – Direito Constitucional.

Em outro lugar, Teubner postulou, particularmente para os novos processos transnacionais de ligação de relações jurídicas e seus anexos institucionais fora do Direito Estatal (*lex mercatoria*,[54] *lex informatica*,[55] *lex sportiva*[56] etc.), a autoconstitucionalização das

---

51 TEUBNER, Gunther. "Die anonyme Matrix: Zu Menschenrechtsverletzungen durch 'private' transnationale Akteure". *Der Staat*, vol. 45, 2006, p. 177.

52 TEUBNER, Gunther. "Die anonyme Matrix: Zu Menschenrechtsverletzungen durch 'private' transnationale Akteure". *Der Staat*, vol. 45, 2006, p. 178.

53 TEUBNER, Gunther. "Die anonyme Matrix: Zu Menschenrechtsverletzungen durch 'private' transnationale Akteure". *Der Staat*, vol. 45, 2006, p. 179.

54 Cf. ZUMBANSEN, Peer. "Lex mercatoria: Zum Geltungsanspruch transnationalen Rechts". *RabelsZ*, vol. 67, 2003, pp. 637 e ss.

55 Cf. REIDENBERG, Joel. "Lex Informatica: the Formulation of Information Policy Rules Trough Technology". *Texas Law Review*, vol. 76, 1998.

56 Cf. LEHMKUHL, Dirk. "Der lange Schatten staatlichen Rechts: Verrechtlichung im transnationalen Sport". *In*: ZANGL, Bernhard; ZÜRN, Michael. "Make Law, Not War: Internationale und

racionalidades próprias de instituições e regras, para além do Estado e do Direito Constitucional referido ao Estado.[57] Com isso, aumenta a exigência de que o atual Direito Privado deva transformar-se "em um Direito Constitucional de sistemas privados globais de regramentos".[58] Mais simplesmente, pode-se dizer que – diferentemente do paradigma acima descrito da constitucionalização da comunidade internacional – estabelece-se um processo de construção constitucional de baixo.[59] Sob o fundamento da auto-estabilização dos complexos plurais transnacionais de regras, postula-se uma série de regras de segunda ordem para a observância e compatibilização de diversos regimes jurídicos dentro do pluralismo jurídico transnacional, que trazem à tona uma "ordem de colisão" como "Constituição própria", criada espontaneamente, do Direito Transnacional.[60]

transnationale Verrechtlichung als Baustein für Global Governance". Berlim: Dietz Verlag, 2004, p. 179 e ss.

57 Cf. TEUBNER, Günther. "Globale Zivilverfassungen: Alternativen zur staatszentrierten Verfassungstheorie". *ZaöRV*, vol. 63, 2003, pp. 1 e ss.; cf., também, FISCHER-LESCANO, Andreas; TEUBNER, Gunther. "Fragmentierung des Weltrechts: Vernetzung globaler Regimes statt etatistischer Rechtseinheit". *In*: ALBERT, Mathias; STICHWEH, Rudolf (Coord.). *Weltstaat und Weltstaatlichkeit*: Beobachtungen globaler politischer Strukturbildung. Wiesbaden: Sozialwissenschaften, 2007.

58 TEUBNER, Gunther. "Vertragswelten: das Recht in der Fragmentierung von Private Governance Regimes". *Rechtshistorisches Journal*, nº 17, 1998, p. 234 (235).

59 Mostra-se, aqui, um certo paralelo com a proposta jurídico-internacional de Steinhardt, que sustenta o desenvolvimento dos *standards* de direitos humanos, para o controle de relações privadas, "por baixo". Sob o ponto de vista metódico, isso permanence, porém, no recurso à material juridical do clássico Direito Público. (STEIHARDT, Ralph G. "Corporate Responsibility and the International Law of Human Rights: the New Lex Mercatoria". *In*: ALSTON, Philip (Coord.). *Non-State Actors and Human Rights*. Oxford: Oxford University Press, 2005).

60 Cf. TEUBNER, Gunther. "Globale Zivilverfassungen: Alternativen zur staatszentrierten Verfassungstheorie". *ZaöRV*, vol. 63, 2003, pp. 16 e ss.

O recurso a um pensamento jurídico de colisão manifesta-se produtivamente: o Direito Internacional de colisão, tanto público[61] quanto privado, foram muito determinados pela decisão acerca da aplicabilidade de normas jurídicas excludentes, reciprocamente, uma da outra.[62] Isso é, absolutamente, uma debilidade diante da necessidade de fazer com que ordens jurídicas sejam permeáveis umas às outras. Pode-se, porém, esquivar-se dessa exigência contanto que se evite a colisão de complexos heterárquicos de normas pelo recurso a uma Constituição social espontânea. Isso é dificilmente conciliável com as concepções jurídicas tradicionais. Também nesse caso, opera-se com uma concepção unitária, que, ao lado dos espaços do clássico Direito Internacional e do Direito Estatal, postula, para além do Estado, a localização de um espaço jurídico sem Estado, mas que não esgota as possibilidades de uma rede jurídica heterogênea, que torne os diversos espaços jurídicos permeáveis uns aos outros. Essa construção jurídica mostra-se, então, aceitável, quando foi provado que outros modelos de explicação não podem dominar o fenômeno do pluralismo jurídico transnacional.[63]

---

61 Essa matéria foi, pela primeira vez, tratada pormenorizadamente em OHLER, Christoph. *Dei Kollisionsordnung des Allgemeinen Verwaltungsrechts*. Tubingen: Mohr Siebeck, 2005.

62 Dando prosseguimento, em contrapartida, JOERGES, Christian. "The Impact of European Integration on Private Law: Reducionist Perceptions, True Conflicts and a New Constitutionalist Perspective". *European Law Journal*, vol. 3, 1997, pp. 378 e ss.; SCHMID, Christoph. "Diagonal Competence Conflicts between European Competition Law and National Regulation: a Conflict of Laws Reconstructions of the Dispute of Book Price Fixing". *European Review of Private Law*, vol. 8, 2000, pp. 155 e ss.; SCHMID, Christoph. "The ECJ as a Constitutional and a Private Law Court". *Zentrum für Europäische Rechtspolitik*, vol. 4, 2006.

63 Também a perspectiva, defendida por Andreas Fischer-Lescano, de uma "Constituição Global", constituída para além do Direito Internacional estatal, expõe-se à objeção de que a "expectativa normativa da sociedade mundial não pode, sozinha, ter força criadora de direito, quando, para tanto, ela precisa da institucionalização garantidora de expectativas, que pode não pode ser atribuída à "*colère public*" por

2.2 Direito Constitucional civil evolucionário (Amstutz)

As reflexões de Marc Amstutz acerca de um "Direito Contratual Social" e de uma "metodologia jurídica evolucionária" afinada com o pluralismo jurídico pós-moderno também objetiva uma "constitucionalização sem Estado".[64] Amstutz não admite a necessária revinculação a "expectativas que são acumuladas nos processos de auto-organização" em razão de uma "transferência da Constituição política à sociedade civil" e exclui, com isso, não apenas o recurso à eficácia horizontal imediata, mas também a mediata, dos direitos fundamentais.[65] A primeira seria indiferente à aberta estatização dos direitos fundamentais, e a última variante, que se orienta no quadro do juiz civil, que modula os direitos fundamentais pelas decisões de casos individuais, permanece, por isso, inadequada em todo caso. Em conexão com Teubner, postula-se uma autonomia para os "direitos de discurso" sociais, para os quais deveria ser gerado um "potencial de reflexão" integrador em uma "Constituição civil". Tal "Direito Constitucional civil" (*Rechtsverfassungsrecht*), paradoxalmente formulado, nas palavras de *Rodolf Wiethölter*, deveria ser concebido "autologicamente",[66] de maneira que a lógica própria dos sistemas sociais, como, por exemplo, o da internet, pudesse se desdobrar,

---

ele deplorada. (FISCHER-LESCANO, Andreas. *Globalverfassung*: Die Geltungsbegründung der Menschenrechte. Weilerswist: Velbruück, 2005).

64 Cf. AMSTUTZ, Marc; ABEGG, Andreas; KARAVAS, Vaios. *Soziales Vertragsrecht*: eine rechtsevolutorische Studie. 2007; AMSTUTZ, Marc. "Evolutorische Rechtsmethodik im europäischen Privatrecht. Zur richtlinienkonformen Auslegung und ihren Folgen für den autonomen Nachvollzug des Gemeinschaftsprivatrechts in der Schweiz". *In*: WERRO, Franz; PROBST, Thomas (Coord.). *Das Schweizerische Privatrecht im Lichte des europäischen Gemeinschaftsrecht*. Bern: Staempfli, 2004.

65 AMSTUTZ, Marc; ABEGG, Andreas; KARAVAS, Vaios. *Soziales Vertragsrecht*: eine rechtsevolutorische Studie. 2007, p. 39.

66 AMSTUTZ, Marc; ABEGG, Andreas; KARAVAS, Vaios. *Soziales Vertragsrecht*: eine rechtsevolutorische Studie. 2007, p. 48.

mediante tentativas, em um processo de evolução.[67] Teoricamente, essa hipótese é reconduzida a que o legislador não possa, em uma ordem jurídica policontextual diferenciada, sem centro, substituir a evolução, que resulta de tentativa-erro-avanço, pela promulgação de normas estatais. Dessa maneira, gera-se "*order from noise*".[68] Principalmente o Direito no espaço transnacional não poderia ser construído conforme o modelo do Direito hierarquizado de modo piramidal do Estado nacional.[69] Amstutz torna fecunda essa reflexão sobretudo para o domínio construtivo de colisões jurídicas horizontais dentro da Comunidade Europeia. Para isso, ele desenvolve uma teoria da interpretação de normas jurídicas tematicamente sobrepostas umas às outras, que teria conduzido, em diferentes Estados-membros, a diversos "*interpretive commitments*".[70]

As proposições de Amstutz valem para o Direito Civil Geral e para o Administrativo em relação à conexão de regras jurídicas europeias particulares com a então ordem jurídica nacional.[71] A conversão da unidade da ordem jurídica para a operação produtiva de diferenças seria exigível para as relações jurídicas transnacionais

---

67 AMSTUTZ, Marc; ABEGG, Andreas; KARAVAS, Vaios. *Soziales Vertragsrecht*: eine rechtsevolutorische Studie. 2007, p. 56.

68 AMSTUTZ, Marc; KARAVAS, Vaios. "Rechstmutation: Zu Genese und Evolution des Rechts im transnationalen Raum". *Rechtsgeschichte*, vol. 8, 2006, p. 22.

69 AMSTUTZ, Marc; KARAVAS, Vaios. "Rechstmutation: Zu Genese und Evolution des Rechts im transnationalen Raum". *Rechtsgeschichte*, vol. 8, 2006, p. 15.

70 Cf. AMSTUTZ, Marc. "In-Between Worlds: Marleasing and the Emergence of Interlegality in Legal Reasoning". *European Law Journal*, vol. 11, 2005, p. 775; AMSTUTZ, Marc; KARAVAS, Vaios. "Rechstmutation: Zu Genese und Evolution des Rechts im transnationalen Raum". *Rechtsgeschichte*, vol. 8, 2006, p. 21.

71 Cf. sobre a crítica às intervenções assistemáticas do EuGH nas estruturas gerais do Direito Civil nacional, também SCHMID, Christoph. "The ECJ as a Constitutional and a Private Law Court". *Zentrum für Europäische Rechtspolitik*, vol. 4, 2006.

fora das comunidades constituídas supranacionalmente, como a Comunidade Europeia. Deve-se concordar com ele quando acentua a autonomia de um pensamento jurídico de colisão, que objetiva, em princípio, o respeito mútuo de matérias jurídicas de mesmo escalão. É, além disso, procedente, que subjaz a muitos princípios tradicionais uma compreensão insuficiente da eficácia horizontal dos direitos fundamentais entre os privados, a qual atribui ao juiz uma espécie de tarefa de alocação,[72] enquanto os direitos fundamentais estatais, de fato, também apresentam uma contribuição que atrapalha a auto-organização das relações de Direito Privado (p. 54). Na discussão da eficácia horizontal, não se distingue, com frequência, de modo suficientemente preciso, a questão material da vinculação constitucional do Direito Civil em relação à posição processual do juiz civil. Entretanto, em Amstutz, o autoperigo dos processos de auto-organização é negligenciado, assim como a possibilidade de incômodo produtivo pelos direitos fundamentais, que somente podem estabelecer seus componentes procedimentais para a estabilização de processos privados de experimentação.

2.3 Poliarquia deliberativa e horizontalização dos direitos fundamentais (Gerstenberg)

Oliver Gerstenberg também considera inadequada a fórmula da eficácia horizontal dos direitos fundamentais entre privados na linha de uma "decentralização poliárquica", diante de uma transformação

---

72 Cf. AMSTUTZ, Marc; ABEGG, Andreas; KARAVAS, Vaios. *Soziales Vertragsrecht*: eine rechtsevolutorische Studie. 2007, p. 39; igualmente, TEUBNER, Gunther. "In the Blind Spot: the Hybridization of Contracting". *Theoretical Inquiries in Law*, vol. 8, 2007, p. 51 (52). Sobre a possibilidade e necessidade da garantia constitucional de autonomia procedural na internet, CALLIESS, Gralf-Peter. "Globale Kommunikation – staatenloses Recht. Zur (Selbst-)Regulierung des Internet durch prozedurales REcht am Beispiel des Verbraucherschutzes im elektronischen Geschäftsverkehr". *ARSP*, vol. 79, 2001, p. 61 (69).

estruturalmente condicionada da democracia representativa.[73] Gerstenberg exige, por isso, uma "radical horizontalização" dos direitos fundamentais mediante sua compreensão, em termos argumentativo-teóricos, como "trunfos" em um interesse contrário do discurso sobreposto, que integre os agentes privados política e juridicamente. O significado de se fazerem valer os direitos fundamentais consiste em "confrontar as experimentações de auto-regulação, diferenciadas funcionalmente na sociedade, com as exigências reflexivas de fundamentação", o que, no final, conduz a "compatibilizações concretas recíprocas de posições de liberdade".[74] Sob tais circunstâncias, a constitucionalização do Direito Privado significa que o Direito Privado é confrontado com a exigência de institucionalizar direitos e possibilidades de participação nos processos sociais de criação de normas.[75]

Gerstenberg formula uma opção para a primazia do público em oposição aos direitos privados de disposição a partir da propriedade,

73 Cf. GESTENBERG, Oliver. "Private Ordering, Public Intervention and Social Pluralism". *In*: JOERGES, Christian; GESTENBERG, Oliver (Coord.). *Private Governance, Democratic Constitutionalism and Supranationalism*. Luxembourg: OPOCE, 1998, pp. 205 e ss.; GESTENBERG, Oliver. "Privatrecht, Verfassung und die Grenzen judizieller Sozialregulireung". *ARSP*, vol. 74, 2000, pp. 141 e ss.; GESTENBERG, Oliver. "Justification (and Justifiability) of Private Law in a Polycontextural World". *Social & Legal Studies*, vol. 9, 2000, pp. 419 e ss.; GESTENBERG, Oliver. "What Constitutionalism Can Do (but Courts Sometimes Don't): Property, Speech, and the Influence of Constitutional Norms on Private Law". *Canadian Journal of Law & Jurisprudence*, vol. 17, 2004, pp. 61 e ss.

74 GESTENBERG, Oliver. "Private Ordering, Public Intervention and Social Pluralism". *In*: JOERGES, Christian; GESTENBERG, Oliver (Coord.). *Private Governance, Democratic Constitutionalism and Supranationalism*. Luxembourg: OPOCE, 1998, p. 153.

75 GESTENBERG, Oliver. "Private Ordering, Public Intervention and Social Pluralism". *In*: JOERGES, Christian; GESTENBERG, Oliver (Coord.). *Private Governance, Democratic Constitutionalism and Supranationalism*. Luxembourg: OPOCE, 1998, p. 145.

quando ele sustenta que a propriedade seja, por si mesma, um produto da legislação (pública) e, por isso, esteja colocada sob reflexão pública também de outros, como valor econômico por força de sua natureza, dentre os quais deveria ser contada a liberdade de expressão. A liberdade de expressão não seria imposta de fora aos destinatários do requerimento de proteção. Essa construção remonta a reflexões que situam a proteção dos direitos fundamentais no Direito Privado situa-se em um espaço do público que abrange tanto os limites tradicionais estatais e sociais como fundamento do Direito e, assim, também dos direitos fundamentais, o qual, por sua vez, baseia-se nas instituições desenvolvidas no espaço clássico do Estado nacional e, por isso, não pode ser aberto, sem mais, para os processos transnacionais de construção jurídica que se manifestaram na *lex mercatoria* e outras formas semelhantes de manifestação do pluralismo transnacional ou em instituições para organização da internet, como a *Internet Corporation for Assigned Names and Numbers* (ICANN).[76] Essa possibilidade deve abrir uma espécie de "terceira via", como Jürgen Habermas esboçou em muitas ocasiões.[77] Ela está menos fixada no Estado, no sentido clássico, do que se pode afirmar acerca da posição delineada acerca da constitucionalização da sociedade internacional. Antes, ela pode ser determinada pela ideia de uma expansão do espaço público sobre os limites estatais, que remodelam a racionalidade do discurso parcial em novos fóruns transnacionais, que estaria direcionada à universalização da racionalidade do público em vez de à evolução em processo de tentativa e erro. Essa reflexão também se afasta bastante das formas clássicas de construção do Direito. Ela conduz, já no plano do Direito nacional,

---

76 Cf. LIPS, Miriam; KOOPS, Bert-Jaap. "Who Regulates and Manages the Internet Infrastructure? Democratic and Legal Risks in Shadow Global Governance". *Information Polity*, vol. 10, 2005, pp. 117 e ss.

77 Cf. HABERMAS, Jürgen. "Versöhnung durch öffentlichen Vernunftgebrauch". *In*: ______. *Die Einbeziehung des Anderen*: Studien zur politischen Theorie. Frankfurt am Main: Suhrkamp, 1996, p. 65 (particularmente, pp. 90 e ss.).

a uma problemática superordenação dos direitos fundamentais políticos sobre os econômicos, que é pouco conciliável com o Direito Constitucional Positivo. Sob o plano transnacional, ela se perde na ausência de mundo de um espaço autoconstituinte da razão, livre de todas as constrições institucionais.

3 Fixação estatal de direitos fundamentais nacionais?

3.1 Função social de direitos fundamentais estatais

Em resposta às reflexões sistemático-teóricas de Amstutz e Teubner, devem-se considerar dois problemas. Em primeiro lugar, mostra-se correto que tanto a infraestrutura técnica do mundo *on-line* quanto a organização da comunicação nos *content based levels* da arquitetura do sistema, tanto a prova espontânea de regras e regularidades quanto a auto-observação autônoma e autocondução por instituições da racionalidade e da lógica próprias da internet, colocam-se sob fundamentos duráveis e permanecem abertas para a capacidade de aprendizado.[78] Neste caso, surgem novos problemas da vinculação entre as diversas formas de auto-organização e diferentes planos do sistema por *standards*, protocolos e metarregras, que devem possibilitar também a auto-observação da evolução de arquiteturas complexas do sistema. Esse problema apresenta-se, porém, também em outros âmbitos sociais, que são determinados pela alta dinâmica da autotransformação, como em relação a todas as trajetórias da alta tecnologia. Disso não resulta, ainda, que uma Constituição política – ou melhor: uma Constituição estatal (e os nela contidos direitos fundamentais) – não seria apropriada para

---

78 Cf. LESSIG, Lawrence. *Code and Others Laws of Cyberspace*. Nova York: Basic Books, 1999; LESSIG, Lawrence. *The future of ideas*: the fate of the commons in a connected world. Nova York: Vintage Books, 2001.

a salvaguarda das condições de evolução da racionalidade própria da internet.[79] As limitações, que derivam da complexidade dos processos de evolução, das intervenções estatais, também exigentes e protetivas dos direitos fundamentais, resultam diante de todos os âmbitos sociais de atuação, cujas condições de desenvolvimento e prova apontam além da mera liberdade de atuação do indivíduo e, como tal, devem ser apoiadas nos direitos fundamentais.[80] Nisso, Teubner também visualiza uma importante função dos direitos fundamentais. A integração da proteção de formas institucionais de evolução não é tampouco uma particularidade: no campo da Constituição dos direitos fundamentais, oferece-se o exemplo da liberdade de transmissão, que, em relação à transmissão público-jurídica, é completamente dominada pela predominância dos procedimentos de garantia de diversidade como lógica própria da auto-organização dos processos de comunicação.[81] Além disso, permanecem, em particular no campo da liberdade de comunicação, especificamente garantias fundamentais, por exemplo, contra a automutilação da liberdade de imprensa pela própria imprensa. Quando ela, de sua parte, limita a diversidade ou bloqueia a entrada de novos comunicadores ou de novos conteúdos por motivos de concorrência, é necessária uma proteção, baseada nos direitos fundamentais, da liberdade mediante o estabelecimento de limitação ou construção de instituições (leis de formação), a qual, já por isso, não deve ser classificada,

---

79 Cf. DREZNER, Daniel W. "The Global Governance of the Internet: Bringing the State Back In". *Political Science Quarterly*, vol. 119, 2004, pp. 477 e ss.

80 Cf. LADEUR, Karl-Heinz. "Die objektiv-rechtliche Dimension der wirtschaftlichen Grundrechte. Relativierung oder Abstützung der subjektiven Freiheitsützung der subjektiven Freiheitsechte?" *DÖV*, 2007, pp. 1 e ss.

81 Cf. LADEUR, Karl-Heinz. "Die objektiv-rechtliche Dimension der Rundfunkfreiheit unter Bedingung von Multimedia". *In*: FABER, Heiko; FRANK, Götz (Coord.). *Demokratie in Staat und Wirtschaft*: Festschrift für Ekkehart Stein zum 70. Geburstag. Tubingen: Mohr Siebeck, 2002, pp. 67 e ss.

fundamentalmente, como política, uma vez que se encontram, no Direito Privado, também equivalentes funcionais da proteção de instituições, como se consegue, por exemplo, mediante uma norma multifuncional como o art. 138 do Código Civil (BGB). Isso se torna claro no exemplo do primeiro julgamento do Tribunal Constitucional Federal sobre o problema da eficácia horizontal dos direitos fundamentais, ou seja, sobre o caso Lüth.[82] Se os Tribunais Civis de Lüth tivessem caracterizado o chamamento ao boicote como não contrário aos bons costumes, no sentido do art. 826 do Código Civil, não se teria chegado ao processo de agravo constitucional por causa da inobservância da liberdade de expressão pelos Tribunais Civis. Ambas as formas dogmáticas de controle não são, por isso, separadas uma da outra. Contudo, deve-se preferir, dogmaticamente, desenvolver regras de colisão a partir da dogmática dos direitos fundamentais somente no campo de conflito entre meios de comunicação (filme) e liberdade individual de expressão (Lüth). Isso está relacionado ao fato de que também os conflitos clássicos entre o Estado e a sociedade, no âmbito da comunicação, não estão tão fortemente ajustados à proteção dos espaços de autonomia, precisamente contra a funcionalização política, como é admitido por Teubner. A proteção dos direitos fundamentais mediante a proibição de intervenção não pode ser separada da admissibilidade do estabelecimento de limites, cuja determinação ainda oferece problemas justamente na dogmática do art. 5º, § 1-2 da Constituição.[83] O estabelecimento de limites era, conforme a compreensão liberal dos direitos fundamentais – diferentemente de hoje, os limites dos limites da proporcionalidade –, religado, embora não juridica, mas politicamente, precisamente

82 *BVerfGE* 7, 198 ss. (Lüth).

83 Cf. LADEUR, Karl-Heinz. "Hemut Ridders Konzeption der Meinungs- und Pressefreiheit in der Demokratie". *Kritische Justiz*, vol. 32, 1999, pp. 281 e ss. Cf, sobre os contornos mais precisos da proteção dos direitos fundamentais, também, BÖCKENFÖRDE, Ernst-Wolfgang. "Schutzbereich, Eingriff, verfassungsimmanente Schranken. Zur Kritik gegenwärtiger Grundrechtsdogmatik". *Der Staat*, vol. 42, 2003, pp. 165 e ss.

mediante um reenvio aos limites dos danos[84] nas expectativas sociais de normalidade e não, primariamente, na política jurídica estatal. Isso não exclui, naturalmente, uma observação política das experiências sociais de normalidade.

3.2 Reenvio dos direitos fundamentais à auto-organização social

Pode-se, também hoje, ainda relacionar a isso, quando esse reenvio, em tempos de crescente fragmentação dos sistemas sociais parciais é especificado e, primeiramente – no âmbito da comunicação –, é enviado à auto-organização dos meios de comunicação e de sua capacidade, em parte espontânea, em parte auto-organizada, de construção de regras para cada gênero, formato etc., de mídia.[85] Também para isso os direitos fundamentais políticos são absolutamente apropriados. Não há nada contra contar com a dogmática da eficácia horizontal dos direitos fundamentais para a garantia da racionalidade e da lógica próprias das ordens de comunicação, como a internet. Nesse ponto, Teubner parece não acreditar inteiramente na força de persuasão de sua argumentação, aduzindo, então, outro argumento, a fim de provar a necessidade de garantia não estatal e não política de direitos fundamentais para a comunicação da internet. Para tanto, parte do autor de que a internet deve ser contada entre os setores sociais não políticos. Seu regime não seria, por fim, determinado por *standards* técnicos e protocolos de rede de relações, cujas forças eletrônicas não seriam fáceis de controlar e, sobretudo,

---

84 Cf. sobre os limites dos danos ("*harm principle*"), sob a perspectiva da história das ideias, em John Stuart Mill, URBINATI, Nadia. *Mill on democracy*: from the Athenian polis to representative government. Chicago: Chicago University Press, 2002.

85 Cf. LADEUR, Karl-Heinz. "Hemut Ridders Konzeption der Meinungs- und Pressefreiheit in der Demokratie". *Kritische Justiz*, vol. 32, 1999; LADEUR, Karl-Heinz. *Das Medienrecht und die Ökonomie der Aufmerksamkeit*. Köln: Halem, 2007.

não estatalmente.[86] Essa reflexão remonta à aconselhável crítica sobre o *slogan* de Lawrence Lessig (*code is law*). Lessig quer chamar a atenção para o fato de que *standards* técnicos da internet criam, em parte, pressupostos dificilmente transparentes e condições para as comunicações que podem ter efeitos determinantes para os conteúdos. Esses poderiam ser, diversificadamente, apenas ratificados, mas não modificados.[87] Esse reconhecimento é, na verdade, correto, mas vale para toda "*disruptive technology*" o fato de que ela cria forças de reflexão e conexão para o Direito, que deixam apenas espaços normativos limitados de conformação. Além disso, pode-se duvidar se somente a internet é um bom exemplo para a mudança qualitativa da dependência do Direito em relação a forças técnicas, pois os iniciadores da rede partiram, primeiramente, do princípio de criar *standards* para características dos serviços e requisitos em um limiar possivelmente baixo, a fim de deixar lugar para a experimentação.[88] Por essa razão, migraram, possivelmente, para a internet também todas as variantes da comunicação até a televisão, embora ninguém, primeiramente pensou que a internet pudesse ser utilizada para tais fins. Ainda que o discurso, aqui, devesse ser acerca de uma mudança qualitativa da dependência de setores não políticos da sociedade, isso não falaria contra mobilizar a Constituição política e, particularmente, os direitos fundamentais de comunicação, para uma reflexão, sobretudo, procedimental, e (auto-)controle dos *standards*

---

86 Cf. TEUBNER, Gunther; KARAVAS, Vaios. "Drittwirkung der Grundrechte gegenüber 'Privaten' im autonomen Recht des Internet?" *In*: LADEUR, Karl-Heinz (Coord.). *Innovationsoffene Regulierung des Internet*: neues Recht für Kommunikationsnetzwerke. Baden-Baden: Nomos, 2003, pp. 249 e ss. Disponível em: http://www.CompanyNameSucks.com.

87 Cf. LESSIG, Lawrence. *Code and Others Laws of Cyberspace*. Nova York: Basic Books, 1999.

88 Cf., sobre a história da internet, ABBATE, Janet. *Inventing the Internet*. Cambridge: MIT Press, 1999.

e protocolos da internet.[89] Diante de uma proposta procedimental, parte-se de que os direitos fundamentais devem possibilitar, antes, a irritação da auto-organização, a ruptura do autobloqueio, a introdução de mais variedades, mas não a superformação de campos de atuação garantidos pelos direitos fundamentais mediante valores atribuídos estatalmente e finalidades credenciadas publicamente.[90] Para isso, há, somente no campo da liberdade de comunicação, uma diversidade de pontos de referência que podem ser utilizados para conexões com novos âmbitos de problema. De qualquer modo, não é evidente que essas novas dimensões de direitos fundamentais que ainda se construiriam, poderiam opor-se ao desenvolvimento de uma Constituição própria da internet. As reservas, consideradas contra a transferência de ordens nacionais de direitos fundamentais a regimes jurídicos transnacionais, valeriam, igualmente, para o apoio dos processos de auto-organização internos ao Estado nos direitos fundamentais.

3.3 Perspectivas globais de conexão para uma ordem diferente de ordem estatal de direitos fundamentais

Deveria ter-se tornado claro que nem a receada autolimitação por uma revinculação com a racionalidade do político é própria dos direitos fundamentais da Constituição política, nem se deveria temer, na internet, um bloqueio da racionalidade própria da evolução do respectivo regime pela expansão da eficácia horizontal dos direitos fundamentais, particularmente dos direitos fundamentais de comunicação. Com isso, apresenta-se, mais urgentemente, a questão se a expansão extraterritorial da internet e seu caráter como uma

89 Cf. FIEDLER, Christoph. *Meinungsfreiheit in einer vernetzten Welt*: Staatliche Inhaltskontrolle, gesetzliche Providerhaftung und die Inhaltsneutralität des Internet. Baden-Baden: Nomos, 2002.

90 Cf. VESTING, Thomas. *Prozedurales Rundfunkrecht*: Grundlagen, Elemente, Perspektiven. Baden-Baden: Nomos, 1997.

"rede de redes"[91] transnacional opõe-se à observação e reflexão pelos direitos fundamentais da Constituição do Estado nacional. Também nesse ponto, Teubner visualiza limites dos direitos fundamentais, particularmente por causa das colisões de direitos fundamentais que devem ser esperadas entre as Constituições nacionais.[92] Tais objeções não devem ser refutadas. Quando se toma em consideração a prática nacional de reconhecimento dos direitos humanos dentro dos Estados que formam a comunidade internacional, deve-se detectar, quanto menos, um consenso sobre o significado deles.

Não é por acaso que existem iniciativas para o contorno da prática dos direitos humanos no âmbito da eficácia horizontal dos direitos humanos aqui discutida, em todo caso, para a vinculação de agentes multinacionais, particularmente no terceiro mundo.[93] Aqui, chocam-se os interesses dos Estados do terceiro mundo com a prontidão dos países ocidentais para a expansão transnacional de sua própria prática dos direitos fundamentais. Deve-se observar, porém, que práticas problemáticas de agentes multinacionais, contrárias aos *standards* de direitos fundamentais dos países ocidentais são abertamente exigidas, em parte, mais ou menos, pelos governos do afetado do terceiro mundo, de modo que também aqui a concretização de *standards* de direitos humanos falha, diversas vezes, apesar de um consenso na teoria.

---

91 NOAM, Eli M. *Interconnecting the Network of Networks*. Cambridge: MIT Press, 2001.

92 Cf. TEUBNER, Gunther; KARAVAS, Vaios. "Drittwirkung der Grundrechte gegenüber 'Privaten' im autonomen Recht des Internet?" *In*: LADEUR, Karl-Heinz (Coord.). *Innovationsoffene Regulierung des Internet*: neues Recht für Kommunikationsnetzwerke. Baden-Baden: Nomos, 2003, p. 272.

93 Veja, *supra*, nt. 45.

A crítica de Koskenniemi sobre a concepção pragmática do pluralismo jurídico[94] que se sustenta aqui, parece, no final, menos convincente. Na verdade, as observações sobre o significado do conhecimento de especialistas na concretização de regimes especializados de Direito Internacional[95] são corretas, mas esse desenvolvimento não se diferencia, essencialmente, de tendências intraestatais à fragmentação do Direito na sociedade pós-moderna de redes. A busca de hierarquias normativas estáveis, que estruturem o sistema jurídico e possam emprestar-lhe consistência, tornou-se, também no âmbito intraestatal, inútil há muito tempo. A proposta própria de Koskenniemi, de entender o Direito Internacional como uma linguagem profissional a ser formulada, para além do problema das forças particulares do "gerencialismo" (*Managerialismus*)[96] e da ponderação situacional, dentro de uma nova "cultura do formalismo", em uma "linguagem de justiça",[97] expõe-se, por sua vez, à censura de uma distância utópica da prática. Além do mais, não se trata do problema geral da proteção dos direitos humanos no Direito Internacional, mas da questão sobre a possibilidade de constitucionalização de cada nova forma de auto-organização no regime transnacional, para as quais a internet ou a *lex mercatoria* podem

---

94 Cf. KOSKENNIEMI, Martti. "Global Legal Pluralism: Multiple Regimes and Multiple Modes of Thought". *Harvard University*, 05 mar. 2005. Disponível em: http://www.helsinki.fi/eci/Publications/MKPluralism-Harvard-05d%B1%D.pdf.

95 Cf. KOSKENNIEMI, Martti. "International Law: Between Fragmentation and Constitutionalism". *Camberra*, 27 nov. 2006. Disponível em: http://www.helsinki.fi/eci/Publications/MCanberra-06c.pdf.

96 KOSKENNIEMI, Martti. "International Law: Between Fragmentation and Constitutionalism". *Camberra*, 27 nov. 2006, pp. 6 e 8. Disponível em: http://www.helsinki.fi/eci/Publications/MCanberra-06c.pdf.

97 KOSKENNIEMI, Martti. "The Fate of Public International Law: Between Technique and Politics". *Modern Law Review*, vol. 70, 2007, p. 45.

suportar.[98] Questiona-se, precisamente, acerca do pano de fundo da crítica de Koskenniemi à ponderação de interesses inanimada, à tendência para o isolamento de regimes especializados em relação à observação externa, com base em critérios gerais e instituições jurídicas ou na auto-observação de curto-circuito pelo discurso de especialistas, se essa preocupação pelo lado fático é fundada e se pode haver uma terceira possibilidade de auto e de observação externa das novas redes pelo meio de uma expansão transnacional da proteção estatal dos direitos fundamentais.

No que concerne à dimensão fática das novas redes, deve-se verificar, em primeiro lugar, que, um interesse de direito fundamental na manutenção da autonomia da generalização de conhecimento novo representa, em si, justamente um valor para as liberdades de comunicação,[99] e a formulação de uma meta-regra hierárquica sobre os limites da comunicação política já se apresenta problemática dentro do espaço estatal. Isso se mostrou no desenvolvimento da dogmática dos limites das leis gerais no sentido do art. 5, § 2º da Constituição. A autonomia da área de atuação da comunicação não deve, forçosamente, repercutir também na formulação de limites, quando o assunto não se encerra por um controle geral de proporcionalidade. O isolamento de um regime particular de liberdade de comunicação e do reenvio, ao menos parcial, da determinação de limites da liberdade de expressão à autodefinição do público, mostram-se adequados aos direitos fundamentais. De todo modo, nesse caso, enquanto se trata da proteção de regimes particulares da comunicação, a crítica

---

98 Cf. sobre isso, SWEET, Alec Stone. "The New Lex Mercatoria and Transnational Governance". *Journal of European Public Policy*, vol. 13, 2006, p. 627 (633).

99 Cf. VESTING, Thomas. "Zwischen Gewährleistungsstaat und Minimalstaat. Zu den veränderten Bedingungen der Bewältigung öffentlicher Aufgaben in der 'Informations-' oder 'Wissensgesellschaft'". *In*: HOFFMANN-RIEM, Wolfgang; SCHMIDT-AßMANN, Eberhard (Coord.). *Verwaltungsrecht (inb) der Informationsgesellschaft*. Baden-Baden: Nomos, 2000, pp. 101 e ss.

de Koskenniemi, sendo do lado fático, parece pouco fundada. Por outro lado, deve-se, ainda responder normativamente à questão se uma expansão transnacional dos direitos fundamentais é juridicamente permitida e, materialmente, adequada. Aqui, primeiramente, deve-se observar que a Constituição deve ser entendida não apenas na versão tradicional de incorporação na comunidade estatal como conforme (aberta) ao Direito Internacional.[100] A mudança da soberania para uma "estatalidade aberta"[101] admitiu uma pluralidade de formas diversas, e a estatalidade alemã tornou-se permeável para a observação de interesses públicos alheios em diversificados modos (cf. art. 23 GG).[102] Trata-se, porém, não apenas de consequências da construção de instituições supranacionais ou de uma espécie de Direito Público de vizinhança, que não toca, essencialmente, os limites entre os espaços de competência do detentor de soberania nacional e internacional. Antes, a orientação transnacional do domínio de tarefas nas estratégias de regulamentação dos Estados e do Direito nacional tornou-se, também dentro das competências divididas no novo sistema de vários planos, prática corrente. Ao contrário, isso significaria que seria postulada para os direitos fundamentais nacionais uma espécie de princípio de país de origem. Cada um traz para o espaço transnacional seus direitos fundamentais. Disso resulta, para as ordens jurídicas transnacionais espontâneas, a força para criar uma própria ordem jurídica justificada por direitos fundamentais, que, por sua vez, relativizaria os diferentes *standards* de

---

100 Cf. *BVerfGE* 74, 358 (370).

101 DI FABIO, Udo. *Das Recht offener Staaten*: Grundlinien einer Staats- und Rechtstheorie. Tübingen: Mohr Siebeck, 1998; HOBE, Stephan. *Der offene Verfassungstaat zwischen Souvernänität und Interdependenz*. Berlim: Duncker & Humblot, 1998.

102 Cf. sobre o Direito Privado europeu, JOERGES, Christian. "The Impact of European Integration on Private Law: Reducionist Perceptions, True Conflicts and a New Constitutionalist Perspective". *European Law Journal*, vol. 3, 1997.

direitos fundamentais de diversos países, enquanto isso pudesse ser justificado diante de um mandamento transnacional de respeito.[103]

4 Expansão transnacional dos direitos fundamentais estatais

4.1 Ponto de partida

A solução adequada para o problema da Constituição dos regimes privados globais é, portanto, vista na expansão transnacional de direitos fundamentais estatais.[104] Parte-se, ao mesmo tempo, de um conceito liberal de direitos fundamentais que admite também concepções sistemático-teóricas. Os direitos fundamentais protegem, assim, não apenas a liberdade de vontade do indivíduo, mas, além disso, uma dimensão coletiva. Sua construção pressupõe a impossibilidade da observação ideal da sociedade. Eles constroem um mecanismo para possibilitar decisões sobre a base de conhecimento limitado pela distribuição de direitos de disposição. A isenção, com isso relacionada, de responsabilidade consequente, não deve ser vista como liberação de uma obrigação em si mesmo possível, mas uma forma de domínio da impossibilidade de disposição explícita sobre um conhecimento coletivo de orientação pelo recurso à exploração do conhecimento implícito, disperso pela multiplicidade de indivíduos, que pode ser aproveitado, em cada situação, para decisões (por

---

103 A concepção de BARAK, Aharon. "Constitutional Human Rights and Private Law". *In*: FRIEDMAN, Daniel; DARAK-EREZ, Daphne (Coord.). *Human Rights in Private Law*. Oxford: Hart, 2001, p. 13 (22, 29), em outra formulação, conflui para isto: a direta aplicação dos direitos fundamentais no Direito Privado cria um "Direito Privado Constitucional" próprio.

104 Cf. VIELLECHNER, Lars. "Können Netzwerke die Demokratie ersetzen? Zur Legitimation der Regelbildung im Globalisierungprozess". *In*: BOYSEN, Sigrid *et al.* (Coord.). *Netzwerke*: 47 Assistententagung Öffentliches Recht. Baden-Baden: Nomos, 2007, p. 36 (48 e ss.).

exemplo, contratos). Por meio disso, devem ser possibilitadas indiretamente, mas, como se pressupõe, de uma única maneira possível, a coordenação e a cooperação entre indivíduos para a construção de uma ordem coletiva. Isso ocorre, particularmente, pelo fato de que as relações entre os indivíduos criam, ao mesmo tempo, um efeito coletivo não controlado da vinculabilidade e disponibilidade de novo conhecimento e novas possibilidades para terceiros. Este efeito positivo externo é a base para a criação de uma sociedade de Direito Privado que possibilita expectativas diferenciadas estáveis, apoiada por garantias constitucionais.[105]

Nesse ponto, há uma proximidade com a compreensão institucional dos direitos fundamentais da teoria do sistema, em consequência da qual os direitos fundamentais prestam-se à manutenção da diferenciação social, ou seja, devem assegurar a autonomia dos subsistemas sociais e de seus processos de auto-organização contra as tendências de totalitarização.[106] Sob essa perspectiva, a autorregulamentação experimental da internet por uma organização privada como a ICANN não é apenas, sob a perspectiva dos direitos fundamentais, protegida, mas até mesmo desejada. Isso vale no espaço global tanto mais onde não haja a disposição um legislador superordenado. Liga-se a isso, com razão, a concepção de Teubner, mas iria muito longe falar, aqui, de uma ordem transnacional espontaneamente criada de direitos fundamentais. De onde deveria

---

105 Cf. pormenorizadamente, LADEUR, Karl-Heinz. *Negative Freiheitsrechte und gesellschaftliche Selbsorganisation*: Zur Erzeugung von Sozialkapital durch Institutionen. Tubingen: Mohr Siebeck, 2000.

106 Cf. LUHMANN, Niklas. *Grundrechte als Institution*. Berlim: Duncker & Humblot, 1965; em consonância, WILLKE, Hemut. *Stand und Kritik der neueren Grundrechtstheorie*: Schritte zu einer normativen Systemtheorie. Berlim: Duncker & Humblot, 1975; TEUBNER, Gunther. "Die anonyme Matrix: Zu Menschenrechtsverletzungen durch 'private' transnationale Akteure". *Der Staat*, vol. 45, 2006. Sobre esse paralelo, LADEUR, Karl-Heinz. "Hemut Ridders Konzeption der Meinungs- und Pressefreiheit in der Demokratie". *Kritische Justiz*, vol. 32, 1999, p. 290.

vir a primazia dos direitos fundamentais diante de uma Constituição jurídica espontaneamente criada? É certo que precisamente os direitos de comunicação remetem, primeiramente, por uma espécie de reenvio, para a interpretação e a construção de ordens jurídicas autônomas. A proteção de direitos fundamentais da comunicação não é, porém, tampouco inconciliável em sua aplicação somente social, não explicitamente política, com a racionalidade e dinâmica próprias do regime jurídico da internet.

O perigo de uma automutilação de liberdade no meio da autonomia privada, particularmente pelo engate de novas tecnologias em determinados trilhos de desenvolvimento e a construção de monopólios, permanece, do mesmo modo, sempre latentes. Por isso, a dimensão dos direitos fundamentais individuais, que possibilita e protege a autorregulação social, necessita do apoio de uma dimensão objetiva adicional, que se preste à revogação do autobloqueio social e, com isso, exprime o interesse social na manutenção de uma ordem de direitos fundamentais e dos processos permanentes a ela ligados, de renovação do conhecimento e das possibilidades de ações, cujos efeitos indiretos também revertem em favor daqueles que (ainda) não exercem o direito fundamental.[107]

Relacionado a essa regulação do sistema de nomes de domínio na internet pelo ICANN, essa dimensão dos direitos fundamentais teria, por exemplo, uma dupla tarefa. Em primeiro lugar, ela deveria garantir, principalmente por causa do estabelecimento do monopólio do ICANN, a participação, em certa medida, no sistema de nomes de domínio (p. 64). Isso significa que ela deveria assegurar que candidatos não sejam arbitrariamente excluídos diante da decisão sobre o prêmio de nomes de domínio e, além disso, que o prêmio dos nomes de domínio dê-se, no mínimo, segundo o princípio *first come, first*

---

107 Cf. LADEUR, Karl-Heinz. "Die objektiv-rechtliche Dimension der wirtschaftlichen Grundrechte. Relativierung oder Abstützung der subjektiven Freiheitsützung der subjektiven Freiheitsechte?" *DÖV*, 2007, p. 9.

served. Por outro lado, essa dimensão dos direitos fundamentais deveria, em certa medida, assegurar proteção no e contra o regime do ICANN. Isso significa que, diante da decisão sobre os conflitos de nomes de domínio, os direitos de liberdade colidentes dos afetados deveriam ser observados. Nos conhecidos casos Company-Name-Suck, nos quais ativistas políticos puderam registrar *websites* com o nome de conhecidas empresas econômicas, completadas com acréscimos críticos, não apenas o direito de propriedade do detentor das marcas deveria ser considerado, mas também a liberdade de expressão do detentor do nome de domínio.[108]

4.2 Projeto

Também sobre casos dessa natureza, os Tribunais Estatais, por fim, decidem, cada vez, conforme o respectivo Direito nacional sobre as regras do Direito Internacional Privado. Dada a transnacionalidade do suporte fático, o emprego de qualquer *standard* de direito fundamental mostra-se, contudo, arbitrário. A universalidade da concepção de direito fundamental e a diversidade de sua característica deveriam, antes, ser ligadas adequadamente.

Nesse contexto, deve-se chamar a atenção para o fato de que o Direito Internacional Privado clássico, que se baseou na consideração da multiplicidade e diversidade das ordens jurídicas nacionais, abandonou uma concepção em espaços de validade do Direito e abriu para o domínio do fenômeno transnacional da globalização.[109] Também

---

108 Cf. sobre isso, TEUBNER, Gunther; KARAVAS, Vaios. "Drittwirkung der Grundrechte gegenüber 'Privaten' im autonomen Recht des Internet?" *In*: LADEUR, Karl-Heinz (Coord.). *Innovationsoffene Regulierung des Internet*: neues Recht für Kommunikationsnetzwerke. Baden-Baden: Nomos, 2003.

109 Cf. MICHAELS, Ralf. "EU Law as Private International Law? Reconceptualizing the Contry-of-Origin Principle as Vested Rights Theory". *Journal of Private International Law*, vol. 2, 2006, p. 195 (211); HALFMEIER, Axel. "Menschenrechte und Internationales

aqui, o princípio da territorialidade e a consideração da autonomia privada para a escolha do Direito deu lugar às concepções de ordem funcionais mais complexas. Logo, também no Direito Internacional Privado, deve-se atentar para a validade fática do Direito não estatal, como o regime do ICANN.[110] O Direito Internacional Privado clássico deve ser completado por uma inciativa cooperativa cosmopolita, que não mais se oriente na territorialidade do Direito, mas pergunte qual Direito da constelação transnacional de interesses melhor se justifica.[111] Ao desenvolvimento do Direito Transnacional corresponde uma

---

Privatrecht im Kontext der Globalisierung". *RabelsZ*, vol. 68, 2004, p. 653 (628 e ss.).

110 Cf. SCHERER, Gabriele. "Das international Privatrecht als globales System". *Diss. HU*, Berlim, 2005, particularmente 4.2.2.2. Disponível em: http://www.hu-berlin.de/dissertationen/Scherer-Gabriele/2005-10-24; CALLIESS, Gralf-Peter. "Globale Kommunikation – staatenloses Recht. Zur (Selbst-)Regulierung des Internet durch prozedurales REcht am Beispiel des Verbraucherschutzes im elektronischen Geschäftsverkehr". *ARSP*, vol. 79, 2001, pp. 61 e ss.; BOELE-WOELKI, Katharina. "Internet und IPR: Wo geht jemand ins Netz?" *Berichte DGVR*, vol. 39, 2000, pp. 307 e ss.

111 Cf. BERMAN, Paul Schriff. "Towards a Cosmopolitan Vision of Conflict of Laws: Redefining Governmental Interests in a Global Era". *University of Pennsylvania Law Review*, vol. 153, 2005, pp. 1819 e ss.; BERMAN, Paul Schriff. "Conflict of Laws, Globalization and Cosmopolitan Pluralism". *Wayne Law Review*, vol. 51, 2005, pp. 1105 e ss.; BERMAN, Paul Schriff. "The Globalization of Jurisdiction". *University of Pennsylvania Law Review*, vol. 151, 2002, pp. 311 e ss. Cf. também, sobre a "cooperação diagonal" dos Tribunais nacionais e internacionais, que não estão em uma relação de hierarquia entre eles, *BVerfGE* 111, 307 ss.; PAUWELYN, Joost. *Conflict of norms in public international law*: how WTO law relates to other rules of international law. Cambridge: Cambridge University Press, 2003, pp. 118 e 122. Trata-se, aqui, de uma questão metódica de abertura recíproca do Direito material nacional para pontos de vista do Direito Internacional e vice-versa, e não de uma cooperação institucional. Deve-se censurar o EGMR pelo fato de que ele não observou, mais intensamente, a reciprocidade da interpenetração das ordens jurídicas, isto é, o dever de considerar uma jurisprudência refletida, desenvolvida na observação do fórum nacional da publicidade. A esse respeito, é necessária apenas

concepção de redes no sentido de que diversos regimes são criados pelo acoplamento e sobreposição a matérias jurídicas de diferentes proveniências (nacional, internacional, transnacional). É preciso, porém, pensar também se não se deve fazer valer, particularmente, a reserva da ordem pública para os direitos fundamentais alemães,[112] de tal maneira que eles possam ser empregados para o controle de regras, decisões e princípios processuais do regime transnacional, como o direito da internet. Isso vale ainda mais quando, no Direito alemão, a eficácia horizontal dos direitos fundamentais da comunicação para as relações jurídicas privadas, nas quais se trata também de limites da liberdade de expressão, consiste em prática constitucional comum. Ao contrário, não é evidente, a respeito disso, por causa da ligação territorial bastante problemática do ICANN com os EUA,[113] referir-se somente ao Direito americano ou à compreensão americana acerca dos direitos fundamentais. O ICANN é uma organização transnacional e não pode ser atribuída ao âmbito jurídico americano. Além disso, deve-se também questionar se isso não contraria a aplicação dos direitos fundamentais alemães e a expansão da compreensão alemã acerca dos direitos fundamentais.

Para o domínio da questão da possibilidade da expansão transnacional da eficácia horizontal dos direitos fundamentais nacionais, seria possível conectar-se às concepções de Anne-Marie Slaughter de uma abertura diferenciada das ordens jurídicas nacionais para a influência recíproca entre "Estados liberais".[114] De acordo com isso, o mundo de Estados liberais é

---

uma verificação sobre se os *standards* internacionais mínimos não são observados.

112 Cf. fundamentalmente, *BVerfGE* 31, 58 (71).

113 Cf. sobre isso, VOEGELI, Julia. *Die Regulierung des Domainnamensystems durch die Internet Corporation for Assigned names and Numbers (ICANN)*. Köln: Heymann, 2006, pp. 59 e ss.

114 Cf. SLAUGHTER, Anne-Marie. "International Law in a World of Liberal States". *European Journal of International Law*, vol. 6, 1995, pp. 503 e ss.; SLAUGHTER, Anne-Marie. "A Liberal Theory of

> a world of individual self-regulation facilitated by States; of transnational regulation enacted and implemented by disaggregated political institutions – courts, legislatures, executives and administrative agencies – enmeshed in transnacional society and interacting in multiple configurations across borders...[115]

O sincronismo jurídico-institucional nessa comunidade de Estados pode, então, apoiar-se em três suposições:

> First, transnational economic and social interactions are an important and enduring dimension of relations among liberal States. Second, all potential dispute resolution fora within the realm of liberal States, whether judicial or arbitral subject to judicial supervision, are assumed to be neutral and independent of direct political influences. Third, the core rights of individual litigants are assumed to be constitutionally protected in every potential forum.[116]

Sob essas circunstâncias, não se contrapõe ao recurso nacional à eficácia horizontal dos direitos fundamentais o fato de que essa

---

International Law". *American Society of International Law Proceedings*, vol. 94, 2000, pp. 240 e ss. Cf. também, MORAVCSIK, Andrew. "Taking Preferences Seriously: a Liberal Theory of International Politics". *International Organization*, vol. 51, 1997, pp. 513 e ss.; MORAVCSIK, Andrew. "Liberalism and International Relations Theory". *Harvard Center for International Affairs Working Paper Series*, 1992; WU, Timothy S. "Cyberspace Sovereignty? – the Internet and the International System". *Harvard Journal of Law & Technology*, vol. 10, 1997, p. 647 (661 e ss.); além disso, ZUMBANSEN, Peer. "Globalization and the Law: Deciphering the Message of Transnational Human Rights Litigation". *German Law Journal*, vol. 5, 2004, pp. 1499 e ss.

115 SLAUGHTER, Anne-Marie. "International Law in a World of Liberal States". *European Journal of International Law*, vol. 6, 1995, p. 538.

116 SLAUGHTER, Anne-Marie. "International Law in a World of Liberal States". *European Journal of International Law*, vol. 6, 1995, pp. 520 e ss.

construção, em outros países, foi afastada ou apenas aceita de forma modificada.[117] Isso pode ser considerado em uma iniciativa cooperativa[118] de maneira que sejam permitidas apenas tais irritações de direitos fundamentais do Direito Transnacional, que são compatíveis, no final, com o Direito de outros Estados liberais. Nesse modelo, também não há mais lugar para a precisa separação entre Direito Público e Privado ou para a concepção de que apenas o Direito de um Estado deva ser aplicável ao processo de construção jurídica transnacional.[119] Antes de tudo, a influência dos direitos fundamentais poderia garantir (principalmente sobre esses novos âmbitos jurídicos – diante, além disso, sempre da exigida conexão aos efeitos territoriais no espaço jurídico nacional –, à luz da finalidade da exigência da auto-organização de instituições autônomas da internet mediante intervenções

117 Cf. as contribuições em SAJÓ, András; UITZ, Renáta (Coord.). *The constitution in private relations*: expanding constitutionalism. Utrecht: Eleven International Publishing, 2005, particularmente sobre o direito norte-americano, TUSHNET, Mark. "The Relationship between Judicial Review of Legislation and the Interpretation of Non-Constitutional Law, with Reference to Third Party Effect". *In*: SAJÓ, András; UITZ, Renáta (Coord.). *The constitution in private relations*: expanding constitutionalism. Utrecht: Eleven International Publishing, 2005, pp. 167 e ss.; KUMM, Matthias; COMELLA, Victor Ferreres. "What is so Special about Constitutional Rights in Private Litigation? A Comparative Analysis of the Function of State Action Requirements and Indirect Horizontal Effects". *In*: SAJÓ, András; UITZ, Renáta (Coord.). *The constitution in private relations*: expanding constitutionalism. Utrecht: Eleven International Publishing, 2005, pp. 241 e ss.; GARDBAUM, Stephen. "The 'Horizontal Effect' of Constitutional Rights". *Michigan Law Review*, vol. 102, 2003, pp. 388 e ss., com referência pormenorizada ao Direito alemão.

118 Cf. LADEUR, Karl-Heinz. "Flexibility and 'Co-operative Law': the Coordination of European Member States'Laws". *In*: BÚRCA, Gráinne de; SCOTT, Joanne (Coord.). *Constitutional Change in the EU*: From Uniformity to Flexibility? Oxford: Hart, 2000, pp. 284 e ss.

119 Cf. BERMAN, Paul Schiff. "Judges as Cosmopolitan Transnational Actors". *Tulsa Journal of Comparative & International Law*, vol. 12, 2005, pp. 109 e ss.

procedurais)[120] transparência e publicidade, por exemplo, dos *standards* autorregulados. Disso resultaria, diretamente, um desenvolvimento da autorregulação, por exemplo, na organização jurídica da internet, que deve ser superada apenas mediante a reconstrução precisa dos efeitos de uma intervenção transnacional do Direito nacional.

Além disso, não é tão estranha ao espaço anglo-americano uma conexão entre direito civil e liberdade de comunicação, como, por diversas vezes, as diferenças fundamentais parecem sugerir diante da questão da validade dos direitos fundamentais.[121] Assim, pronucia-se um jurista americano mais recente por um "*constitutive constitucionalism*", que abriria o Direito Constitucional americano, precisamente, também a novas exigências jurídicas, para além do Estado, como o ICANN:

> [A] broader view of the Constituion's scope would reach the private standard-setting bodies – which now function so powerfully (yet so invisibly) to establish the code that regulates cyberspace – and subject them to constitutional norms of fair process and judicial review. This approach might also provide a constitutional forum for debating many of the criticisms

120 Cf. FROMMKIN, A. Michael. "Wrong Turn in Cyberspace: Using ICANN to Route Around the APA and the Constitution". *Duke Law Journal*, vol. 50, 2000, p. 17 (33, 95), particularmente sobre as diversas e problemáticas confuses entre formas públicas e privadas da (auto) regulação; FROMMKIN, A. Michael. "ICANN's Uniform Dispute Resolution Policy – Causes and (Partial) Cures". *Brooklyn Law Review*, vol. 67, 2002, pp. 605 e ss.

121 Cf. fundamentalmente crítico, TUSHNET, Mark. "The Relationship between Judicial Review of Legislation and the Interpretation of Non-Constitutional Law, with Reference to Third Party Effect". *In*: SAJÓ, András; UITZ, Renáta (Coord.). *The constitution in private relations*: expanding constitutionalism. Utrecht: Eleven International Publishing, 2005.

> leveled at ICANN on account of its claimed lack of public participation and transparent processes.[122]

Ademais, muitas vezes apenas instituições de Direito Privado são introduzidas no espaço jurídico americano para os fins que, na Alemanha, são perseguidos com a eficácia horizontal dos direitos fundamentais.[123]

Com isso, deveria ter ficado claro que os direitos fundamentais políticos e a Constituição do Estado nacional não estão comprometidos nem com a realização da proibição de intervenção na relação entre Estado e indivíduo, nem com a dominação de conflitos nas redes heterárquicas transnacionais ou devem falhar na sintonização em novos problemas do pluralismo jurídico, para além da clássica

---

122 BERMAN, Paul Schiff. "Cyberspace and the State Action Debate: The Cultural Value of Applying Constitutional Norms to 'Private Regulation'". *University of Colorado Law Review*, vol. 71, 2000, p. 1263 (1307). De modo semelhante, ARNETTE-MITCHELL, Jennifer. "State Action Debate Reborn Again: Why the Constitution Should Act as a Checking Mechanism for ICANN's Uniform Dispute Resolution Policy". *Hamline Journal of Public Law & Policy*, vol. 27, 2006, pp. 307 e ss.; NUNZIATO, Dawn C. "Freedom of Expression, Democratic Norms, and Internet Governance". *Emory Law Journal*, vol. 52, 2003, pp. 187 e ss.; cf., também, BIRNHACK, Michael D.; ELKIN-KOREN, Niva. "The Invisible Handshake: the Reemergence of the State in the Digital Environment". *Virginia Journal of Law and Technology*, vol. 8, nº 6, 2003, com a indicação de que também novas formas da cooperação público-privada deveriam conduzir a um reconehcimento dos efeitos horizontais dos direitos fundamentais; já antes, para uma consideração particular da função pública da internet, GOLDSTONE, David J. "A Funny Thing Happened to the Way to the Cyber Forum: Public vs. Private in Cyberspace Speech". *University of Colorado Law Review*, vol. 69, 1998, pp. 1 e ss.

123 Cf. TUSHNET, Mark. "The Relationship between Judicial Review of Legislation and the Interpretation of Non-Constitutional Law, with Reference to Third Party Effect". *In*: SAJÓ, András; UITZ, Renáta (Coord.). *The constitution in private relations*: expanding constitutionalism. Utrecht: Eleven International Publishing, 2005, pp. 169 e ss.

distinção do público e privado. Tanto no plano nacional quanto transnacional, dos direitos fundamentais de comunicação podem e devem ser introduzidos na testagem e na estimulação do novo, mediante a manutenção da diversidade no conjunto de ideias das redes sociais transnacionais. Essa função pode também ser frutífera na observação jurídica da auto-organização da internet.

4.3 Realização

No que concerne à realização unitária do *standard* transnacional de direitos fundamentais, pode-se referir a outra tese de Anne-Marie Slaughter, conforme a qual o Estado, no processo de globalização, não desaparece, mas desmembra-se em seus elementos individuais que, como "*global government networks*" de "*disaggregated states*", cooperam cada vez mais com seus equivalentes estrangeiros.[124] Segundo Slaughter, sobretudo os Tribunais dos Estados nacionais mostram, cada vez mais, "*a respect for foreign courts qua courts, rather than simply as the face of a foreign government, and hence for their ability to resolve disputes and interpret and apply the law honestly and competently*".[125] De fato, essa observação diz respeito,

---

124 Cf. SLAUGHTER, Anne-Marie. "The real new world order". *Foreign Affairs*, vol. 76, 1997, p. 183 (184 e ss.): "*The state is not disappearing, it is disaggregating into its separate, functionally distinct parts. These parts – courts, regulatory agencies, executives, and even legislatures – are networking with their counterparts abroad, creating a dense web of relations that constitutes a new, transgovernmental order*". Cf. também SLAUGHTER, Anne-Marie. "Global Government Networks, Global Information Agencies, and Disaggregated Democracy". *Michigan Journal of International Law*, vol. 24, 2003, pp. 1041 e ss.; SLAUGHTER, Anne-Marie. "Governing the Global Economy through Government Networks". *In*: BYERS, Michael (Coord.). *The role of law in international politics*. Oxford: Oxford University Press, 2000, pp. 177 e ss. Pormenorizadamente, SLAUGHTER, Anne-Marie. *A new world order*. Princeton: Princeton University Press, 2004.

125 SLAUGHTER, Anne-Marie. *A new world order*. Princeton: Princeton University Press, 2004, p. 87. Cf. também, SLAUGHTER, Anne-Marie.

justamente, à Suprema Corte americana, para a qual o recurso ao Direito Internacional e à comparação jurídica para a interpretação da Constituição americana tinha declinado por longo tempo, em razão da tradição dominante da autorregulação democrática. Em dois casos sensacionais sobre a constitucionalidade da proibição de práticas homossexuais e de pena de morte para criminosos menores, o Tribunal reportou-se, mas pela primeira vez expressamente, ao Direito Estrangeiro, aos acordos de Direito Internacional e a uma decisão da corte judicial europeia para os direitos humanos.[126] Deve-se admitir que essa tendência há de fortalecer-se em vez de enfraquecer-se, quando não se tratar de correção do Direito estabelecido democraticamente pelo legislador nacional, mas do Direito auto-estabelecido do regime global do Direito Privado. Com isso, a realização do *standard* transnacional de direitos fundamentais seguiu um modelo que Harold Koh já observou no que concerne aos direitos humanos internacionais e denominou "*transnational legal process*".[127] Trata-se, nesse caso, de um processo de "*institutional*

"A Global Community of Courts". *Harvard International Law Journal*, vol. 44, 2003, pp. 191 e ss.; SLAUGHTER, Anne-Marie. "Judicial Globalization". *Virginia Journal of International Law*, vol. 40, 2000, pp. 1103 e ss.; BERMAN, Paul Schiff. "Judges as Cosmopolitan Transnational Actors". *Tulsa Journal of Comparative & International Law*, vol. 12, 2005; KINGSBURY, Benedict. "Foreword: Is the Proliferation of International Courts and Tribunals a Systemic Problem?" *New York University Journal of International Law & Politics*, vol. 31, 1999, p. 679 (707); PAUWELYN, Joost. *Conflict of norms in public international law*: how WTO law relates to other rules of international law. Cambridge: Cambridge University Press, 2003, pp. 123 e ss.

126 Cf. *Lawrence v. Texas*, 539 U.S. 558 (2003); *Roper v. Simmons*, 543 U. S. 551 (2005); sobre os quais VIELLECHTER, Lars. "Amerikanischer Unilateralismus als Verfassungsfrage? Zur rechtlichen Begründung des einseitigen Handelns der USA auf internationaler Ebene". *Der Staat*, vol. 45, 2006, pp. 1 e ss.

127 KOH, Harold Hongju. "Transnational Legal Process". *Nebraska Law Review*, vol. 75, 1996, pp. 181 e ss.

interaction, interpretation of legal norms, and attempts to internalize those norms into domestic legal systems".[128]

Essa forma de compreensão jurídica cooperativa transnacional, que procura adaptar-se às ordens jurídicas desterritorializadas, seria uma ulterior variante do direito de colisão, que se torna necessário mediante a sobreposição adicional de tarefas da jurisdição sobre direitos fundamentais nacional e internacional. Isso vale, por exemplo, para a compatibilização da jurisprudência do Tribunal Constitucional Federal e da Corte Europeia dos Direitos do Homem.[129] Para tanto, apresenta-se, atualmente, uma solução processual problemática, a consideração das motivações das decisões da Corte Europeia dos Direitos do Homem (confira, também, o art. 31 da Constituição). Seria mais adequado o deslocamento das tarefas de coordenação para o direito material, com a finalidade de consideração da posição funcional do Tribunal europeu e do nacional.[130] Diante da intepretação dos direitos fundamentais de comunicação, deve-se prestar atenção à relação heterárquica de ambos os Tribunais. O público e seus limites podem ser mais bem observados diante de sua centralização nacional, por um Tribunal nacional, de modo que a dimensão europeia ou a generalidade de posições jurídicas dos Estados liberais é determinada como aquela de uma observação comparativa secundária e reflexão dentro de uma ordem desterritorializada, que obriga a uma cooperação para a interpretação dos direitos fundamentais e dos direitos humanos.[131]

---

128 KOH, Harold Hongju. "How Is International Human Rights Law Enforced?" *Indiana Law Journal*, vol. 74, 1999, p. 1397 (1399).

129 Cf. SAUER, Heiko. "Die neue Schlagkraft der gemeineuropäischen Grundrechtsjudikatur: Zur Bindung deutscher Gerichte an die Entscheidung des Europäischen Gerichtshofs für Menschenrechte". *ZaöRV*, vol. 65, 2005, pp. 35 e ss.

130 Cf. GRIMM, Dieter. "Diskussionsbeitrag". *VVDStRL*, 65, 2006.

131 É digno de nota que BADURA, Peter. "Der räumliche Geltungsbereich der Grundrechte". *In*: MERTEN, Detlef; PAPIER, Hans-Jürgen (Coord.). *Handbuch der Grundrechte in Deutschland und Europa II*.

Mas também diante das intervenções jurídico-materiais, com consequências para a liberdade prática da construção do pensamento – como, por exemplo, no caso francês do bloqueio de acesso a *sites* de internet com conteúdos neonazistas no servidor do provedor americano *Yahoo*[132] – deve-se prestar atenção à razoabilidade recíproca. Nos EEUU, a limitação da liberdade de expressão para os próprios cidadãos, que resulta faticamente do bloqueio geral de *sites* neonazistas, pode, afinal, ser razoável, quando, na Europa, a proximidade espacial e pessoal dos efeitos do holocausto tornam essas proibições legítimas. Por fim, trata-se, para os EEUU, apenas de âmbitos marginais da comunicação pública. Contudo, somente esse caso da realização de uma decisão francesa e de sua execução nos EEUU ocupou os Tribunais americanos e, embora os julgamentos tenham chegado, na primeira[133] e na segunda instâncias,[134] a resultados diversos, ambos os Tribunais estiveram de acordo quanto a que os

---

Heidelberg: C. F. Müller, 2007, §47, particularmente Rn. 36, 38, por pouco não supõe, com razão, a possibilidade de um efeito transnacional dos direitos fundamentais. A questão apresenta-se também para os efeitos extraterritoriais das convenções europeias sobre direitos humanos. Cf. GONDEK, Michal. "Extraterritorial Application of the European Convention on Human Rights: Territorial Focus in the Age of Globalization?" *Netherlands International Law Review*, vol. 52, 2005, pp. 349 e ss.; de outro modo, *EGMR*, EuGRZ2002, pp. 133 e ss. (Bancovic).

132 L'Union des Étudiants Juifs de France et La Ligue contre le Racisme et l'Antissemitisme contre Yahoo! Inc., Tribunal de Grande Instance de Paris, Ordonnance de référé du 20.11.2000, J.C.P. 2000, Actu., 2219. Disponível em: http://www.juriscom.net/text/jurisfr/cti/tgiparis20001120.pdf.

133 *Yahoo!, Inc.* v. *La Ligue Contre le Racisme et L'Antissemitisme*, 169 F. Supp. 2d 1181 (N.D.Cal. 2001); sobre isso, REIDENBERG, Joel R. "Technology and Internet Jurisdiction". *University of Pennsylvania Law Review*, vol. 153, 2005, pp. 1951 e ss.; REIDENBERG, Joel R. "Yahoo and Democracy on the Internet". *Jurimetrics*, vol. 42, 2002, pp. 261 e ss.

134 *Yahoo!, Inc.* v. *La Ligue Contre le Racisme et l'Antissemitisme*, n. 01-17424, 2006, U.S. App. LEXIS 668 (9th Cir. Jan. 12, 2006).

direitos fundamentais da Constituição americana devem ser observados dentro do Direito Internacional Privado, ao passo que essa aplicação, ao mesmo tempo, é relativizada, por assim dizer, em um reenvio de direito de colisão pela consideração do Direito do outro Estado ("*reasonableness*").[135]

4.4 Método

A partir da dimensão transnacional dos direitos fundamentais esboçada, seguem-se, indiretamente, dois dados metodológicos. Substancialmente, ela limita a decisão judicial tanto a respeito do "se" quanto a respeito do "como". Sob o primeiro aspecto, os Tribunais deveriam apenas intervir em situações extremas, nas quais a autorregulação social falha ou os conflitos de Direito Privado mostram-se autodestrutivos.[136] Por falta de um conhecimento superior e disponível centralmente, vale uma presunção a favor da capacidade de auto-organização dos agentes privados. Trata-se, nesse ponto, da formulação de uma espécie de direito de colisão constitucional, que

---

135 Cf. sobre isso, a instrutiva análise de BEN-EZER, Ayelet; BENDOR, Ariel L. "Conceptualizing Yahoo! v. L.C.R.A.: Private Law, Constitutional Review and International Conflict of Laws". *Cardozo Law Review*, vol. 25, 2004, pp. 2089 e ss. Cf., sobre a relação de normas fundamentais e IPR, também DAMANIA, Farzad. "The Internet: Equalizer of Freedom of Speech? a Discussion on Freedom of Speech on the Internet in the United States and India". *Indiana International and Comparative Law Review*, vol. 12, 2002, pp. 243 e ss.; ROSENFELD, Michael. "Hate Speech in Constitutional Jurisprudence: a Comparative Analysis". *Cardozo Law Review*, vol. 24, 2003, pp. 1523 e ss.; TIMOFEEVA, Yulia A. "Hate Speech Online: Restricted or Protected? Comparision of Regulations in the United States and Germany". *Journal of Transnational Law and Policy*, vol. 12, 2003, pp. 253 e ss.; WAI, Robert. "Transnational Lifoff and Juridical Touchdown: the Regulatory Function of Private International Law in an Era of Globalization". *Columbia Journal of Transnational Law*, vol. 40, 2002, pp. 209 e ss.

136 Cf. TEUBNER, Gunther. "Ein Fall struktureller Korruption? Die Familienbürgschaft in der Kollision unveträglicher Handlungslogiken". *KritV*, vol. 83, 2000, p. 399.

apenas admite regulação exterior na medida em que os processos de auto-organização ameaçam bloquear-se.[137] Sob o outro aspecto, os Tribunais não deveriam, primariamente, pronunciar decisões de justiça relacionadas a um caso, algo como mediante ponderação das posições de direitos fundamentais opostos.[138] A intervenção judicial deve suceder menos conforme o modelo de uma imposição de condutas substitutiva da lei, e mais conforme o modelo de uma inoculação para estimular a capacidade de auto-organização dos agentes.[139] Trata-se, aqui, de estabelecer limites externos em conexão com – para tirar, mais uma vez, uma comparação com o Direito Privado Internacional – um reenvio às partes, das quais se exige, dentro de dado espaço, encontrar planos próprios para solução do respectivo conflito.[140] Com isso, os Tribunais vinculariam, reciprocamente, o ativismo e autolimitação de uma maneira particular:

---

137 Cf. LADEUR, Karl-Heinz. "Hemut Ridders Konzeption der Meinungs- und Pressefreiheit in der Demokratie". *Kritische Justiz*, vol. 32, 1999, p. 290.

138 Cf. LADEUR, Karl-Heinz. *Kritik der Abwägung in der Grundrechtsdogmatik*: Plädoyer für eine Erneuerung der liberalen Grundrechtsdogmatik. Tubingen: Mohr Siebeck, 2004.

139 Cf. LADEUR, Karl-Heinz. "Die rechtswissenschaftliche Methodendiskussion und die Bewältigungdes gesellschaftlichen Wandels". *Rabels Zeitschrift*, vol. 64, 2000, pp. 89 e ss.

140 Cf. também, GERSTENBERG, Oliver. "Privatrecht, Demokratie und die lange Dauer der bürgerlichen Gesellschaft". *Rechtshistorisches Journal*, vol. 16, 1997, p. 152 (163): "A intuição fundamental consiste em que o sistema jurídico tem de criticar os agentes privados da obrigação estrutural, internalizar valores de direitos fundamentais e refletir nas consequências do exercício da autonomia privada sobre os direitos fundamentais de outros. Ele tem de criar uma situação na qual o emprego da liberdade privada (seja por pessoas naturais, seja por empresas ou associações) esteja ligado com o dever de reflexividade, isso é, a uma assunção antecipada da perspectiva de um legislador que exerce vigilância sobre as possibilidades de recíprocas combinações de esferas de liberdade. A autonomia na sociedade civil é apenas possível por essa prestação de internalização, que se realiza sob permanente ameaça de intervenções externas pela legislação ou pelos Tribunais".

> Seu papel é, por um lado, "ativista", uma vez que eles buscam que o projeto de constitucionalização na sociedade... seja estabelecido para durar. Eles confrontam os agentes privados com concepções de finalidade que, por sua vez, são o resultado de processos de aprendizado bem sucedidos, mas não concluídos. Mas, por outro lado, o papel dos Tribunais submete-se ao princípio da autolimitação, na medida em que os agentes privados são, a seu turno, chamados para alcançar, institucionalmente, essas concepções normativas de finalidade por formas experimentais de auto-organização inovadora.[141]

O resultado seria uma nova forma da divisão do trabalho:

> Os Tribunais concedem aos agentes privados uma autonomia experimental vinculada a afirmações normativas abstratas de finalidade, e os agentes privados, em contrapartida, aprovisionam os Tribunais com as informações de que eles necessitam, a fim de reformar e precisar, gradualmente, suas afirmações de finalidade.[142]

A realização consistente do *standard* transnacional de direito fundamental exige, processualmente, um modo de decisão que se poderia denominar como "*default deference*". Por um lado, esse é mais fraco do que a vinculação formal de precedentes, uma vez que ele dispõe apenas de uma presunção de vinculação. Por outro lado, ele é mais forte do que a autoridade meramente persuasiva dos casos de precedentes, pois ele admite divergências apenas mediante robusta fundamentação. Os Tribunais assumiram, nesse ponto, um mecanismo de absorção de insegurança conhecido pelas redes e pelas organizações formais: a aceitação regular de pré-decisões com a possibilidade de exceções para a divergência, quando o exigem

---

141 GESTENBERG, Oliver. "Privatrecht, Verfassung und die Grenzen judizieller Sozialregulireung". *ARSP*, vol. 74, 2000, p. 153.

142 GESTENBERG, Oliver. "Privatrecht, Verfassung und die Grenzen judizieller Sozialregulireung". *ARSP*, vol. 74, 2000.

motivos convincentes.[143] Chegar-se-ia, com isso, à instalação de mecanismos cognitivos no Direito – a um desenvolvimento que a sociologia jurídica sistemático-teórica previu há décadas:

> Essa instalação de mecanismos cognitivos na estrutura, em si normativa, do Direito, parece corresponder ao desenvolvimento de uma sociedade mundial. Construções universais de estruturas e os problemas delas consequentes, contextos de interação e seus desbalanceamentos, "regem" o Direito Positivo colocado em vigor, não na forma de uma normatização abrangente, de um Direito super-estatal superior em grau e, com isso, superpositivo, mas pelo fato de que o dinamismo da sociedade mundial impõe razões de aprendizado, talvez exerça pressões de aprendizado e assinala certa não arbitrariedade na solução de problemas.[144]

Referências bibliográficas

ABBATE, Janet. *Inventing the Internet*. Cambridge: MIT Press, 1999.

ALSTON, Philip (Coord.). *Non-State Actors and Human Rights*. Oxford: Oxford University Press, 2005.

_____. "The 'Not-a-Cat' Syndrome: can the International Human Rights Regime Accommodate Non-State Actors?" *In*: _____. (Coord.). *Non-State Actors and Human Rights*. Oxford: Oxford University Press, 2005.

AMSTUTZ, Marc. "Evolutorische Rechtsmethodik im europäischen Privatrecht. Zur richtlinienkonformen Auslegung und ihren Folgen für den autonomen Nachvollzug des Gemeinschaftsprivatrechts in der Schweiz". *In*: WERRO, Franz; PROBST, Thomas (Coord.). *Das Schweizerische*

143 Cf. FISCHER-LESCANO, Andreas; TEUBNER, Gunther. *Regime-Kollisionen*: Zur Fragmentierung des globalen Rechts. Frankfurt am Main: Suhrkamp, 2006, p. 124.

144 LUHMANN, Niklas. *Rechtssoziologie*. 3ª ed. Opladen: Westdeutscher, 1987, pp. 340 e ss.

Privatrecht im Lichte des europäischen Gemeinschaftsrecht. Bern: Staempfli, 2004.

_____. "In-Between Worlds: Marleasing and the Emergence of Interlegality in Legal Reasoning". *European Law Journal*, vol. 11, 2005.

AMSTUTZ, Marc; KARAVAS, Vaios. "Rechstmutation: Zu Genese und Evolution des Rechts im transnationalen Raum". *Rechtsgeschichte*, vol. 8, 2006.

ARNETTE-MITCHELL, Jennifer. "State Action Debate Reborn Again: Why the Constitution Should Act as a Checking Mechanism for ICANN's Uniform Dispute Resolution Policy". *Hamline Journal of Public Law & Policy*, vol. 27, 2006.

BADURA, Peter. "Der räumliche Geltungsbereich der Grundrechte". *In*: MERTEN, Detlef; PAPIER, Hans-Jürgen (Coord.). *Handbuch der Grundrechte in Deutschland und Europa II*. Heidelberg: C. F. Müller, 2007.

BARÁBASIS, Albert-Lazlo. *Linked*: the New Science of Networks. Cambridge: Perseus Books, 2002.

BARAK, Aharon. "Constitutional Human Rights and Private Law". *In*: FRIEDMAN, Daniel; DARAK-EREZ, Daphne (Coord.). *Human Rights in Private Law*. Oxford: Hart, 2001.

BEN-EZER, Ayelet; BENDOR, Ariel L. "Conceptualizing Yahoo! v. L.C.R.A.: Private Law, Constitutional Review and International Conflict of Laws". *Cardozo Law Review*, vol. 25, 2004.

BERMAN, Paul Schiff. "Cyberspace and the State Action Debate: The Cultural Value of Applying Constitutional Norms to 'Private Regulation'". *University of Colorado Law Review*, vol. 71, 2000.

_____. "Judges as Cosmopolitan Transnational Actors". *Tulsa Journal of Comparative & International Law*, vol. 12, 2005.

_____. "Conflict of Laws, Globalization and Cosmopolitan Pluralism". *Wayne Law Review*, vol. 51, 2005.

_____. "The Globalization of Jurisdiction". *University of Pennsylvania Law Review*, vol. 151, 2002.

_____. "Towards a Cosmopolitan Vision of Conflict of Laws: Redefining Governmental Interests in a Global Era". *University of Pennsylvania Law Review*, vol. 153, 2005.

BERNSTORFF, Jochen von. "The Structural Limitations of Network Governance. ICANN as a Case in Point". *In*: JOERGES, Christian;

SAND, Inger-Johanne; TEUBNER, Gunther (Coord.). *Transnational Governance and Constitutionalism*. Oxford: Hart Publishing, 2004.

BIRNHACK, Michael D.; ELKIN-KOREN, Niva. "The Invisible Handshake: the Reemergence of the State in the Digital Environment". *Virginia Journal of Law and Technology*, vol. 8, nº 6, 2003.

BÖCKENFÖRDE, Ernst-Wolfgang. "Schutzbereich, Eingriff, verfassungsimmanente Schranken. Zur Kritik gegenwärtiger Grundrechtsdogmatik". *Der Staat*, vol. 42, 2003.

BOELE-WOELKI, Katharina. "Internet und IPR: Wo geht jemand ins Netz?" *Berichte DGVR*, vol. 39, 2000.

BOGDANDY, Armin von. "Constitutionalism in International Law: Comment on a Proposal from Germany". *Harvard International Law Journal*, vol. 47, 2006.

BRÜGGEMEIER, Gert; COLOMBI-CIACCHI, Aurelia; COMANDÉ, Giovanni (Coord.). *Fundamental Rights and Private Law in the European Union*. 2006.

CALLIESS, Gralf-Peter. "Globale Kommunikation – staatenloses Recht. Zur (Selbst-)Regulierung des Internet durch prozedurales REcht am Beispiel des Verbraucherschutzes im elektronischen Geschäftsverkehr". *ARSP*, vol. 79, 2001.

CASSESE, Sabino. *Lo spazio giuridicio globale*. Roma: Laterza, 2003.

CLAPHAM, Andrew. *Human Rights in the Private Sphere*. Oxford: Clarendon Press, 1993.

______. *Human Rights Obligations of Non-State Actors*. Oxford: Oxford University Press, 2006.

COHENDET, Patrick; MEYER-KRAHMER, Frieder. "The Theoretical and Policy Implications of Knowledge Codification". *Research Policy*, vol. 30, 2001.

DAMANIA, Farzad. "The Internet: Equalizer of Freedom of Speech? a Discussion on Freedom of Speech on the Internet in the United States and India". *Indiana International and Comparative Law Review*, vol. 12, 2002.

DI FABIO, Udo. *Das Recht offener Staaten*: Grundlinien einer Staats- und Rechtstheorie. Tübingen: Mohr Siebeck, 1998.

DICKINSON, Laura A. "Public Law Values in a Privatized World". *Yale Journal of International Law*, vol. 31, 2006.

DREZNER, Daniel W. "The Global Governance of the Internet: Bringing the State Back In". *Political Science Quarterly*, vol. 119, 2004.

DUPUY, Pierre-Marie. "The Constitutional Dimension of the Charter of the United Nations Revisited". *Max Planck Yearbook of the United Nations Law*, 1997.

FAßBENDER, Bardo. "The United Nations Charter as Constitution of the International Community". *Columbia Journal of Transnational Law*, vol. 36, 1998.

FIEDLER, Christoph. *Meinungsfreiheit in einer vernetzten Welt*: Staatliche Inhaltskontrolle, gesetzliche Providerhaftung und die Inhaltsneutralität des Internet. Baden-Baden: Nomos, 2002.

FISCHER-LESCANO, Andreas. *Globalverfassung*: Die Geltungsbegründung der Menschenrechte. Weilerswist: Velbruück, 2005.

FISCHER-LESCANO, Andreas; TEUBNER, Gunther. "Fragmentierung des Weltrechts: Vernetzung globaler Regimes statt etatistischer Rechtseinheit". *In*: ALBERT, Mathias; STICHWEH, Rudolf (Coord.). *Weltstaat und Weltstaatlichkeit*: Beobachtungen globaler politischer Strukturbildung. Wiesbaden: Sozialwissenschaften, 2007.

______. *Regime-Kollisionen*: Zur Fragmentierung des globalen Rechts. Frankfurt am Main: Suhrkamp, 2006.

FREEMAN, Jody. "Extending Public Law Norms Trough Privatization". *Harvard Law Review*, vol. 116, 2003.

______. "The Private Role in Public Governance". *New York University Law Review*, vol. 75, 2000.

FRIEDMAN, Daniel; DARAK-EREZ, Daphne (Coord.). *Human Rights in Private Law*. Oxford: Hart, 2001.

FROMMKIN, A. Michael. "ICANN's Uniform Dispute Resolution Policy – Causes and (Partial) Cures". *Brooklyn Law Review*, vol. 67, 2002.

______. "Wrong Turn in Cyberspace: Using ICANN to Route Around the APA and the Constitution". *Duke Law Journal*, vol. 50, 2000.

GARDBAUM, Stephen. "The 'Horizontal Effect' of Constitutional Rights". *Michigan Law Review*, vol. 102, 2003.

GERSTENBERG, Oliver. "Privatrecht, Demokratie und die lange Dauer der bürgerlichen Gesellschaft". *Rechtshistorisches Journal*, vol. 16, 1997.

______. "Justification (and Justifiability) of Private Law in a Polycontextural World". *Social & Legal Studies*, vol. 9, 2000.

______. "Private Ordering, Public Intervention and Social Pluralism". *In*: JOERGES, Christian; GESTENBERG, Oliver (Coord.). *Private Governance, Democratic Constitutionalism and Supranationalism*. Luxembourg: OPOCE, 1998.

______. "Privatrecht, Verfassung und die Grenzen judizieller Sozialregulireung". *ARSP*, vol. 74, 2000.

______. "What Constitutionalism Can Do (but Courts Sometimes Don't): Property, Speech, and the Influence of Constitutional Norms on Private Law". *Canadian Journal of Law & Jurisprudence*, vol. 17, 2004.

GOLDSTONE, David J. "A Funny Thing Happened to the Way to the Cyber Forum: Public vs. Private in Cyberspace Speech". *University of Colorado Law Review*, vol. 69, 1998.

GONDEK, Michal. "Extraterritorial Application of the European Convention on Human Rights: Territorial Focus in the Age of Globalization?" *Netherlands International Law Review*, vol. 52, 2005.

GRIMM, Dieter. "Diskussionsbeitrag". *VVDStRL*, 65, 2006.

GUÉHENNO, Jean-Marie. *Das Ende der Demokratie*. München: Artemis & Winkler, 1994.

GUZMAN, Andrew T. "Global Governance and the WTO". *Harvard International Law Journal*, vol. 45, 2004.

HABERMAS, Jürgen. "Versöhnung durch öffentlichen Vernunftgebrauch". *In*: ______. *Die Einbeziehung des Anderen*: Studien zur politischen Theorie. Frankfurt am Main: Suhrkamp, 1996.

______. "Warum braucht Europa eine Verfassung?" *JuristenZeitung*, nº 27, 2001.

HALFMEIER, Axel. "Menschenrechte und Internationales Privatrecht im Kontext der Globalisierung". *RabelsZ*, vol. 68, 2004.

HALTERN, Ulrich. "Pathos and Patina, The Failure and Promise of Constitutionalism in the European Imagination". *European Law Journal*, vol. 9, 2003.

HEDSTROM, Margaret; KING, John Leslie. "Epistemic Infrastructure in the Rise of the Knowledge Economy". *In*: KAHIN, Brian; FORAY, Dominique (Coord.). *Advancing Knowledge and the Knowledge Economy*. Cambridge: MIT Press, 2006.

HERMES, Georg. "Das BVerfG zu Schutzpflicht und mittelbarer Drittwirkung der Berufsfreiheit". *NJW*, 1990.

HOBE, Stephan. *Der offene Verfassungstaat zwischen Souvernänität und Interdependenz*. Berlim: Duncker & Humblot, 1998.

IACONO, C. Suzanne; FREEMAN, Peter A. "Cyberinfrastructure in the Making: Can We Get There from Here?" *In*: KAHIN, Brian; FORAY, Dominique (Coord.). *Advancing Knowledge and the Knowledge Economy*. Cambridge: MIT Press, 2006.

JOERGES, Christian. "Europarecht als Kollisionsrecht neuen Typs: Wie eine europäische unitas in pluralitate verfasst werden kann". *In*: FÜHR, Martin *et al.* (Coord.). *Umweltrecht und Umweltwissenschaft*: Festschrift für Eckard Rehbinder. Berlim: Erich Schmidt, 2007.

_____. "The Impact of European Integration on Private Law: Reducionist Perceptions, True Conflicts and a New Constitutionalist Perspective". *European Law Journal*, vol. 3, 1997.

JOERGES, Christian; SAND, Inger-Johanne; TEUBNER, Gunther (Coord.). *Transnational Governance and Constitutionalism*. Oxford: Hart Publishing, 2004.

KADELBACH, Stefan; KLEINLEIN, Thomas. "Überstaatliches Verfassungsrecht: Zur Konstitutionalisierung im Völkerrecht". *Archiv des Völkerrechts*, vol. 44, 2006.

KINGSBURY, Benedict. "Foreword: Is the Proliferation of International Courts and Tribunals a Systemic Problem?" *New York University Journal of International Law & Politics*, vol. 31, 1999.

KINGSBURY, Benedict; KRISCH, Nico; STEWART, Richard B. "The Emergence of Global Administrative Law". *Law & Contemporary Problems*, vol. 68, 2005.

KLEINWÄCHTER, Wolfgang. "Internet Governance Forum". *MMR*, 2007.

KOH, Harold Hongju. "How Is International Human Rights Law Enforced?" *Indiana Law Journal*, vol. 74, 1999.

_____. "Transnational Legal Process". *Nebraska Law Review*, vol. 75, 1996.

KOSKENNIEMI, Martti. "The Fate of Public International Law: Between Technique and Politics". *Modern Law Review*, vol. 70, 2007.

_____. "The Fate of Public International Law: Constitutional Utopia or Fragmentation?" *Chorley Lecture*, London School of Economics and

Political Science, 07 jun. 2006. Disponível em: http://www.helsinki.fi/eci./Publications.MKChorley%20Text-06a.pdf.

______. *From apology to utopia*: the structure of international legal argument. Cambridge: Cambridge University Press, 2005.

______. "Global Legal Pluralism: Multiple Regimes and Multiple Modes of Thought". *Harvard University*, 05 mar. 2005. Disponível em: http://www.helsinki.fi/eci/Publications/MKPluralism-Harvard-05d%B1%D.pdf.

KUMM, Matthias; COMELLA, Victor Ferreres. "What is so Special about Constitutional Rights in Private Litigation? A Comparative Analysis of the Function of State Action Requirements and Indirect Horizontal Effects". *In*: SAJÓ, András; UITZ, Renáta (Coord.). *The constitution in private relations*: expanding constitutionalism. Utrecht: Eleven International Publishing, 2005.

LADEUR, Karl-Heinz. *Das Medienrecht und die Ökonomie der Aufmerksamkeit*. Köln: Halem, 2007.

______. "Die objektiv-rechtliche Dimension der Rundfunkfreiheit unter Bedingung von Multimedia". *In*: FABER, Heiko; FRANK, Götz (Coord.). *Demokratie in Staat und Wirtschaft*: Festschrift für Ekkehart Stein zum 70. Geburstag. Tubingen: Mohr Siebeck, 2002.

______. "Die objektiv-rechtliche Dimension der wirtschaftlichen Grundrechte. Relativierung oder Abstützung der subjektiven Freiheitsützung der subjektiven Freiheitsechte?" *DÖV*, 2007.

______. "Die rechtswissenschaftliche Methodendiskussion und die Bewältigungdes gesellschaftlichen Wandels". *Rabels Zeitschrift*, vol. 64, 2000.

______. "Flexibility and 'Co-operative Law': the Coordination of European Member States'Laws". *In*: BÚRCA, Gráinne de; SCOTT, Joanne (Coord.). *Constitutional Change in the EU*: From Uniformity to Flexibility? Oxford: Hart, 2000.

______. "Hemut Ridders Konzeption der Meinungs- und Pressefreiheit in der Demokratie". *Kritische Justiz*, vol. 32, 1999.

______. "Was leistet der Netzwerkbegriff für die Verwaltungswisseschaft?" *In*: MEHDE, Veit; RAMSAUER, Ulrich (Coord.). *Theorien der Verwaltungswissenschaft*, 2007.

______. *Kritik der Abwägung in der Grundrechtsdogmatik*: Plädoyer für eine Erneuerung der liberalen Grundrechtsdogmatik. Tubingen: Mohr Siebeck, 2004.

______. *Negative Freiheitsrechte und gesellschaftliche Selbsorganisation*: Zur Erzeugung von Sozialkapital durch Institutionen. Tubingen: Mohr Siebeck, 2000.

______. *Postmoderne Rechtstheorie*: Selbstreferenz, Selbstorganisation, Prozeduralisierung. 2ª ed. Berlim: Duncker & Humblot, 1995.

______. "Zur Bedeutung eines Allgemein Teils des europäisierten Verwaltungsrechts", *Ms*. 2007.

LADEUR, Karl-Heinz; VIELLECHNER, Lars. "Die transnationale Expansion staatlicher Grundrechte: Zur Konstitutionalisierung globaler Privatrechtsregimes". *Archiv des Völkerrechts*, vol. 46, 2008.

LEHMKUHL, Dirk. "Der lange Schatten staatlichen Rechts: Verrechtlichung im transnationalen Sport". *In*: ZANGL, Bernhard; ZÜRN, Michael. *Make Law, Not War*: Internationale und transnationale Verrechtlichung als Baustein für Global Governance. Berlim: Dietz Verlag, 2004.

LESSIG, Lawrence. *Code and Others Laws of Cyberspace*. Nova York: Basic Books, 1999.

______. *The future of ideas*: the fate of the commons in a connected world. Nova York: Vintage Books, 2001.

LIPS, Miriam; KOOPS, Bert-Jaap. "Who Regulates and Manages the Internet Infrastructure? Democratic and Legal Risks in Shadow Global Governance". *Information Polity*, vol. 10, 2005.

LUHMANN, Niklas. *Grundrechte als Institution*. Berlim: Duncker & Humblot, 1965.

______. *Rechtssoziologie*. 3ª ed. Opladen: Westdeutscher, 1987.

MacDONALD, Ronald St. John; JOHNSTON, Douglas M. (Coord.). *Towards World Constitutionalism*: Issues in the Legal Ordering of the World Community. Leiden: Brill Publishers, 2005.

MANNING, John F. "What Divides Textualists From Purposivists?" *Columbia Law Review*, vol. 106, 2006.

McCORMICK, John P. "Habermas, Supranational Democracy and the European Constitution". *European Constitutional Law Review*, vol. 2, 2006.

McGINNIS, John O.; MOVSESIAN, Mark L. "Against Global Governance in WTO". *Harvard International Law Journal*, vol. 45, 2004.

MICHAELS, Ralf. "EU Law as Private International Law? Re-Conceptualizing the Country-of-Origin Principle as Vested Rights Theory". *Journal of Private International Law*, vol. 2, 2006.

_____. "EU Law as Private International Law? Reconceptualizing the Contry-of-Origin Principle as Vested Rights Theory". *Journal of Private International Law*, vol. 2, 2006.

MÖLLERS, Christoph. "Netzwerk als Kategorie des Organisationsrechts". *In*: OEBBECKE, Janbernd (Coord.). *Nicht-normative Steuerung in dezentralen Systemen*. Stuttgart: Franz Steiner, 2005.

MOLOT, Jonathan T. "The Rise and Fall of Textualism". *Columbia Law Review*, vol. 106, 2006.

MORAVCSIK, Andrew. "Liberalism and International Relations Theory". *Harvard Center for International Affairs Working Paper Series*, 1992.

_____. "Taking Preferences Seriously: a Liberal Theory of International Politics". *International Organization*, vol. 51, 1997.

_____. "What Can We Learn From the Collapse of the European Constitutional Project?" *Politische Vierteljahresschrift*, vol. 47, 2006.

NOAM, Eli M. *Interconnecting the Network of Networks*. Cambridge: MIT Press, 2001.

NUNZIATO, Dawn C. "Freedom of Expression, Democratic Norms, and Internet Governance". *Emory Law Journal*, vol. 52, 2003.

OETER, Stefan. "'Drittwirkung' der Grundrechte und die Autonomie des Privatrechts". *Archiv des öffentlichen Rechts*, vol. 119, 1994.

_____. "Chancen und Defizite internationaler Verrechtlichung: Was das Recht jenseits des Nationalstaats leisten kann". *In*: ZANGL, Bernhard; ZÜRN, Michael. *Make Law, Not War*: Internationale und transnationale Verrechtlichung als Baustein für Global Governance. Berlim: Dietz Verlag, 2004.

_____. "International Law and General Systems Theory". *GYIL*, vol. 44, 2001.

OHLER, Christoph. *Dei Kollisionsordnung des Allgemeinen Verwaltungsrechts*. Tubingen: Mohr Siebeck, 2005.

PAULUS, Andreas L. *Die internationale Gemeinschaft im Völkerrecht*: eine Untersuchung zur Entwicklung des Völkerrechts im Zeitalter der Globalisierung. München: C. H. Beck, 2001.

PAUWELYN, Joost. *Conflict of norms in public international law*: how WTO law relates to other rules of international law. Cambridge: Cambridge University Press, 2003.

PETERS, Anne. "Global Constitutionalism in a Nutshell". *In*: DICKE, Klaus *et al.* (Coord.). *Weltinnenrecht*: liber amicorum Jost Delbrück. Berlim: Duncker & Humblot, 2005.

_____. "Privatisierung, Globalisierung und die Resistenz des Verfassungstaates". *ARSP*, vol. 105, 2006.

PETERSMANN, Ernst-Ulrich. "Human Rights, Constitutionalism and the World Trade Organization: Challenges for World Trade organization Jurisprudence and Civil Society". *Leiden Journal of International Law*, vol. 19, 2006.

PREEDY, Kara. *Die Bindung Privater an die europäischen Grundfreiheinten*. Berlim: Duncker & Humblot, 2005.

RATNER, Stephen. "Corporations and Human Rights: a Theory of Legal Responsability". *Yale Law Journal*, vol. 111, 2001.

REIDENBERG, Joel. "Lex Informatica: the Formulation of Information Policy Rules Trough Technology". *Texas Law Review*, vol. 76, 1998.

_____. "Technology and Internet Jurisdiction". *University of Pennsylvania Law Review*, vol. 153, 2005.

_____. "Yahoo and Democracy on the Internet". *Jurimetrics*, vol. 42, 2002.

RIEDEL, Eibe. *Die Universalität der Menschenrechte*: Philosophische Grundlagen – nationale Gewährleistungen – inernationale Garantien. Berlim: Duncker & Humblot, 2003.

ROSA, Jean-Jacques. *Le second XXe siècle*: Déclin des hiérarchies et avenir des nations. Paris: B. Grasset, 2000.

ROSENFELD, Michael. "Hate Speech in Constitutional Jurisprudence: a Comparative Analysis". *Cardozo Law Review*, vol. 24, 2003.

SAJÓ, András; UITZ, Renáta (Coord.). *The constitution in private relations*: expanding constitutionalism. Utrecht: Eleven International Publishing, 2005.

SAUER, Heiko. "Die neue Schlagkraft der gemeineuropäischen Grundrechtsjudikatur: Zur Bindung deutscher Gerichte an die Entscheidung des Europäischen Gerichtshofs für Menschenrechte". *ZaöRV*, vol. 65, 2005.

SCHERER, Gabriele. "Das international Privatrecht als globales System". *Diss. HU*, Berlim, 2005. Disponível em: http://www.hu-berlin.de/dissertationen/Scherer-Gabriele/2005-10-24.

SCHILLING, Theodor. "On the Constitutionalization of General International Law". *New York University Jean Monnet Working Paper*, nº 6, 2005.

SCHMID, Christoph. "Diagonal Competence Conflicts between European Competition Law and National Regulation: a Conflict of Laws Reconstructions of the Dispute of Book Price Fixing". *European Review of Private Law*, vol. 8, 2000.

______. "The ECJ as a Constitutional and a Private Law Court". *Zentrum für Europäische Rechtspolitik*, vol. 4, 2006.

SLAUGHTER, Anne-Marie. "A Global Community of Courts". *Harvard International Law Journal*, vol. 44, 2003.

______. "A Liberal Theory of International Law". *American Society of International Law Proceedings*, vol. 94, 2000.

______. "Global Government Networks, Global Information Agencies, and Disaggregated Democracy". *Michigan Journal of International Law*, vol. 24, 2003.

______. "Governing the Global Economy through Government Networks". *In*: BYERS, Michael (Coord.). *The role of law in international politics*. Oxford: Oxford University Press, 2000.

______. "International Law in a World of Liberal States". *European Journal of International Law*, vol. 6, 1995.

______. "Judicial Globalization". *Virginia Journal of International Law*, vol. 40, 2000.

______. "The real new world order". *Foreign Affairs*, vol. 76, 1997.

______. *A new world order*. Princeton: Princeton University Press, 2004.

SOLTE, Ulrich. "Völkerrecht und Weltgesellschaft aus systemtheoretisher Sicht". *ARSP*, vol. 89, 2003.

STEIHARDT, Ralph G. "Corporate Responsibility and the International Law of Human Rights: the New Lex Mercatoria". *In*: ALSTON, Philip (Coord.). *Non-State Actors and Human Rights*. Oxford: Oxford University Press, 2005.

SWEET, Alec Stone. "The New Lex Mercatoria and Transnational Governance". *Journal of European Public Policy*, vol. 13, 2006.

TEUBNER, Gunther. *Global Law Without a State*. Aldershot: Dartmouth, 1997.

_____. "Ein Fall struktureller Korruption? Die Familienbürgschaft in der Kollision unveträglicher Handlungslogiken". *KritV*, vol. 83, 2000.

_____. "Die anonyme Matrix: Zu Menschenrechtsverletzungen durch 'private' transnationale Akteure". *Der Staat*, vol. 45, 2006.

_____. "Globale Zivilverfassungen: Alternativen zur staatszentrierten Verfassungstheorie". *ZaöRV*, vol. 63, 2003.

_____. "In the Blind Spot: the Hybridization of Contracting". *Theoretical Inquiries in Law*, vol. 8, 2007.

_____. "Vertragswelten: das Recht in der Fragmentierung von Private Governance Regimes". *Rechtshistorisches Journal*, nº 17, 1998.

_____. *Netzwerk als Vetragsverbund*: Virtuelle Unternhemen, Franchising, Just-in-Time in sozialwissenschaftlicher und juristischer Sicht. Baden-Baden: Nomos, 2004.

TEUBNER, Gunther; KARAVAS, Vaios. "Drittwirkung der Grundrechte gegenüber 'Privaten' im autonomen Recht des Internet?" *In*: LADEUR, Karl-Heinz (Coord.). *Innovationsoffene Regulierung des Internet*: neues Recht für Kommunikationsnetzwerke. Baden-Baden: Nomos, 2003.

TIMOFEEVA, Yulia A. "Hate Speech Online: Restricted or Protected? Comparision of Regulations in the United States and Germany". *Journal of Transnational Law and Policy*, vol. 12, 2003.

TOMKINS, Adam. "Of Institutions and Individuals: the Enforcement of EC Law". *In*: CRAIG, Paul; RAWLINGS, Richard (Coord.). *Law and Administration in Europe*: Essay in Honour of Carol Harlow. Oxford: Oxford University Press, 2003.

TOMUSCHAT, Christian. "International Law: Ensuring the Survival of Manking of the Eve of a New Century". *Recueil des Cours*, vol. 281, 1999.

_____. *Human rights*: between idealism and realism. Oxford: Oxford University Press, 2003.

TRACHTMAN, Joel P. "Changing the Rules: Constitutional Moments of the WTO". *International Trade*, vol. 26, 2004.

TUSHNET, Mark. "The Relationship between Judicial Review of Legislation and the Interpretation of Non-Constitutional Law, with Reference to Third Party Effect". *In*: SAJÓ, András; UITZ, Renáta (Coord.). *The constitution in private relations*: expanding constitutionalism. Utrecht: Eleven International Publishing, 2005.

TWINING, William. "Diffusion and Globalization Discourse". *Harvard International Law Journal*, vol. 47, 2006.

URBINATI, Nadia. *Mill on democracy*: from the Athenian polis to representative government. Chicago: Chicago University Press, 2002.

VESTING, Thomas. "Zwischen Gewährleistungsstaat und Minimalstaat. Zu den veränderten Bedingungen der Bewältigung öffentlicher Aufgaben in der 'Informations-' oder 'Wissensgesellschaft'". *In*: HOFFMANN-RIEM, Wolfgang; SCHMIDT-AßMANN, Eberhard (Coord.). *Verwaltungsrecht (inb) der Informationsgesellschaft*. Baden-Baden: Nomos, 2000.

_____. *Prozedurales Rundfunkrecht*: Grundlagen, Elemente, Perspektiven. Baden-Baden: Nomos, 1997.

VIELLECHNER, Lars. "Können Netzwerke die Demokratie ersetzen? Zur Legitimation der Regelbildung im Globalisierungprozess". *In*: BOYSEN, Sigrid *et al.* (Coord.). *Netzwerke*: 47 Assistententagung Öffentliches Recht. Baden-Baden: Nomos, 2007.

_____. "Amerikanischer Unilateralismus als Verfassungsfrage? Zur rechtlichen Begründung des einseitigen Handelns der USA auf internationaler Ebene". *Der Staat*, vol. 45, 2006.

VOEGELI, Julia. *Die Regulierung des Domainnamensystems durch die Internet Corporation for Assigned names and Numbers (ICANN)*. Köln: Heymann, 2006.

WAI, Robert. "Transnational Lifoff and Juridical Touchdown: the Regulatory Function of Private International Law in an Era of Globalization". *Columbia Journal of Transnational Law*, vol. 40, 2002.

_____. "Transnational Private Law and Private Ordering in a Contested Global Society". *Harvard International Law Journal*, vol. 46, 2005.

WALKER, Neil. "EU Constitutionalism and New Governance". *In*: BÚRCA, Gráinne de; SCOTT, Joanne (Coord.). *Constitutionalism and New Governance in the European Union and the United States*. Oxford: Hart, 2006.

_____. "EU Constitutionalism in the State Constitutional Tradition". *European University Institute Law Working Paper*, nº 21, 2006.

WALTER, Christian. "Constitutionalizing (Inter)national Governance - Possibilities for and Limits to the Development of an International Constitutional Law". *German Yearbookf of International Law*, vol. 44, 2001.

WESCHKA, Marion. "Human Rights and Multinational Enterprises: How Can Multinational Enterprises be Held Responsible for Human Rights Violations". *ZaöRV*, vol. 66, 2006.

WILLKE, Hemut. *Stand und Kritik der neueren Grundrechtstheorie*: Schritte zu einer normativen Systemtheorie. Berlim: Duncker & Humblot, 1975.

WU, Timothy S. "Cyberspace Sovereignty? – the Internet and the International System". *Harvard Journal of Law & Technology*, vol. 10, 1997.

ZANGL, Bernhard; ZÜRN, Michael. "Make Law, Not War: Internationale und transnationale Verrechtlichung als Baustein für Global Governance". *In*: _____. (Coord.). *Verrechtlichung – Baustein für Global Governance?* Berlim: Dietz Verlag, 2004.

ZUMBANSEN, Peer. "Globalization and the Law: Deciphering the Message of Transnational Human Rights Litigation". *German Law Journal*, vol. 5, 2004.

_____. "Lex mercatoria: Zum Geltungsanspruch transnationalen Rechts". *RabelsZ*, vol. 67, 2003.

CAPÍTULO IV

PLURALISMO JURÍDICO COMO DESAFIO: SOBRE O SIGNIFICADO DO DIREITO INTERNACIONAL E DA COMPARAÇÃO JURÍDICA NA JURISPRUDÊNCIA DO TRIBUNAL CONSTITUCIONAL FEDERAL*

ANDREAS VOSSKUHLE

1 Qual caminho queremos seguir?

Neste ano, festejamos vários jubileus. Em maio, vemos os 70 anos da Constituição[1] e, do mesmo modo, há sete décadas, houve a recons-

---

1 *A contribuição remonta a uma conferência que foi pronunciada em 26 de abril de 2019, por ocasião do ato festivo de abertura do novo prédio do Instituto Max Planck para o Direito Público estrangeiro e Direito Internacional, em Heidelberg. Agradeço pelo valioso apoio na elaboração da conferência, ao meu assistente

trução do, originalmente fundado como Instituto Kaiser Wilhelm, Instituto Max Planck para o Direito Público Estrangeiro e o Direito Internacional (MPI). Na verdade, o instituto foi fundado em março de 1949, até mesmo um pouco antes de nossa Constituição.

A história de sucesso do MPI teve seu começo na "antiga Heidelberg". Foram locais da primeira hora, entre outros, a casa Riesenstein, nas margens da antiga cidade, assim como, mais tarde, a casa de Carl Bilfinger, no Caminho dos Filósofos.[2] Voltemos um pouco a essa época: dois juristas, na Heidelberg do ano 1949, caminhavam além das primeiras localizações do Instituto e iam pelo caminho dialogando sobre a Constituição que há pouco entrara em vigor, e sobre o futuro papel do Tribunal Constitucional Federal. Justamente, em 6 de maio, Carlo Schmidt, sob grande aplauso no parlamento, tinha-se pronunciado clara e penetrantemente, em favor de uma integração sobre-estatal da Alemanha.[3] Esse ponto de

---

científico no Tribunal Constitucional Federal, Sr. Juiz no Tribunal Administrativo, Dr. *Stefan Habermann*. (Original: VOSSKUHLE, Andreas. "Rechtspluralismus als Herausforderung: Zur Bedeutung des Völkerrechts und der Rechtsvergleichung in der Rechtsprechung des Bundesverfassungsgerichts". *ZaöRV*, 79, 2019, pp. 481-501).

Cf. as contribuições em HEINIG, Hans Michael; SCHORKOPF, Frank (Coord.). *70 Jahre Grundgesetz In welcher Verfassung ist die Bundesrepublik?* Göttingen: Vandenhoeck & Ruprecht, 2019.

2 MOSLER, H. "Das Max-Planck-Institut für ausländisches öffentliches Recht und Völkerrecht". *Heidelberger Jahrbücher*, XX, 1976, p. 53 (54); BERNHARDT, Rudolf; OELLERS-FRAHM, Karin. *Das Max-Planck-Institut für ausländisches öffentliches Recht und Völkerrecht*. Berlim: Springer, 2018, pp. 1 e ss.

3 DEUTSCHER BUNDESTAG; BUNDESARCHIV (Coord.). *Der Parlamentarische Rat 1948-1949*: Akten und Protokolle. vol. 9. Boppard: Boldt, 1996, p. 443 (nona sessão do plenário): "Nossa Constituição (...) faz (...) a cessão da disponibilidade de soberania a órgãos internacionais mais facilmente do que qualquer outra Constituição no mundo; ela torna as regras gerais do Direito Internacional parte componente do Direito Federal e prevê, para além disso (...) a conexão da Alemanha a um sistema de jurisdição arbitral e segurança coletiva".

partida teria, talvez, assim como a visão dos novos direcionamentos de pesquisa para o Direito Público Estrangeiro, levado um dos caminhantes à tese de que o Direito Estrangeiro experimentaria, na prática do Tribunal Constitucional Federal, um inesperado florescimento. O Tribunal Constitucional trabalharia sob a influência do Direito Internacional em perspectiva comparativa abrangente, seria assegurado e acompanhado por um intercâmbio institucionalizado entre os Tribunais, assim como por uma rede internacional de juízes constitucionais. Em suma, a comparação jurídica deveria, no futuro, caracterizar e determinar o quotidiano profissional de cada jurista constitucional.

Provavelmente, o seu interlocutor ter-se-ia oposto e argumentado que apenas a ordem jurídica própria é invocada para a solução de um problema concreto. Nem os sistemas jurídicos estrangeiros nem a jurisprudência de Tribunais estrangeiros poderiam penetrar no círculo jurídico próprio e influenciá-lo. Além disso, haveria um *déficit* prático: a comparação jurídica carece de material e método, não servindo para a interpretação constitucional.

Quem teve, sob a perspectiva atual, razão? A seguir, eu gostaria de enfrentar essa questão com vistas aos âmbitos de pesquisa do Instituto Max Planck – o Direito Internacional assim como o Direito Público de outros Estados – e de seu significado no trabalho do Tribunal Constitucional Federal.

2 Abertura da Constituição ao Direito Internacional como negativa da introversão estatal-nacional

Consideremos, primeiramente, o Direito Internacional, ao qual se refere a Constituição em diferentes lugares. O preâmbulo de nossa Constituição declara-se partidário de uma Europa unida e obriga-se à exigência da paz no mundo; o art. 25, § 1 da Constituição incorpora as regras gerais do Direito Internacional na ordem jurídica alemã; o art. 59 da Constituição diz respeito ao Direito Contratual Internacional. O princípio orientador, que se exprime nessas determinações constitucionais, de uma "estatalidade aberta",[4] e da cooperação e integração estatal internacional, consiste no modelo contrário a um Estado fechado, cerrado ao exterior o quanto mais possível, como pensou Johann Gottlieb Fichte[5] ainda no início do século XIX.

A interdependência sobre-estatal do Estado constitucional alemão e da vinculação da República Federal da Alemanha ao Direito Internacional influenciam a discussão científica no âmbito do Direito Público.[6] O Direito Internacional pode ser compreendido a partir de diversas perspectivas regionais e culturais, para as quais se aplicam diversos métodos e abordagens e podem tornar-se frutíferos para a ciência do Direito Internacional.[7] Na época de sua atuação, o Instituto Max Planck contribuiu para renovar significativas partes desse campo da ciência jurídica e para cultivá-lo continuamente. Disso convence não apenas um grande número de publicações de peso sobre esse campo – devem-se mencionar as contribuições publicadas por Armin von Bogdandy e Anne Peters e que, nesse intermédio, chegaram a mais de 270 volumes sobre o Direito Público estrangeiro e o Direito Internacional, assim como a *Zeitschrift für ausländisches öffentliches Recht und Völkerrrecht* (ZaöRV). Também mediante encontros e simpósios com cientistas

---

4 A construir o conceito, VOGEL, Klaus. *Die Verfassungsentischeidung des Grundgesetzes für eine internationale Zusammenarbeit*. Tübingen: Mohr, 1964, pp. 42 e ss.

5 FICHTE, Johann Gottlieb. *Der geschloßne Handelstaat*: ein philosophischer Entwurf als Anhang zur Rechtslehre und Probe einer künftig zu liefernden Politik. Tübingen: J. G. Cotta, 1800.

6 Cf. sobre isso, BOGDANDY, Armin von. "Prinzipien von Staat, supranationalen und internationalen Organisationen". *In*: ISENSEE, Josef; KIRSCHOF, Paul. *Handbuch des Staatsrechts der Bundesrepublik Deutschland*. vol. 11, 3ª ed. Heidelberg: Müller, 2013, § 232, Rn. 4, 8 ss.

7 PETERS, Anne. Die "Zukunft der Völkerrechtswissenschaft: Wider den epistemischen Nationalismus". *ZaöRV*, vol. 67, 2007, p. 721 (747 e ss.).

nacionais e internacionais, o Instituto Max Planck experimentou, além das fronteiras da Alemanha, um grande prestígio profissional e contribuiu, por esse meio, para um intercâmbio cientifico aberto, não limitado ao respectivo âmbito jurídico.

A jurisprudência também está implicada pela internacionalização do Direito (Público). A partir disso, não surpreende que o Tribunal Constitucional Federal, desde cedo e – em termos comparativos – frequentemente, tenha lidado com questões de Direito Internacional.[8] Já o primeiro volume da coleção oficial reflete o significado do Direito Internacional na realidade jurídica da jovem República Federativa. Assim, o Tribunal, em algumas de suas primeiras decisões, já tange as regras gerais do Direito Internacional.[9] Em particular, os acordos de Direito Internacional da jovem República exercem um papel significativo na jurisprudência constitucional, como nas decisões sobre o Acordo de Peterburgo,[10] sobre o Acordo Econômico alemão-francês[11] ou acerca da Convenção sobre as relações fundamentais entre as Três Potências e a República Federal da Alemanha.[12]

No período seguinte, o Tribunal Constitucional Federal esforçou-se para situar o princípio da abertura ao Direito Internacional

---

8 Uma compilação em SCHORKOPF, Frank. "Völkerrechtsfreundlichkeit und Völkerrechtsskepsis in der Rechtsprechung des Bundesverfassungsgerichs". *In*: GIEGERICH, Thomas. *Der "offene Verfassungsstaat" des Grundgesetzes nach 60 Jahren*. Berlim: Duncker & Humblot, 2010, p. 131 (133 e ss.); cf., também, FROWEIN, Jochen Abr. "Das Bundesverfassungsgericht und die Europäische Menschenrechtskonvention". *In*: FÜRST, Walther; HERZOG, Roman; UMBACH, Dieter C. (Coord.). *Festschrift für Wolfgang Zeidler*. vol. 2. Berlim: De Gruyter, 1987, pp. 1763 e ss.

9 Cf. sobre o art. 25 da Constituição, *BVerfGE* 1, 14 (51) (*Südweststaat*); 1, 208 (239 s.) (*7, 5 % - Sperrklausel*); 1, 322 (329) (*Zwangsverleihungen deutscher Staatsangehörigkeit*).

10 *BVerfGE* 1, 351 (366 ss.).

11 *BVerfGE* 1, 372 (380 ss.).

12 *BVerfGE* 1, 396 (410 ss.).

na dogmática do Direito Constitucional e para esclarecer melhor seu conteúdo, tratando-se, ainda, de estabelecer os limites da abertura ao Direito Internacional. Pode-se, nesse momento, falar talvez de uma "fase de construção" do Direito Internacional.

Em sua decisão sobre a questão se a baixa Saxônia tinha violado, com sua lei escolar de 1954, a concordata do império (Reich) de 1933, o Tribunal derivou o princípio da abertura ao Direito Internacional, primeiramente, do art. 25 da Constituição.[13] Mais tarde, ele ampliou o fundamento normativo da abertura ao Direito Internacional e apoiou a "tendência de abertura ao Direito Internacional" da Constituição tanto no preâmbulo e nas previsões dos arts. 24 e 25 (oportunamente, também do art. 26) da Constituição,[14] como no art. 1º, § 2º da Constituição.[15] Nele se declara: "O povo alemão declara-se partidário dos direitos humanos invioláveis e indisponíveis como fundamento de cada comunidade humana, da paz e da justiça no mundo".

Nisso se pode ler mais do que um princípio programático não vinculante. A Constituição não é apenas aberta à Europa e ao Direito Internacional, mas também, especificamente, aos direitos humanos.[16]

---

13 *BVerfGE* 6, 309 (362 s.) (*Reichskonkordat*).

14 *BVerfGE* 63, 343 (370) (*Rechtshilfevertrag zwischen Deutschland und Österreich*).

15 *BVerfGE* 31, 58 (75) (Spanier).

16 VOSSKUHLE, Andreas. "Menschenrechtsschutz durch die Europäischen Verfassungsgerichte". *RdA*, vol. 68, 2015, p. 336 (337 e ss.); cf., já, SOMMERMANN, Karl-Peter. "Völkerrechtlich garantierte Menschenrechte als Maßtab der Verfassungskonkretisierung - Die Menschenrechtsfreundlichkeit des Grundgesetzes". *Archiv des öffentlichen Rechts*, vol. 114, 1989, p. 391 (419 e ss.); FROWEIN, Jochen Abr. "Kritische Bemerkungen zur Lage des deutschen Staatsrechts aus rechtsvergleichender Sicht". *DÖV*, vol. 51, 1998, p. 806 (808 e ss.).

Sob o ponto de vista do conteúdo, a abertura da Constituição ao Direito Internacional exige três coisas:[17] primeiramente, os órgãos estatais alemães estão obrigados, no sentido de uma ordem de atenção, a cumprir as normas de Direito Internacional que vinculam a República Federal da Alemanha, e a abster-se, dentro da possibilidade, de violações. O Poder Público geral tem de opor-se ao desmoronamento da base jurídica de Direito Internacional e intraestatal. Além disso, o legislador da ordem jurídica alemã tem de garantir que as violações de Direito Internacional possam ser corrigidas pelos próprios órgãos estatais. Por fim, os órgãos estatais alemães podem ser obrigados a fazer valer o Direito Internacional no próprio âmbito de responsabilidade, quando outros Estados o violarem. Ademais, o princípio da abertura ao Direito Internacional serve, especialmente em vista da Convenção Europeia sobre Direitos Humanos (EMRK), como "meios de interpretação" para os direitos fundamentais, para os princípios jurídico-estatais da Constituição, assim como para o simples Direito.[18] Cabe ao texto da Convenção um efeito de difusão diante da interpretação constitucional; as decisões de princípio da Corte Europeia para os Direitos do Homem desenvolvem uma função normativa de condução e orientação.[19] Não é uma obviedade que um acordo de Direito Internacional com posição de lei influencie

---

17 Cf. *BVerfGE* 112, 1 (26) (*Alteigentümer*).

18 Fundamentalmente, *BVerfGE* 128, 326 (366 ss.) (*Sicherungsverwahrung II*); 148, 296 (350 ss., Rn. 126 ss.).

19 MANGOLDT, Hermann von; KLEIN, Friedrich; STARCK, Christian. *Kommentar zum Grundgesetz*. 7ª ed. (editado por Andreas Vosskuhle). München: C. H. Beck, 2018, Rn. 88a, com várias notas. Crítico à consideração da Convenção Europeia de Direitos Humanos como meio auxiliar da interpretação, HILLGRUBER, Christian. "Die Bedeutung der Rechtsvergleichung für das deutsche Verfassungsrecht und die verfassungsgerichtliche Rechtsprechung in Deutschland". *JÖR*, vol. 63, 2015, p. 367 (374 e nt. 23). Sobre a situação jurídica na Alemanha, GRABENWARTER, Christoph; PABEL, Katharina. *Europäische Menschenrechtskonvention*. 6ª ed. München: C. H. Beck, 2016, § 3, Rn. 8 ss.

a Constituição nacional. Para a Alemanha, porém, isso decorre do alinhamento de conteúdo aos direitos humanos da Constituição.[20]

Essas análises superficiais já tornam claro que a Constituição não é uma "fortaleza", nem o Tribunal Constitucional Federal é a instância que alça a ponte levadiça diante das influências internacionais (sobre-estatais). A tese do isolamento, apresentada inicialmente, portanto, não se verificou.

Como vai, hoje, o princípio da abertura ao Direito Internacional na jurisprudência do Tribunal Constitucional Federal? O princípio condutor da abertura ao Direito Internacional caracteriza, tanto quanto antes, o diálogo frutífero dos direitos humanos entre Estrasburgo e Karlsruhe e vincula o exercício da soberania estatal com a concepção do trabalho conjunto do Direito Internacional sempre no novo. Dado que o Tribunal Constitucional Federal verifica reclamações constitucionais contra atos do Poder Público alemão, vinculáveis, afinal, ao modelo da Constituição, enquanto a Corte Europeia dos Direitos do Homem afere a existência ou não de uma violação da convenção, apenas com base no modelo da Convenção Europeia para os Direitos Humanos, não se excluem, *per se*, autênticos conflitos de competência entre os dois Tribunais, mas raramente permaneceram.[21] A relação entre ambos os Tribunais pode ser, antes, descrita como construtiva. A Liga Europeia de Corte Constitucional

---

20 Cf. também, *BVerfGE* 128, 326 (369) (*Sicherungsverwahrung II*).

21 Cf. sobre isso, VOSSKUHLE, Andreas. "Der europäische Verfassungsgerichtsverbund". *NVwZ*, vol. 29, 2010, p. 1 (4); NUßBERGER, Angelika. "Die Europäische Menschenrechtskonvention – eine Verfassung für Europa?" *JuristenZeitung*, vol. 74, 2019, p. 421 (427).

não se fundamenta no confronto, mas na cooperação.[22] Assim, os Tribunais não estão, como se diz às vezes, "desligados um do outro".[23]

Um exemplo recente do esforço para assegurar uma coerência jurisprudencial de conteúdo entre Estrasburgo e Karlsruhe é representado pela decisão NPD do Tribunal Constitucional Federal, no ano de 2017. O Segundo Senado aproveitou a afirmação de que a Corte Europeia de Direitos Humanos, em sua jurisprudência sobre a proibição de partidos, derivou da Convenção Europeia para os Direitos Humanos.[24] Ao fazer referência às suas realizações no julgamento sobre *Prisão Cautelar II*,[25] o Tribunal Constitucional Federal enfatizou, nesse contexto, o significado da Convenção Europeia para os Direitos Humanos como meio de interpretação para o Direito Constitucional alemão. Esse processo dialógico, essa ligação estreita dos dois Tribunais, é essencial para a finalidade comum de ambas as instituições jurisprudenciais: um sistema conclusivo de garantia dos direitos humanos na Europa. O fato de que esse fim, em geral, por causa de desenvolvimentos em países como Rússia,[26]

---

22 Cf. sobre a relação caracterizada por respeito, compreensão e tolerância entre a Corte da Comunidade Europeia e o Tribunal Constitucional Federal, HALBERSTAM, Daniel. "Local, Global and Plural Constitutionalism: Europe Meets the World". *In*: BÚRCA, Gráinne de; WEILER, Joseph (Coord.). *The Worlds of European Constitutionalism*. Cambridge: Cambridge University Press, 2012, p. 150 (161).

23 Assim, porém, HILLGRUBER, Christian. "Die Bedeutung der Rechtsvergleichung für das deutsche Verfassungsrecht und die verfassungsgerichtliche Rechtsprechung in Deutschland". *JÖR*, vol. 63, 2015, p. 386.

24 *BVerfGE* 144, 20 (234 ss., Rn. 607 ss.); cf., porém, KINGREEN, Thorsten. "Auf halbem Weg von Weimar nach Straßburg: das Urteil des Bundesverfassungsgerichts im NPD-Verbotsverfahren". *Juristische Ausbildung*, vol. 39, 2017, p. 499 (505), que critica o fato de a jurisprudência da Corte da Comunidade Europeia ter assumida um papel tão marginal no caso NPD.

25 *BVerfGE* 128, 326 (366 ss.).

26 Sobre isso, HARTWIG, Matthias. "Vom Dialog zum Disput? Verfassungsrecht vs. Europäische Menschenrechtskonvention – der Fall

Turquia, Hungria e Polônia, foi novamente colocado à distância,[27] não deveria dissuadir-nos desse caminho.[28]

Um componente importante para um "diálogo dos Tribunais"[29] é, por outro lado, a vocação do Direito Internacional para a diversidade e a pluralidade até mesmo na forma das tradições constitucionais do Estado nacional. Na Alemanha, a própria Constituição estabelece certos limites à sua interpretação, à luz do Direito Internacional e também da Convenção Europeia de Direitos Humanos: a metodologia jurídica não pode ser descartada; a identidade constitucional (art. 79, § 3º da Constituição) deve ser preservada.[30] Em suma: não se devem abandonar todas as particularidades da ordem constitucional alemã.[31] Uma sensibilidade particular é mostrada também diante das relações multipolares dos direitos fundamentais, nas quais um

---

der Russländischen Föderation". *Europäische Grundrechte-Zeitschrift*, vol. 44, 2017, p. 1 (19 e ss.).

27 Mais pormenorizadamente sobre isso, NUßBERGER, Angelika. "Wenn Selbstverständliches nicht mehr selbstverständlich ist: Zum Status quo des Menschenrechtsschutzes in Europa". *JuristenZeitung*, vol. 73, 2018, pp. 845 e ss., com outras notas.

28 Sobre isso, HARTWIG, Matthias. "Vom Dialog zum Disput? Verfassungsrecht vs. Europäische Menschenrechtskonvention – der Fall der Russländischen Föderation". *Europäische Grundrechte-Zeitschrift*, vol. 44, 2017, pp. 19 e ss.

29 Cf. VOSSKUHLE, Andreas. "Der europäische Verfassungsgerichtsverbund". *NVwZ*, vol. 29, 2010, p. 1; NUßBERGER, Angelika. "Die Europäische Menschenrechtskonvention – eine Verfassung für Europa?" *JuristenZeitung*, vol. 74, 2019, p. 427. Criticamente sobre o conceito, HILLGRUBER, Christian. "Die Bedeutung der Rechtsvergleichung für das deutsche Verfassungsrecht und die verfassungsgerichtliche Rechtsprechung in Deutschland". *JÖR*, vol. 63, 2015, p. 386.

30 Sobre ambos os aspectos, *BVerfGE* 128, 326 (371) (*Sicherungsverwahrung II*).

31 Cf. também, HWANG, S.-P. "'Auslegungshilfe' ernst genommen: zum Spannungsverhältnis zwischen der EMRK und dem GG am Beispiel des beamtenrechtlichen Strekverbots". *VerwArch*, vol. 108, 2017, p. 366 (382).

mais em liberdade para um titular de direito fundamental significa, em regra, e ao mesmo tempo, um menos em liberdade para outro titular de direito fundamental.[32] Isto esclarece tudo: a relação entre a Corte Europeia de Direitos Humanos e o Tribunal Constitucional Federal não é assim nem uma questão de simples sobre ou subordenação, nem de paralelismo, mas delineia, com a Liga do Tribunal Constitucional, um sistema complexo de vários planos. Por fim, o instrumento da contextualização não pode ser útil para a criação de um equilíbrio adequado entre, de um lado, a concepção do efeito de condução e de orientação e, de outro lado, a necessidade de consideração das particularidades nacionais. Trata-se, aqui, para além dos casos "*inter partes*" do art. 46 da Convenção Europeia para os Direitos Humanos,[33] de observar as circunstâncias do respectivo caso e valorar tanto o suporte fático concreto quanto os substratos jurídico-culturais, nos quais o primeiro está inserido. O Segundo Senado tornou fecunda essa perspectiva no último ano, em sua decisão acerca da proibição da greve de funcionários públicos.[34]

3 Comparação jurídica nos bastidores da jurisprudência constitucional

Se as relações com o Direito Internacional são claramente protegidas nas decisões do Tribunal Constitucional Federal, frequentemente

32 *BVerfGE* 128, 326 (371) (*Sicherungsverwahrung II*); GRABENWARTER, Christoph; PABEL, Katharina. *Europäische Menschenrechtskonvention*. 6ª ed. München: C. H. Beck, 2016, § 3, Rn. 10, com outras notas.

33 Cf. sobre isso, FROWEIN, Jochen Abr; PEUKERT, Wolfgang. *Europäische Menschenrechtskonvention, Kommentar*. 3ª ed. Kehl am Rhein: Engel, 2009, art. 46, Rn. 1 ss.

34 Cf. *BVerfGE* 148, 296 (354, Rn. 132); sobre a diferenciação entre eficácia de vigência e de orientação, já GRABENWARTER, Christoph; PABEL, Katharina. *Europäische Menschenrechtskonvention*. 6ª ed. München: C. H. Beck, 2016, § 16, Rn. 8 ss.

comunicadas pela mídia,[35] isso não se dá, na mesma medida, para o âmbito da comparação jurídica e, particularmente, da comparação constitucional. Nesse caso, também o método comparativo amplia sua visão para normas além da própria Constituição, e possibilita o trabalho com outros sistemas jurídicos, embora com a vinculatividade jurídica do Direito europeu ou do Direito Internacional não.[36]

3.1 Comparação jurídica e comparação constitucional no espelho do tempo

A comparação jurídica é uma disciplina tradicional, que remonta, em seus princípios, à Antiguidade. Já nos escritos de *Aristóteles* (Política), *Platão* (Leis) e *Teofrasto* (Sobre as leis), encontram-se reflexões sobre diversos fenômenos jurídicos e codificações.[37] Ao falar-se, hoje, de comparação jurídica, quer-se referir, com isso, raramente, a suas antigas características, mas, antes, a comparação jurídica como ela tem sido praticada há um bom século.[38] Essa comparação jurídica moderna passou por diversas épocas: fases de desilusão

---

35 Cf. o mais recente relatório em "CETA" ou, sobre a transferência de um convênio de bitributação pela lei intraestatal ("*Treaty Override*").

36 Cf. também, HERDEGEN, Matthias. "Internationalisierung der Verfassungsordnung". *In*: DEPENHEUER, Otto; GRABENWARTER, Christoph. *Verfassungstheorie*. Tübingen: Mohr Siebeck, 2010, p. 7, Rn. 30: método jurídico comparativo como "forma branda de manifestação" da internacionalização das ordens constitucionais.

37 Sobre a história da comparação jurídica, ZWEIGERT, Konrad; KÖTZ, Hein. *Einführung in die Rechtsvergleichung*. 3ª ed. Tübingen: Mohr Siebeck, 1996; cf. também, HUG, Walter. "The History of Comparative Law". *Harvard Law Review*, vol. 45, 1932, p. 1027 (1029 e ss.); HIRSCHL, Ran. *Comparative matters*: the renaissance of comparative constitutional law. Oxford: Oxford University Press, 2014, pp. 77 e ss.

38 O congresso parisiense de comparação do Direito (*Congrès international de droit comparé*) de 1900 é visto como importante impulsionador para a moderna comparação jurídica. Cf., sobre isso, também, MICHAELS, Ralf. "Im Westen nichts Neues? 100 Jahre Pariser Kongreß für Rechtsvergleichung – Gedanken anläßlich einer Jubiläumskonferenz in New Orleans". *RabelsZ*, vol. 66, 2002, p. 97 (98 e ss.).

alternam-se com fases de florescimento.[39] Aquilo que vale, em geral, para a comparação jurídica, cujo principal campo, durante muito tempo, foi a comparação do Direito Privado,[40] diz respeito à comparação no Direito Público e, aqui, particularmente, a comparação constitucional. Justamente na jovem República Federativa, as vistas direcionaram-se pouco além da própria Constituição. Se, em parte, devem-se reconhecer[41] impulsos de comparação jurídica no processo

---

39 Cita-se como significativo "acontecimento institucional", na literatura dedicada à comparação constitucional, a fundação, ocorrida em 1924, do Instituto Kaiser-Wilhelm, para o Direito Público estrangeiro e internacional, atual Instituto Max-Planck para o Direito Público estrangeiro e internacional. Cf. WIESER, Bernd. *Vergleichendes Verfassungsrecht*. Wien: Springer, 2005, p. 12.

40 Cf. ZWEIGERT, Konrad; KÖTZ, Hein. *Einführung in die Rechtsvergleichung*. 3ª ed. Tübingen: Mohr Siebeck, 1996, p. 3; BERNHARDT, Rudolf. "Eigenheiten und Ziele der Rechtsvergleichung im öffentlichen Recht". *ZaöRV*, vol. 24, 1963, p. 431; sobre a história da comparação jurídica no Direito Administrativo, cf. SCHMIDT-AßMANN, Eberhard. "Zum Standort der Rechtsvergleichung im Verwaltungsrecht". *ZaöRV*, vol. 78, 2018, p. 807 (813 e ss.).

41 Iniciativas comparativas provisórias no Conselho Parlamentar, com vistas ao princípio democrático (JÖR 1 [1951], 197), assim como sobre a transferência dos direitos de soberania (JÖR 1 [1951], 223 e DEUTSCHER BUNDESTAG; BUNDESARCHIV (Coord.). *Der Parlamentarische Rat 1948-1949*: Akten und Protokolle. vol. 9. Boppard: Boldt, 1996); outros exemplos: JÖR 1 (1951), 65 (art. 2, Constituição), 409 e PETERS, Anne. Die "Zukunft der Völkerrechtswissenschaft: Wider den epistemischen Nationalismus". *ZaöRV*, vol. 67, 2007 (art. 56, Constituição), pp. 897 e ss., e DEUTSCHER BUNDESTAG; BUNDESARCHIV (Coord.). *Der Parlamentarische Rat 1948-1949*: Akten und Protokolle. vol. 9. Boppard: Boldt, 1996 (art. 139, Constituição). Cf., sobre a orientação do Conselho Parlamentar quanto à noção dos aliados, também SCHMID, Carlo. *Erinnerungen*. Bern: Scherz, 1979, pp. 368 e ss. Em geral, também, HALLER, Walter. "Verfassungsvergleichung als Impuls für die Verfassungsgebung". *In*: HÄNNI, Peter. (Coord.). *Mensch und Staat, Festschrift für Thomas Fleiner zum 65. Geburtstag*. Freiburg: Universitätsverl, 2003, pp. 311 e ss.; assim como FUCHS, Claudia. "Verfassungsvergleichung und Gesetzgebung". *Journal für Rechtspolitik*, vol. 21, 2013, pp. 2 e ss.; além disso, também, BERNHARDT, Rudolf.

de criação da Constituição e, assim, na política constitucional ("comparação jurídica legislativa"), a ciência jurídica estatal do período pós-guerra não pode atestar uma profunda consideração do Direito Público estrangeiro.[42] A comparação jurídica (científico-teórica) tinha sido pouco definida nos quadros da interpretação constitucional. Pode-se apenas especular sobre os motivos para o foco da ciência jurídica estatal principalmente no próprio Direito (Positivo): possíveis barreiras linguísticas, carência de capacidade pessoal para a verificação e valoração do material estrangeiro, uma concentração na superação do Direito posto na época do nacional-socialismo e a implementação do Direito criado no pós-guerra, como também uma metodologia ainda pouco desenvolvida de comparação jurídica no Direito Público alemão e, mais tarde, possivelmente também a satisfação com o "modelo bem sucedido" de Constituição.[43]

A comparação jurídica experimentou, no Direito Público, um novo impulso no decorrer dos anos 80 do século passado. Iniciado, seguramente, pelos trabalhos não menos importantes, de Peter Häberle[44] e, sob a perspectiva política mundial, acompanhado pela

---

"Eigenheiten und Ziele der Rechtsvergleichung im öffentlichen Recht". *ZaöRV*, vol. 24, 1963, pp. 443 e ss.

42 SCHÖNBERGER, Christoph. "Verfassungsvergleichung heute: der schwierige Abschied vom ptolemäischen Weltbild". *VRÜ*, vol. 43, 2010, p. 6 (7 e ss.), fala de um "quadro mundial ptolomaico da ciência do Direito Público"; cf., para o Direito Administrativo, SCHMIDT-AßMANN, Eberhard. "Zum Standort der Rechtsvergleichung im Verwaltungsrecht". *ZaöRV*, vol. 78, 2018, p. 815.

43 Cf. também, FROWEIN, Jochen Abr. "Kritische Bemerkungen zur Lage des deutschen Staatsrechts aus rechtsvergleichender Sicht". *DÖV*, vol. 51, 1998, p. 806; sobre outros fundamentos, SCHÖNBERGER, Christoph. "Verfassungsvergleichung heute: der schwierige Abschied vom ptolemäischen Weltbild". *VRÜ*, vol. 43, 2010, pp. 12 e ss.

44 HÄBERLE, Peter. "Grundrechtsgeltung und Grundrechtsinterpretation im Verfassungstaat". *JuristenZeitung*, vol. 44, 1989, pp. 913 e ss.; HÄBERLE, Peter. "Die Entwicklungsländer im Prozeß der Textstufendifferenzierung des Verfassungsstaates". *VRÜ*, vol. 23, 1990, pp. 225 e ss.; HÄBERLE, Peter. "Gemeineuropäisches

reunificação e pela queda da "cortina de ferro", o trabalho com o Direito Público de outros Estados aumentou.[45] Se, primeiramente, essa mudança não foi tão definida, a orientação para a comparação constitucional acelerou-se claramente nos últimos anos.[46] Na literatura em língua alemã, atestam-no o manual *Ius Publicum Europaeum*,[47] publicado desde o ano de 2007 por Armin von Bogdandy e Peter M. Huber, concernente ao Direito europeu e, até o momento, cobrindo oito volumes, assim como o grande manual sobre comparação jurídica de Uwe Kischel,[48] que pôde apresentar suas percepções, de forma bastante simplificada, na último encontro da Associação Alemã de Professores de Direito do Estado, em Saarbrücken.[49] O interesse na comparação constitucional cresce, imperceptivelmente também no círculo jurídico do *common law*.[50] Assim, desde a virada do milênio,

---

Verfassungsrecht". *EuGRZ*, vol. 19, 1991, p. 261; HÄBERLE, Peter. "Dei Entwicklungsstufe des heutigen Verfassungsstaates". *Rechtstheorie*, vol. 22, 1991, pp. 431 e ss.

45 STARCK, Christian. "Rechtsvergleichung im Öffentlichen Recht". *JuristenZeitung*, vol. 24, 1997, pp. 1021 e ss.; GROTE, Rainer. "Rechtskreise im öffentlichen Recht". *AÖR*, vol. 126, 2001, pp. 10 e ss.; WAHL, Rainer. "Verfassungsvergleichung als Kulturvergleichung". *In*: _____. *Verfassunsstaat, Europäisierung, Internationalisierung*. Berlim: Suhrkamp, 2003, pp. 96 e ss.; BAER, Susanne. "Verfassungsvergleichung und reflexive Methode: Interkulturelle und intersubjektive Kompetenz". *ZaöRV*, vol. 64, 2004, pp. 735 e ss.

46 SCHNEIDER, Hans-Peter. "Verfassung und Verfassungsrecht im Zeichen der Globalisierung – zwischen nationaler Entgrenzung und transnationaler Entfaltung". *JÖR*, vol. 65, 2017, p. 295 (309 e ss.).

47 BOGDANDY, Armin von; HUBER, Peter M. (Coord.). *Handbuch Ius Publicum Europaeum*, vol. 1-8, 2007-2019.

48 KISCHEL, Uwe. *Rechtsvergleichung*. München: C. H. Beck, 2015.

49 KISCHEL, Uwe. "Fragmentierung im Öffentlichen Recht: Diskursvergleich im internationalen und nationalen Recht". *VVDStRL*, vol. 77, 2018, pp. 285 e ss.

50 JAKAB, András. *European Constitutional Language*. Cambridge: Cambridge University Press, 2016, p. 55, fala, neste ponto, de uma "moda global".

apareceram ao lado de uma série de relevantes artigos,[51] muitas obras largamente abrangentes sobre o *comparative constitutional law*.[52]

O crescente engajamento para a comparação jurídica no Direito Público pode também estar ligado ao surgimento de novos materiais de comparação. Após a queda das ordens constitucionais socialistas, com o fim da Guerra Fria, os Estados do Leste da Europa orientaram-se à transformação em Estados Constitucionais Democráticos, conforme os modelos ocidentais[53] – um fato que deve ser urgentemente lembrado em vista dos acontecimentos atuais e muito preocupantes na Polônia e Hungria. Também em outras partes do

---

51 HIRSCHL, Ran. "The Question of Case Selection in Comparative Constitutional Law". *The American Journal of Comparative Law*, vol. 53, 2015, pp. 125 e ss.; JACKSON, Vicki C. "Constitutional Comparisons: Convergence, Resistance, Engagement". *Harvard Law Review*, vol. 119, 2005; POSNER, Eric A.; SUNSTEIN, Cass R. "The Law of Other States". *Stanford Law Review*, vol. 59, 2006, pp. 131 e ss.; RAHDERT, Mark. "Comparative Constitutional Advocacy". *American University Law Review*, vol. 56, 2007, pp. 553 e ss.; BROWN, Nathan J. "Reason, Interest, Rationality, and Passion in Constitution Drafting". *Perspectives on Politics*, vol. 6, 2008, pp. 675 e ss.; BENVENISTI, Eyal. "Reclaiming Democracy: the Strategic Uses of Foreign and International Law by National Courts". *The American Journal of International Law*, vol. 102, 2008, pp. 241 e ss.; FONTANA, David. "The Rise and Fall of Comparative Constitutional Law in the Postwar Era". *Yale Journal of International Law*, vol. 36, 2011, pp. 1 e ss.; LAW, David S.; VERSTEEG, Mila. "Sham Constitutions". *California Law Review*, vol. 101, 2013, pp. 863 e ss.; TUSHNET, Mark. "Authoritarian Constitutionalism". *Cornell Law Review*, vol. 100, 2015, pp. 391 e ss.

52 DORSEN, Norman; ROSENFELD, Michel; SAJÓ, Andras; BAER, Susanne. *Comparative constitutionalism*: cases and materials. Saint Paul: West Academic, 2016; ROSENFELD, Michel; SAJÓ, Andras (Coord.). *The Oxford handbook of comparative constitutional law*. Nova York: Oxford University Press, 2012; ANDENAS, Mads; FAIRGRIVE, Duncan (Coord.). *Courts and Comparative Law*. Oxford: Oxford University Press, 2015; mais recente, TUSHNET, Mark (Coord.). *Comparative Constitutional Law*. vol. 1-3. Cheltenham: Elgar, 2017.

53 WIESER, Bernd. *Vergleichendes Verfassungsrecht*. Wien: Springer, 2005, p. 13.

mundo, como a África do Sul e alguns Estados da América do Sul, chegou-se a novas criações constitucionais.[54] O interesse na comparação no Direito Público também promoveu, seguramente, e de maneira geral, o entrelaçamento internacional e a unificação jurídica. Problemas, que hoje estão relacionados com o surgimento de novas tecnologias ou a modificação da sociedade, não são radicados em termos nacionais, mas de extensão global.[55] Por fim, cresce o significado dos textos de Direito Internacional e europeu e das decisões dos Tribunais – fontes que, por sua vez, invocam, comparativamente, o Direito Estrangeiro.[56]

Independentemente disso, a comparação constitucional apresenta, em geral, uma particularidade diante da comparação

---

54 ROSENFELD, Michel; SAJÓ, Andras (Coord.). *The Oxford handbook of comparative constitutional law*. Nova York: Oxford University Press, 2012, p. 1; DORSEN, Norman; ROSENFELD, Michel; SAJÓ, Andras; BAER, Susanne. *Comparative constitutionalism*: cases and materials. Saint Paul: West Academic, 2016, pp. 1 e ss.

55 Exemplos em KOOPMANS, T. "Comparative Law and the Courts". *The International and Comparative Law Quarterly*, vol. 45, 1996, p. 545 (549); sobre isso, também POLI, M. D. "Der horizontale Dialog zwischen Verfassungsgerichten bzw. Rechtsvergleichung in den Verfassungsrerichtssälen". *In*: BROEMEL, Roland; KRELL, Paul; MUTHORST, Olaf; PRÜTTING, Jens (Coord.). *Prozessrecht in nationaler, europäischer und globaler Perspektive*. Tübingen: Mohr Siebeck, 2017, p. 43 (45); JAKAB, András. *European Constitutional Language*. Cambridge: Cambridge University Press, 2016, p. 55; JAKAB, András. "Judicial Reasoning in Constitutional Courts: a European Perspective". *German Law Journal*, vol. 14, 2013, p. 1215 (1252).

56 Sobre isso, em geral, ZEMANCK, Karl. "Was kann die Vergleichung staatlichen öffentlichen Rechts für das Recht der internationalen Organisationen leisten?" *ZaöRV*, vol. 24, 1964, p. 453 (461 e ss.); RESS, Georg. "Die Bedeutung der Rechtsvergleichung für das Recht internationaler Organisationen". *ZaöRV*, vol. 36, 1976, p. 227 (243 e ss.); KISCHEL, Uwe. *Rechtsvergleichung*. München: C. H. Beck, 2015, § 2, Rn. 81 ss.; cf., também, o art. 38, Abs. 1, lit. c do Estatuto da Corte Internacional: "A Corte, cuja tarefa consiste em decidir os conflitos a ela submetidos conforme o Direito Internacional, recorre aos (...) princípios jurídicos gerais reconhecidos pelos povos cultos (...)".

jurídica, consistente no próprio material de comparação. Textos constitucionais diferenciam-se do simples Direito Legal pelo, em regra, grande número de conceitos jurídicos indeterminados, que necessitam de concretização. Não se excluem definições legais na Constituição,[57] mas são elas raras. Por isso, os textos constitucionais apresentam uma alta densidade de princípios jurídicos gerais (abstratos), determinações de finalidades estatais e princípios de estrutura.[58] O potencial[59] de comparação constitucional reside na grande abertura de interpretação decorrente disso, ainda que os trabalhos de comparação jurídica não devam tornar-se, por isso, mais fáceis.[60] Por outro lado, as Constituições e o Direito Constitucional estão estreitamente ligados com um Estado concreto como objeto de referência. Esse relacionamento com o objeto para a interpretação constitucional, que, tradicionalmente, ocorre mediante a jurisdição constitucional de uma nação, é, às vezes, descrita como "inibidora de comparação".[61]

Contudo, seria incorreto não reconhecer uma abertura para as reflexões comparativas para aqueles Estados cujo Direito Constitucional é fortemente caracterizado pela jurisprudência de

---

57 Cf. sobre o conceito de "alemão", o art. 116, Abs. 1, Constituição.

58 BOGDANDY, Armin von. *Gubernative Rechtsetzung*. Tübingen: Mohr Siebeck, 2000, p. 19; WENDEL, Mattias. "Richterliche Rechtsvergleichung als Dialogform: Die Integrationsrechtsprechung nationaler Verfassungsgerichte in gemeineuropäischer Perspektive". *Der Staat*, vol. 52, 2013, p. 339 (356).

59 Cf. BOGDANDY, Armin von. *Gubernative Rechtsetzung*. Tübingen: Mohr Siebeck, 2000, p. 11.

60 Sobre a convicção, às vezes expressa, de que a comparação jurídica seja difícil no Direito Público, cf. FUCHS, Claudia. "Verfassungsvergleichung und Gesetzgebung". *Journal für Rechtspolitik*, vol. 21, 2013, p. 11.

61 BRYDE, Brun-Otto. "Warum Verfassungsvergleichung?" *JÖR*, vol. 64, 2016, p. 431 (438); cf., também, FUCHS, Claudia. "Verfassungsvergleichung und Gesetzgebung". *Journal für Rechtspolitik*, vol. 21, 2013, p. 2.

seus Tribunais Constitucionais.[62] Antes, dever-se-á distinguir. Há, primeiramente, Estados para cujos Tribunais Constitucionais – às vezes também (proeminentes) juízes constitucionais – repete-se um manuseio comedido com a comparação constitucional. O exemplo bastante citado é a declaração do falecido juiz da Suprema Corte americana, Antonin Scalia, de que a comparação jurídica é, na verdade, possivelmente inspiradora, mas irrelevante, sob a perspectiva jurídico-constitucional.[63] Justamente entre os defensores do *originalism*, que exigem a busca do *original intent* ou do *original meaning*,[64] uma iniciativa comparativa esbarra com veemente rejeição. As ordens constitucionais próprias não poderiam ser interpretadas por normas e conceitos desenvolvidos pelo legislador e pela jurisprudência de

---

62 Assim, porém, SCHÖNBERGER, Christoph. "Verfassungsvergleichung heute: der schwierige Abschied vom ptolemäischen Weltbild". *VRÜ*, vol. 43, 2010, pp. 15 e ss., que apresenta, para a Alemanha, com referência à jurisprudência do Tribunal Constitucional Federal, um balanço moderado; de outro modo, FUCHS, Claudia. "Verfassungsvergleichung und Gesetzgebung". *Journal für Rechtspolitik*, vol. 21, 2013, p. 36: relativamente extensa prática comparativa do Tribunal Constitucional Federal.

63 Cf. *Thompson* v. *Oklahoma*, 487 U. S. 815, 868 e VOGEL, Klaus. *Die Verfassungsentischeidung des Grundgesetzes für eine internationale Zusammenarbeit*. Tübingen: Mohr, 1964 (1988) (Scalia, J., opinião divergente); além disso, também SCALIA, A. "Commentary", *St. Louis U.L.J.*, 40, 1996, 1119; assim como DORSEN, Norman. "The Relevance of Foreign Legal Materials in U. S. Constitutional Cases: a Conversation between Justice Antonin Scalia and Justice Stephen Breyer". *International Journal of Constitutional Law*, 3, 2005, pp. 519 e ss. A própria Suprema Corte Americana realizou comparação jurídica. Cf., sobre isso, BEZEMEK, Christoph. "Dangerous Dicta? Verfassungsvergleichung in der Rechtsprechung des US Supreme Court". *Journal für Rechtspolitik*, 18, 2010, pp. 207 e ss.

64 Cf. sobre isso, HEUN, Werner. "Original Intent und Wille des historischen Verfassungsgebers als Interpretationsmaximen". *In*: ______. *Verfassung und Verfassungsgerichtsbarkeit im Vergleich*. Tübingen: Mohr Siebeck, 2014, pp. 213 e ss.

outros países.[65] Em contrapartida, há também Estados nos quais os Tribunais Constitucionais são, por força da Constituição, encorajados à comparação jurídica para a interpretação constitucional. Assim, por exemplo, a Constituição da África do Sul permite aos Tribunais, expressamente, a observância do Direito Estrangeiro.[66]

Logo, uma jurisprudência constitucional firme e reflexões jurídico-comparativas não são de modo algum incompatíveis. Ao contrário, antes corrobora bastante a tese de que os Tribunais Constitucionais – justamente quando lhes cabe particular relevância para a interpretação do Direito Constitucional – deviam aspirar a uma elucidação do problema jurídico o quanto mais possível abrangente. Para essa tarefa, as reflexões comparativas podem, sem dúvidas, trazer vantagens, embora elas, em regra, aumentem – para usar uma expressão atribuída a Ernst Zitelmann – a "provisão de decisões".

---

65 O princípio da soberania popular é, assim, colocado em posição contra a comparação constitucional. Cf. também, SCALIA, Antonin. *Commentary*. St. Louis U.L.J. 40, 1996, p. 1119: "*It is quite impossible for the courts, creatures and agents of the people of the United States, to impose upon those people of the United States norms that those people themselves (through their democratic institutions) have not accepted*". Desde há algum tempo, aumentam o número daqueles que se pronunciam, também nos Estados Unidos, pelo valor de uma comparação constitucional, como se demonstra em MÜLLER-FRANKEN, Sebastian. "Verfassungsvergleichung". *In*: DEPENHEUER, Otto; GRABENWARTER, Christoph. *Verfassungstheorie*. Tübingen: Mohr Siebeck, 2010, § 26, Rn. 31 e nt. 110.

66 Art. 39, Abs. 1: "*When interpreting the Bill of Rights, a court, tribunal or forum (a.) must promote the values that underlie an open and democratic society based on human dignity, equality and freedom; (b.) must consider international law; and (c.) may consider foreign law*". Cf. sobre isso, JAKAB, András. *European Constitutional Language*. Cambridge: Cambridge University Press, 2016, p. 54; JAKAB, András. "Judicial Reasoning in Constitutional Courts: a European Perspective". *German Law Journal*, vol. 14, 2013, p. 1252; MARTINI, Stefan. *Vergleichende Verfassungsrechtsprechung*. Berlim: Duncker & Humblot, 2018, pp. 247 e ss.

4 Jurisprudência constitucional jurídico-comparativa

Diante do potencial de conhecimento antes descrito, a resposta à questão se o Tribunal Constitucional Federal deve realizar a comparação constitucional, pode ser enfaticamente afirmativa. A consciência do valor de uma perspectiva comparada também não existe desde hoje: o Tribunal já considerou, muito antes, em suas decisões,[67] outras ordens jurídicas,[68] primeiramente, e ainda com um foco relativamente forte, no círculo jurídico europeu e norte-americano.[69] Na decisão Lüth, o foco, igualmente histórico-comparativo, foi deslocado para o direito fundamental de expressão da opinião, com referência à Declaração dos Direitos do Homem e do Cidadão de 1789, para a qual se trataria de um dos mais importantes direitos humanos.[70] Ademais, consta, nas motivações do julgado, com referência a uma fórmula do juiz da Suprema Corte, Benjamin N. Cardoso (1870-1938), que o direito de liberdade de expressão seria quase a base de todas as outras liberdades.[71] Mais tarde, alguns volumes de decisões apresentam tratamentos jurídico-comparativos

---

67 Encontram-se exposições jurídico-comparativas, primeiramente, nas decisões do Sendo e, claramente, de modo mais raro, nas decisões das Câmaras (em primeiro lugar, "tríplices comitês" ou "comitês de verificação prévia"), que não são o lugar para a atualização de difíceis questões dogmático-constitucionais e, em regra, claramente tornam-se menos significativas.

68 Um panorama sobre as exposições jurídico-comparativas nas antigas decisões do Tribunal Constitucional Federal em MÖSSNER, Jörg Manfred. "Rechtsvergleichung und Verfassungsrechtsprechung". *Archiv des öffentlichen Rechts*, vol. 99, 1974, p. 193 (228 e ss.).

69 Cf. BAER, Susanne. "Verfassungsvergleichung und reflexive Methode: Interkulturelle und intersubjektive Kompetenz". *ZaöRV*, vol. 64, 2004, p. 392; assim como um ressumo em PAULSEN, Aura María *Cárdenas. Über die Rechtsvergleichung in der Rechtsprechung des Bundesverfassungsgerichts*. Hamburg: Kovac, 2009, pp. 44 e ss.

70 *BVerfGE* 7, 198 (208) (*Lüth*).

71 *BVerfGE* 7, 198 (208) (*Lüth*); cf., também, o juiz B. N. Cardozo, no processo *Palko* v. *Connecticut*, 302 U.S., 319, 327 (1937).

na relação de tensão entre a liberdade de imprensa e os interesses de segurança do Estado: na decisão Spiegel, do Primeiro Senado, encontram-se referências a outros sistemas jurídicos e, na verdade, tanto nos quatro votos que conduziram à decisão, como no argumento "divergente" – o voto divergente foi introduzido em dezembro de 1970 – dos outros membros do Senado.[72] O Tribunal não operou com a comparação jurídica apenas nas decisões acerca dos direitos fundamentais elementares de liberdade de expressão e imprensa. Também em relação a questões mais específicas, como o direito à objeção ao serviço militar (art. 4° da Constituição),[73] a interpretação do conceito de moradia (art. 13 da Constituição),[74] assim como a antiga proibição para comunidade de vida conjugal (art. 6° da Constituição),[75] ousou-se um olhar para além dos limites da própria ordem constitucional. No curso dos anos, as decisões judiciais a partir de diferentes círculos jurídicos tiveram entrada nas coleções oficiais do Tribunal Constitucional Federal.[76]

A judicatura de outros Tribunais Constitucionais também foi recepcionada em nosso século pelo Tribunal Constitucional Federal.[77] Em sua decisão Fraport, do ano de 2011, o Primeiro Senado,

---

72 *BVerfGE* 20, 162 (208, 220 s.) (*Spiegel*).

73 *BVerfGE* 28, 243 (258 s.) (*Kriegsdienstverweigerung*).

74 *BVerfGE* 32, 54 (70) (*Betriebsbetretungsrecht*).

75 *BVerfGE* 36, 146 (165) (*Eheverbot*).

76 Cf., para o período entre 1951 e 2007, também as investigações empíricas de PAULSEN, Aura María Cárdenas. *Über die Rechtsvergleichung in der Rechtsprechung des Bundesverfassungsgerichts*. Hamburg: Kovac, 2009; cifras esclarecedoras em MARTINI, Stefan. *Vergleichende Verfassungsrechtsprechung*. Berlim: Duncker & Humblot, 2018, pp. 86 e ss.

77 Ademais, o Tribunal Constitucional Federal também é citado por Tribunais estrangeiros, como, por exemplo, nas decisões da *Supreme Court* canadense e do Tribunal Constitucional sulafricano. Comprovações e outros exemplos em SCHNEIDER, Hans-Peter. "Verfassung und Verfassungsrecht im Zeichen der Globalisierung – zwischen nationaler Entgrenzung und transnationaler Entfaltung". *JÖR*, vol.

para a questão de sob quais pressupostos a liberdade de associação abrange também os lugares que se situam fora das vias e locais públicos, referiu-se, entre outros, aos critérios desenvolvidos pelos Tribunais Superiores dos EUA e do Canadá sobre a figura do "*public forum*".[78] Cinco anos mais tarde, o Segundo Senado, em seu julgamento OMT acerca da questão da primazia de aplicação do direito da União, citou as abalizadas decisões de uma série completa de Tribunais Constitucionais e superiores de outros Estados-membros da União Europeia.[79] Algo comparável vale para a jurisprudência

---

65, 2017, p. 301. Diante desse quadro, não, por último, são atestáveis, nesse ínterim, mais de 300 decisões do Tribunal Constitucional Federal em língua inglesa na *homepage* do Tribunal; esse Tribunal fornece, em forma impressa e ordenada por temas, suas decisões fundamentais em língua inglesa como "*Decisions of the Bundesverfassungsgericht*"; por fim, surgiu o volume 5 (*Family-Related Decisions* 1957-2010), com quase 1000 páginas, que se destina a server como contribuição para um diálogo judicial-constitucional global (cf. VOSSKUHLE, Andreas. *Decisions of the Bundesverfassungsgericht*. vol. 5. Baden-Baden: Nomos, 2013, preface, XIX). O Tribunal acolheu as antigas críticas manifestadas a respeito da tradução falha das decisões (cf. FROWEIN, Jochen Abr. "Kritische Bemerkungen zur Lage des deutschen Staatsrechts aus rechtsvergleichender Sicht". *DÖV*, vol. 51, 1998, p. 806).

78 *BVerfGE* 128, 226 (253) (*Fraport*): "Por outro lado, responde-se à questão sobre se tal lugar, situado fora das estradas públicas, caminhos e praças, deve ser julgado como um lugar público de comunicação, conforme o quadro condutor do fórum público (cf., sobre critérios semelhantes, *Supreme Court of Canada*, *Comitee for the Commonwealth of Canada* v. *Canada* [1991], 1 S. C. R. 139; *Supreme Court of United States*, *International Society for Krishna Consciousness* [ISKCON] v. *Lee*, 505 U.S. 672 [1992]. Esse é caracterizado pelo fato de que uma multiplicidade de atividades e objetivos diversos pode ser buscada e, por isso, dele surge um plexo multifacetado e aberto de comunicação". Outro exemplo mais recente para a referência a Tribunais estrangeiros consiste na decisão do Segundo Senado sobre a privatização da execução de medida de segurança, no qual se fez referência a uma decisão da Suprema Corte de Israel. Cf. *BVerfGE* 130, 76.

79 *BVerfGE* 142, 123 (197 s., Rn. 142) (OMT): "Também no Direito Constitucional de numerosos outros Estados-membros da União Europeia, encontram-se medidas para a proteção da identidade

da Corte da Comunidade Europeia e da Corte Europeia para os Direitos Humanos.[80] De fato, justamente no espaço jurídico europeu,

---

constitucional e dos limites da transferência de direitos de soberania à União Europeia (cf., nesse ponto, BVerfGE 134, 366 [387, Rn. 30]). Um número, de longe preponderante, de Tribunais Constitucionais e superiores dos outros Estados-membros compartilha, em relação ao seu respectivo campo de competência, a interpretação do Tribunal Constitucional Federal, segundo a qual a primazia (de aplicação) do direito da União não é ilimitada, mas sobre as limitações a ele impostas pelo Direito (Constitucional) nacional (cf., para o Reino da Dinamarca, *Hojesteret*, julgado de 6.4.1998 – I 361/1997 –, seção 9.8; para a República da Estônia: *Rügikohus*, julgado de 12.7.2012 – 3-4-1-6-12 –, Abs.-n. 128, 223; para a República da França: *Conseil Constitutionel*, decisão n. 3006-540 DC, de 27.7.2006, 19; decisão n. 2011-631 DC, de 9.6.2011, 45; *Conseil d'État*, julgado de 8.2.2007, n. 287110 (Ass.), *Société Arcelor Atlantique et Lorraine*, EuR 43 (2008), 57 (60 s.); para a Irlanda: *Supreme Court of Ireland*, *Crotty* v. *An Taoiseach*, (1987), I.R. 713 (783); *S.P. U.C. (Ireland) Ltd.* v. *Grogan*, (1989), I.R. 753 (765): para a República da Itália: *Corte Costituzionale*, decisão n. 98/1965, *Acciaierie San Michele*, EuR 2 (1966), 146; decisão n. 183/1973, *Frontini*, EuR 10 (1974), 255; decisão n. 170/1984, *Granital*, EuGRZ 12 (1985), 98; decisão n. 232.1989, *Fragd*; decisão n. 168.1991; decisão n. 117.1994, *Zerini*; para a República da Letônia: *Satversmes tiesa*, decisão de 7.4.42009 – 2008-35-01 –, Abs.-n. 17; para a República da Polônia: *Trybunal Konstytucyjny*, decisão de 11.5.2005 – K 18/04 –, Rn. 4.1., 10.2; de 24.11.2010 – K 32/09 –, Rn. 2.1. ss.; de 16.11.2011 – SK 45/09 – , Rn. 2.4., 2.5.; para o Reino da Espanha: *Tribunal Constitucional*, declaração de 13.12.2004, DTC 1/2004, STC 26/2014, ponto 3 dos motivos de decisão, HRLJ 34 (2014), 475 (477 s.); para a República Tcheca: Ústavni Soud, decisão de 9.3.2006, Pl. ÚS 50/04, seção VI.B; decisão de 3.5.2006, Pl. ÚS 66/04, Rn. 53; decisão de 26.11.2008, Pl. ÚS 19/08, Rn. 97, 113, 196; decisão de 3.11.2009, Pl. ÚS 29/09, Rn. 110 ss.; decisão de 31.1.2012, Pl. ÚS 5/12, seção VII; para o Reino Unido: *High Court*, decisão de 18.2.2002, *Thoburn* v. *Sunderland City Council*, (2002) EWHC 195 (Admin), Abs.-n. 69; *UK Supreme Court*, decisão de 22.1.2014, R (*on the application of HS2 Action Alliance Limited*) v. *The Secretary of State for Transport*, (2014) UKSC 3, Abs.-n. 79, 207; decisão de 25.3.2015, *Pham* v. *Secretary of State of the Home Department* (2015); UKSC 19, Abs.n. 54, 58, 72 a 92)".

80 Cf. *BVerfGE* 133, 59 (80 s., Rn. 56) (*Sukzessivadoption*): "Além da Alemanha, Finlândia, França, Grécia, Irlanda, Itália, Letônia, Lituânia,

a comparação jurídica pode ser fecunda, se as ordens jurídicas dos Estados-membros da União Europeia apresentarem um "cânone fundamental" em valores concordantes (art. 2º do Tratado sobre a União Europeia).[81]

A partir de uma visão mais precisa sobre as respectivas motivações das decisões, mostra-se, de um lado, que, na verdade, a comparação jurídica, na jurisprudência constitucional alemã, não assume a posição de um "quinto método de interpretação", no sentido de Häberle,[82] e representa, já sob o ponto de vista quantitativo,

---

Luxemburgo, Holanda, Áustria, Polônia, Romênia, Eslováquia, Eslovênia, Hungria, Inglaterra e País de Gales, Croácia, Mônaco e Turquia admitem a adoção por pessoas homossexuais. Esse desenvolvimento é reconhecível na jurisprudência tanto do Tribunal Constitucional Federal (cf., por um lado, BVerfGE 6, 389; por outro, BVerfGE 105, 313; 124, 199), quanto também de Tribunais europeus (cf., sobre a equiparação jurídica de companheiros registrados na Corte da Comunidade Europeia, decisão de 1.4.2008 – C-267/06 – *Tadao Maruko* v. *Vesorgungsanstalt der Deutschen Bühmen*, EuZW 19 (2008), 314 ss.; sobre a adoção por uma pessoa homosexual, de um lado, Corte Europeia de Direitos Humanos, decisão de 26.2.2002 – 35615/97 – Fretté v. Frankreich, FamRZ 51 (2003), 149 ss.; de outro lado, Corte Europeia de Direitos Humanos, decisão de 22.1.2008 – 43546/02 – E. B. v. Frankreich, NJW 62 (2009), 3637 ss.)".

81 Sobre isso, também BOGDANDY, Armin von. "European Law Beyond 'Ever Closer Union' Repositioning the Concept, Its Thrust and the EJC's Comparative Methodology". *European Law Journal*, vol. 22, 2016, p. 519 (534): "*basic constitutional standards*".

Lê-se no art. 2, EUV: "Os valores em que se funda a União são observância da dignidade humana, liberdade, democracia, igualdade, Estado de Direito e resguardo dos direitos humanos, incluindo os direitos das pessoas pertencentes a minorias. Esses valores são gerais para todos os Estados-membros em uma sociedade que se caracteriza pelo pluralismo, não discriminação, tolerância, justiça, solidariedade e igualdade entre homens e mulheres".

82 Sobre isso, HÄBERLE, Peter. "Grundrechtsgeltung und Grundrechtsinterpretation im Verfassungstaat". *JuristenZeitung*, vol. 44, 1989, p. 916; HÄBERLE, Peter. *Europäische Rechtskultur*. Baden-Baden: Nomos, 1994, p. 78; cf., também, POLI, M. D. "Der horizontale

antes a exceção do que a regra.[83] Por outro lado, isso seria muito pouco para atestar – como é, em parte, o caso – um *déficit* geral na comparação jurídica[84] para as decisões do Tribunal Constitucional Federal. Com efeito, cabe-lhe um significado não negligenciável: em parte, visível como apoio ou garantia, larga o quanto mais possível, de um resultado encontrado, no sentido de um "meio de interpretação",[85] em parte, nos bastidores da jurisprudência do Tribunal Constitucional. Por variados motivos,[86] a comparação jurídica praticada ali nem sempre encontra entrada nas decisões publicadas do Tribunal;[87] muitas vezes, porém, os votos, ou seja, os pareceres elaborados antes de uma decisão colegiada como sua base, contêm

---

Dialog zwischen Verfassungsgerichten bzw. Rechtsvergleichung in den Verfassungsrerichtssälen". *In*: BROEMEL, Roland; KRELL, Paul; MUTHORST, Olaf; PRÜTTING, Jens (Coord.). *Prozessrecht in nationaler, europäischer und globaler Perspektive*. Tübingen: Mohr Siebeck, 2017, p. 45.

83 Assim, também, BAER, Susanne. "Verfassungsvergleichung und reflexive Methode: Interkulturelle und intersubjektive Kompetenz". *ZaöRV*, vol. 64, 2004, pp. 391-397; com reservas quanto às expectativas depositadas de uma comparação jurídica neste ponto, BERNHARDT, Rudolf. "Eigenheiten und Ziele der Rechtsvergleichung im öffentlichen Recht". *ZaöRV*, vol. 24, 1963 (nt. 430), 443.

84 Assim, HÄBERLE, Peter. "Das deutsche BVerfGE, eine 'Nachlese' zu 60 Jahren seiner Tätigkei". *In*: _____. *Verfassungsgerichtsbarkeit – Verfassungsprozessrecht*. Berlim: Duncker & Humblot, 2014, p. 251 (256 e ss.).

85 Assimn, também, STARCK, Christian. "Rechtsvergleichung im Öffentlichen Recht". *JuristenZeitung*, vol. 24, 1997, p. 1024; sobre as diversas formas de argumentação constitucional-comparativa, WENDEL, Mattias. "Richterliche Rechtsvergleichung als Dialogform: Die Integrationsrechtsprechung nationaler Verfassungsgerichte in gemeineuropäischer Perspektive". *Der Staat*, vol. 52, 2013, pp. 344 e ss.

86 Assim, por exemplo, nenhum excesso quantitativo de decisões; nenhuma relevância, para a decisão, das citações jurídico-comparativas.

87 Sobre isso, também, WENDEL, Mattias. "Richterliche Rechtsvergleichung als Dialogform: Die Integrationsrechtsprechung nationaler Verfassungsgerichte in gemeineuropäischer Perspektive". *Der Staat*, vol. 52, 2013, p. 342.

extensas reflexões comparativas.[88] A interação pessoal dos juízes dos Tribunais Constitucional e superiores[89] também ocorre em âmbitos de atuação pouco percebidas pelo público, como, por exemplo, em um encontro no Colégio Científico de Berlim, realizado no início deste ano, sobre o tema Tribunais Constitucionais e mudança política na Europa, ou no âmbito do "Círculo de Diálogos da Liga de Tribunal Constitucional de Heidelberg".[90] Os conhecimentos obtidos nos quadros de encontros para intercâmbio científico e de experiência, encontram, não raramente, por esse caminho, entrada na jurisprudência constitucional.[91]

O intercâmbio concreto-individual com outros Tribunais Constitucionais mediante diretivas do Conselho Europeu representa um vívido exemplo para o discurso internacional no dia a dia do Tribunal Constitucional Federal. Por causa do Fórum de Veneza ou

---

88 Para uma publicação dos documentos internos (jurídico-comparativos) e dos fundamentos dos trabalhos dos Tribunais, BOGDANDY, Armin von. "European Law Beyond 'Ever Closer Union' Repositioning the Concept, Its Thrust and the EJC's Comparative Methodology". *European Law Journal*, vol. 22, 2016, pp. 537 e ss., com referência a uma prática já existente da *Corte Costituzionale* italiana.

89 Cf. também, CALES, Monica; VISSER, Maartje de. "Are You Networket Yet? On Dialogues in European Judicial Networks". *Utrecht Law Review*, 8, 2012, pp. 100 e ss.; GRABENWARTER, Christoph; VRANES, Erich (Coord.). *Kooperation der Gerichte im europäischen Verfassungsverbund*: Grundfragen und neueste Entwicklungen. Baden-Baden: Nomos, 2013.

90 Sobre isso: http://www.mpil.de.

91 LIMBACH, Jutta. "Globalization of Constitutional Law through Interaction of Judges". *Verfassung in Recht und Übersee*, vol. 42, 2008, p. 51 (53 e ss.); cf., também, ZIERLEIN, Karl-Georg. "Entwicklung und Möglichkeiten einer Union: die Konferenz der Europäischen Verfassungsgerichte". *In*: FÜRST, Walther; HERZOG, Roman; UMBACH, Dieter (Coord.). *Festschrift für Wolfgang Zeidler*. vol. 1. Berlim: W. de Gruyter, 1987, p. 315 (334 e ss.).

da Comissão de Veneza,[92] os Tribunais Constitucionais estrangeiros, assim como o Tribunal Constitucional Federal podem informar-se se já existe, nos Estados-membros da Europa, uma jurisprudência (constitucional) para determinadas questões específicas.[93] Além disso, o Tribunal mantém sob as vistas também a jurisprudência atual de outros Tribunais Constitucionais estrangeiros da América do Norte, África e Ásia. Desde o ano de 2017, publica-se, internamente, o "Newsletter International", que apresenta, mês a mês, sucintamente, as decisões estrangeiras e as torna diretamente acessíveis a juízas e juízes assim como a colaboradoras e colaboradores.

Poder-se-á dizer que a comparação jurídica não ocupa apenas a ciência, mas também chegou à prática na sala do Tribunal Constitucional em Karlsruhe.[94]

---

92 Cf., sobre isso e os outros fóruns e instituições da construção da conexão, BOGDANDY, Armin von; GRABENWARTER, Christoph; HUBER, Peter. "Verfassungsgerichtsbarkeit im europäischen Rechtsraum". *In*: BOGDANDY, Armin von; HUBER, Peter. *Handbuch Ius Publicum Europaeum*. vol. 6. Heidelberg: Müller, 2016, § 95, Rn. 21 ss. e 24, com outras notas.

93 Precisamente as solicitações feitas ao Tribunal Constitucional Federal sobre a Comissão de Veneza – anualmente, na maior parte das vezes, no campo binário – indicam um largo escopo constitucional.

94 Cf. sobre o significado da comparação jurídica para a jurisprudência constitucional, POLI, M. D. "Der horizontale Dialog zwischen Verfassungsgerichten bzw. Rechtsvergleichung in den Verfassungsrerichtssälen". *In*: BROEMEL, Roland; KRELL, Paul; MUTHORST, Olaf; PRÜTTING, Jens (Coord.). *Prozessrecht in nationaler, europäischer und globaler Perspektive*. Tübingen: Mohr Siebeck, 2017, p. 43; KOOPMANS, T. "Comparative Law and the Courts". *The International and Comparative Law Quarterly*, vol. 45, 1996, p. 545; cf., também, SOMMERMANN, Karl-Peter. "Die Bedeutung der Rechtsvergleichung für die Fortentwicklung des Staats- und Verwaltungsrechts in Europa". *DÖV*, 1999, p. 1017 (1024, 1028).

5 Pressupostos (práticos) da comparação constitucional

Como se realiza, porém, a comparação jurídica de modo sério? A questão não pode ser tratada mais de perto neste espaço. Apenas isto: o ponto de partida deve, aqui, ser a busca por um método que funcione.[95] Para isso, não se pode descobrir, na literatura, "o" método de comparação constitucional, sendo, antes, dominante uma multiplicidade de propostas variadas de como se deve operar a comparação constitucional. Já é controverso se a comparação pode funcionar mediante o concurso de vários métodos ou se, aqui, é melhor uma menor quantidade de métodos.[96] Em todo caso, há acordo quanto a que a comparação não pode se esgotar em uma reunião (empírica) de decisões sem comentários e generalidades ou

---

95 É necessário um método convincente para eliminar a censura conforme a qual a comparação constitucional ou jurídica deve opera rem primeiro plano e seletivamente (cf., sobre a censura do "*cherry picking*" e as possibilidades de seu afastamento, HIRSCHL, Ran. *Comparative matters*: the renaissance of comparative constitutional law. Oxford: Oxford University Press, 2014, pp. 187 e ss.). Em geral, crítico, já NAWIASKY, Hans. "Die Gleichheit vor dem Gesetz im Sinne des Art. 109 der Reichsverfassung". *Veröffentlichungen der Vereinigung der Deutschen Staatsrechtslehrer*, vol. 3, 1927, p. 25 (26): "Do mesmo modo como se podem obter pontos de vista interpretativos a partir de situações jurídicas afastadas, historicamente, uma da outra, é possível extrair conclusões de ordens jurídicas estatalmente diversas para aplicar à outra". Ressalta uma objeção prática à comparação jurídica (em todo caso, operada pelos Tribunais) a necessariamente grande capacidade de trabalho (para comparação jurídica abrangente) diante de uma, ao mesmo tempo, alta pressão para a decisão. Sobre isso, HILLGRUBER, Christian. "Die Bedeutung der Rechtsvergleichung für das deutsche Verfassungsrecht und die verfassungsgerichtliche Rechtsprechung in Deutschland". *JÖR*, vol. 63, 2015, p. 385.

96 Cf. sobre isso, também WIESER, Bernd. *Vergleichendes Verfassungsrecht*. Wien: Springer, 2005, pp. 38 e ss.; BOGDANDY, Armin von. "Zur sozialwissenschaftlichen Runderneuerung der Verfassungsvergleichung. Eine hegelianische Reaktion auf Ran Hirschels Comparative Matters". *Der Staat*, vol. 55, 2016, p. 103 (107 e ss.).

em uma simples comparação de conceitos e normas.[97] Antes, uma comparação produtiva deverá passar, em regra, por muitas fases ou etapas: de uma fase ordenatória-descritiva sobre a matéria a ser elucidada ao verdadeiro âmago da comparação, à contraposição e valoração do material.[98] Justamente por isso, é interessante para a jurisprudência (constitucional) assentada na aplicação concreta do Direito, um método comparativo que se direcione para solução de um problema específico.[99] Atende a essa necessidade a comparação jurídica funcional que, além disso, questione qual solução as ordens jurídicas de diversas nações preveem para um problema específico.[100]

Entretanto, a comparação do Direito Constitucional não deve ser cega para o respectivo contexto cultural de decisões jurídicas específicas. Comparação constitucional exige sempre a comparação cultural ou, ao menos, sensibilidade suficiente para a característica cultural de declarações normativas fundamentais,[101] se as Constituições refletem, embora em medidas diversas, as realidades de "seus"

---

97 ZWEIGERT, Konrad; KÖTZ, Hein. *Einführung in die Rechtsvergleichung*. 3ª ed. Tübingen: Mohr Siebeck, 1996, pp. 42 e ss.

98 Cf. em geral, já CONSTANTINESCO, Léontin-Jean. *Rechtsvergleichung*. vol. 2. Cologne: Heymanns, 1972, pp. 137 e ss., que divide o processo metodológico em três fases (conhecimento – compreensão – comparação).

99 O trabalho concreto do Tribunal Constitucional é, com isso, ao mesmo tempo, o local em que se verifica a utilidade prática da comparação jurídica. Cf. também, ANDENAS, Mads; FAIRGRIVE, Duncan (Coord.). *Courts and Comparative Law*. Oxford: Oxford University Press, 2015, p. 4: "*courts have become the laboratories of comparative law*".

100 Sobre isso, mais detalhadamente, KISCHEL, Uwe. *Rechtsvergleichung*. München: C. H. Beck, 2015, § 1, Rn. 14 ss., § 3, Rn. 6 ss.; cf., já, MÜNCH, F. "Einführung in die Verfassungsvergleichung". *ZaöRV*, vol. 33, 1973, p. 126 (139 e ss.).

101 Mais detalhadamente sobre isso, WAHL, Rainer. "Verfassungsvergleichung als Kulturvergleichung". *In*: ______. *Verfassunsstaat, Europäisierung, Internationalisierung*. Berlim: Suhrkamp, 2003, pp. 96 e ss.; BAER, Susanne. "Verfassungsvergleichung und reflexive Methode:

Estados.[102] As necessidades dos sujeitos, assim como suas mentalidades, não são iguais em todas as partes. Por isso, a comparação jurídica faz bem ao conhecer e considerar seriamente a dimensão jurídico-cultural desse dado.[103] O trabalho comparativo não pode, para os Estados e suas Constituições, levar a uma erosão de sua própria identidade.

Além disso, a comparação jurídica e a comparação constitucional estão referidas a uma base de trabalho confiável na forma de material atual, bem preparado.[104] Os trabalhos prévios sobre uma ordem jurídica estrangeira, por exemplo, em formato de informação do Direito Estrangeiro, podem facilitar claramente o trabalhoso caminho da comparação jurídica.[105] Para a superação desse trabalho de mamute, o Instituto Max Planck para o Direito Público estrangeiro e internacional é um importante agente, o que se infere a partir da série de *Constitutions of the Countries of the World* (CCW), constante de vários volumes e que vem sido publicada por

---

Interkulturelle und intersubjektive Kompetenz". *ZaöRV*, vol. 64, 2004, pp. 735 e ss.

102 Cf. em geral, também STARCK, Christian. "Rechtsvergleichung im Öffentlichen Recht". *JuristenZeitung*, vol. 24, 1997, p. 1023.

103 Cf. também, CONSTANTINESCO, Léontin-Jean. *Rechtsvergleichung*. vol. 3. Köln: Heymann, 1983, pp. 54 e ss.; KISCHEL, Uwe. *Rechtsvergleichung*. München: C. H. Beck, 2015, § 3, Rn. 11. Relaciona-se a isso a questão sobre em que medida a comparação jurídica é indicada para o conhecimento de outras disciplinas científicas e ciências auxiliaries (por exemplo, economia, sociologia, estatística). Cf., sobre isso, SCHMIDT-AßMANN, Eberhard. "Zum Standort der Rechtsvergleichung im Verwaltungsrecht". *ZaöRV*, vol. 78, 2018, pp. 824 e ss.

104 Para o âmbito dos conselhos europeus, a Comissão de Veneza publica, desde 1993, o *Bulletin on Constitutional Case-Law* (desde o ano 2000 disponível em: http://www.venice.coe.int); além disso, o banco de dados "CODICES" está disponível em http://www.codices.coe.int.

105 Cf. já, RESS, Georg. "Die Bedeutung der Rechtsvergleichung für das Recht internationaler Organisationen". *ZaöRV*, vol. 36, 1976, p. 227 (230, 255).

ele há mais de 10 anos. Um exemplo (em todo caso, atual) de uma obra de referência no âmbito do Direito Constitucional Comparado é a *Online-Datenbank "Max Planck Encyclopedia of Comparative Constitutional Law* (MPECCoL)",[106] supervisionada pela Fundação Max Planck para a Paz Internacional e a Legalidade, que se deu como finalidade cobrir todos os campos do Direito Constitucional a partir da perspectiva comparativa e, para isso, incluir as culturas jurídicas em seu conjunto, assim como os diversos métodos da comparação constitucional. A comparação jurídica também pode ser operada com foco no trabalho dos Tribunais Constitucionais. A obra, publicada há dois anos, por, dentre outros, András Jakab, sobre o pensamento constitucional comparado ("*Comparative Constitutional Reasoning*") tomou isso como tarefa.[107] Esses e outros projetos engajados do passado recente convencem de uma dinâmica impressionante no âmbito da comparação constitucional, à qual não se fechará o Tribunal Constitucional Federal.

6 Panorama: medida e meio como o caminho ideal

Os pontos de contato do Tribunal Constitucional Federal com o Direito para além da própria ordem constitucional não são, na verdade, onipresentes, mas muito diversificados. Quando nós nos reportamos aos dois caminhantes de Heidelberg, verificamos que nenhuma de suas teses, em sua forma pura, tornou-se realidade. O Tribunal Constitucional Federal observa as determinações vinculantes do Direito Internacional, mas as adapta às estruturas da ordem jurídica nacional. Ele opera, visivelmente, a comparação jurídica, não de modo inflacionário, porém lá onde ele considera isso como

---

106 Disponível em: http://oxcon.ouplaw.com.

107 JAKAB, András; DYEVRE, Arthur; ITZCOVICH, Giulio (Coord.). *Comparative Constitutional Reasoning*. Cambridge: Cambridge University Press, 2017.

adequado e útil. Ele exige o intercâmbio entre Tribunais e juízes e está consciente do significado que uma expansão do próprio horizonte jurídico traz consigo. Poder-se-ia dizer, portanto: o Tribunal caminhou para uma via intermediária. Na verdade, consta no poeta barroco Friedrich von Logau: "No perigo e na necessidade/o caminho do meio traz a morte".[108] Contudo, a Alemanha superou, com sua "Constituição do meio",[109] muito exitosamente, as exigências das últimas décadas. Isso deveria tornar-nos otimistas também para o futuro.

Referências bibliográficas

AMSTUTZ, Marc; ABEGG, Andreas; KARAVAS, Vaios. *Soziales Vertragsrecht*: eine rechtsevolutorische Studie. 2007.

ANDENAS, Mads; FAIRGRIVE, Duncan (Coord.). *Courts and Comparative Law*. Oxford: Oxford University Press, 2015.

BAER, Susanne. "Verfassungsvergleichung und reflexive Methode: Interkulturelle und intersubjektive Kompetenz". *ZaöRV*, vol. 64, 2004.

BENVENISTI, Eyal. "Reclaiming Democracy: the Strategic Uses of Foreign and International Law by National Courts". *The American Journal of International Law*, vol. 102, 2008.

BERNHARDT, Rudolf. "Eigenheiten und Ziele der Rechtsvergleichung im öffentlichen Recht". *ZaöRV*, vol. 24, 1963.

BERNHARDT, Rudolf; OELLERS-FRAHM, Karin. *Das Max-Planck--Institut für ausländisches öffentliches Recht und Völkerrecht*. Berlim: Springer, 2018.

BERNSTORFF, Jochen von. "The Structural Limitations of Network Governance. ICANN as a Case in Point". *In*: JOERGES, Christian;

108 LOGAU, Friedrich von. "Der Mittel-Weg". *In*: EITNER, Gustav (Coord.). *Sämmtliche Sinngedichte*. Stuttgart: Litterarischer Verein, 1872, p. 421.

109 Mais pormenorizadamente, VOSSKUHLE, Andreas; WISCHMEYER, Thomas. *Die Verfassung der Mitte*. München: Carl Friedrich von Simens Stiftung, 2016.

SAND, Inger-Johanne; TEUBNER, Gunther (Coord.). *Transnational Governance and Constitutionalism*. Oxford: Hart Publishing, 2004.

BEZEMEK, Christoph. "Dangerous Dicta? Verfassungsvergleichung in der Rechtsprechung des US Supreme Court". *Journal für Rechtspolitik*, 18, 2010.

BOGDANDY, Armin von. "European Law Beyond 'Ever Closer Union' Repositioning the Concept, Its Thrust and the EJC's Comparative Methodology". *European Law Journal*, vol. 22, 2016.

_____. "Prinzipien von Staat, supranationalen und internationalen Organisationen". *In*: ISENSEE, Josef; KIRSCHOF, Paul. *Handbuch des Staatsrechts der Bundesrepublik Deutschland*. vol. 11, 3ª ed. Heidelberg: Müller, 2013.

_____. "Zur sozialwissenschaftlichen Runderneuerung der Verfassungsvergleichung. Eine hegelianische Reaktion auf Ran Hirschels Comparative Matters". *Der Staat*, vol. 55, 2016.

_____. *Gubernative Rechtsetzung*. Tübingen: Mohr Siebeck, 2000.

BOGDANDY, Armin von; GRABENWARTER, Christoph; HUBER, Peter. "Verfassungsgerichtsbarkeit im europäischen Rechtsraum". *In*: BOGDANDY, Armin von; HUBER, Peter. *Handbuch Ius Publicum Europaeum*. vol. 6. Heidelberg: Müller, 2016.

BOGDANDY, Armin von; HUBER, Peter M. (Coord.). *Handbuch Ius Publicum Europaeum*, vol. 1-8, 2007-2019.

BROWN, Nathan J. "Reason, Interest, Rationality, and Passion in Constitution Drafting". *Perspectives on Politics*, vol. 6, 2008.

BRÜGGEMEIER, Gert; COLOMBI-CIACCHI, Aurelia; COMANDÉ, Giovanni (Coord.). *Fundamental Rights and Private Law in the European Union*. 2006.

BRYDE, Brun-Otto. "Warum Verfassungsvergleichung?" *JÖR*, vol. 64, 2016.

CALES, Monica; VISSER, Maartje de. "Are You Networket Yet? On Dialogues in European Judicial Networks". *Utrecht Law Review*, 8, 2012.

CONSTANTINESCO, Léontin-Jean. *Rechtsvergleichung*. vol. 2. Cologne: Heymanns, 1972.

_____. *Rechtsvergleichung*. vol. 3. Köln: Heymann, 1983.

DEUTSCHER BUNDESTAG; BUNDESARCHIV (Coord.). *Der Parlamentarische Rat 1948-1949*: Akten und Protokolle. vol. 9. Boppard: Boldt, 1996.

DORSEN, Norman. "The Relevance of Foreign Legal Materials in U. S. Constitutional Cases: a Conversation between Justice Antonin Scalia and Justice Stephen Breyer". *International Journal of Constitutional Law*, 3, 2005.

DORSEN, Norman; ROSENFELD, Michel; SAJÓ, Andras; BAER, Susanne. *Comparative constitutionalism*: cases and materials. Saint Paul: West Academic, 2016.

FICHTE, Johann Gottlieb. *Der geschloßne Handelstaat*: ein philosophischer Entwurf als Anhang zur Rechtslehre und Probe einer künftig zu liefernden Politik. Tübingen: J. G. Cotta, 1800.

FONTANA, David. "The Rise and Fall of Comparative Constitutional Law in the Postwar Era". *Yale Journal of International Law*, vol. 36, 2011.

FRIEDMAN, Daniel; DARAK-EREZ, Daphne (Coord.). *Human Rights in Private Law*. Oxford: Hart, 2001.

FROWEIN, Jochen Abr. "Das Bundesverfassungsgericht und die Europäische Menschenrechtskonvention". *In*: FÜRST, Walther; HERZOG, Roman; UMBACH, Dieter C. (Coord.). *Festschrift für Wolfgang Zeidler*. vol. 2. Berlim: De Gruyter, 1987.

______. "Kritische Bemerkungen zur Lage des deutschen Staatsrechts aus rechtsvergleichender Sicht". *DÖV*, vol. 51, 1998.

FROWEIN, Jochen Abr; PEUKERT, Wolfgang. *Europäische Menschenrechtskonvention, Kommentar*. 3ª ed. Kehl am Rhein: Engel, 2009.

FUCHS, Claudia. "Verfassungsvergleichung und Gesetzgebung". *Journal für Rechtspolitik*, vol. 21, 2013.

GRABENWARTER, Christoph; PABEL, Katharina. *Europäische Menschenrechtskonvention*. 6ª ed. München: C. H. Beck, 2016.

GRABENWARTER, Christoph; VRANES, Erich (Coord.). *Kooperation der Gerichte im europäischen Verfassungsverbund*: Grundfragen und neueste Entwicklungen. Baden-Baden: Nomos, 2013.

GROTE, Rainer. "Rechtskreise im öffentlichen Recht". *AÖR*, vol. 126, 2001.

HÄBERLE, Peter. "Das deutsche BVerfGE, eine 'Nachlese' zu 60 Jahren seiner Tätigkei". *In*: _____. *Verfassungsgerichtsbarkeit – Verfassungsprozessrecht*. Berlim: Duncker & Humblot, 2014.

_____. "Dei Entwicklungsstufe des heutigen Verfassungsstaates". *Rechtstheorie*, vol. 22, 1991.

_____. "Die Entwicklungsländer im Prozeß der Textstufendifferenzierung des Verfassungsstaates". *VRÜ*, vol. 23, 1990.

_____. "Gemeineuropäisches Verfassungsrecht". *EuGRZ*, vol. 19, 1991.

_____. "Grundrechtsgeltung und Grundrechtsinterpretation im Verfassungstaat". *JuristenZeitung*, vol. 44, 1989.

_____. *Europäische Rechtskultur*. Baden-Baden: Nomos, 1994.

HALBERSTAM, Daniel. "Local, Global and Plural Constitutionalism: Europe Meets the World". *In*: BÚRCA, Gráinne de; WEILER, Joseph (Coord.). *The Worlds of European Constitutionalism*. Cambridge: Cambridge University Press, 2012.

HALLER, Walter. "Verfassungsvergleichung als Impuls für die Verfassungsgebung". *In*: HÄNNI, Peter. (Coord.). *Mensch und Staat, Festschrift für Thomas Fleiner zum 65. Geburtstag*. Freiburg: Universitätsverl, 2003.

HARTWIG, Matthias. "Vom Dialog zum Disput? Verfassungsrecht vs. Europäische Menschenrechtskonvention – der Fall der Russländischen Föderation". *Europäische Grundrechte-Zeitschrift*, vol. 44, 2017.

HEINIG, Hans Michael; SCHORKOPF, Frank (Coord.). *70 Jahre Grundgesetz In welcher Verfassung ist die Bundesrepublik?* Göttingen: Vandenhoeck & Ruprecht, 2019.

HERDEGEN, Matthias. "Internationalisierung der Verfassungsordnung". *In*: DEPENHEUER, Otto; GRABENWARTER, Christoph. *Verfassungstheorie*. Tübingen: Mohr Siebeck, 2010.

HEUN, Werner. "Original Intent und Wille des historischen Verfassungsgebers als Interpretationsmaximen". *In*: _____. *Verfassung und Verfassungsgerichtsbarkeit im Vergleich*. Tübingen: Mohr Siebeck, 2014.

HILLGRUBER, Christian. "Die Bedeutung der Rechtsvergleichung für das deutsche Verfassungsrecht und die verfassungsgerichtliche Rechtsprechung in Deutschland". *JÖR*, vol. 63, 2015.

HIRSCHL, Ran. "The Question of Case Selection in Comparative Constitutional Law". *The American Journal of Comparative Law*, vol. 53, 2015.

_____. *Comparative matters*: the renaissance of comparative constitutional law. Oxford: Oxford University Press, 2014.

HUG, Walter. "The History of Comparative Law". *Harvard Law Review*, vol. 45, 1932.

JACKSON, Vicki C. "Constitutional Comparisons: Convergence, Resistance, Engagement". *Harvard Law Review*, vol. 119, 2005.

JAKAB, András. "Judicial Reasoning in Constitutional Courts: a European Perspective". *German Law Journal*, vol. 14, 2013.

_____. *European Constitutional Language*. Cambridge: Cambridge University Press, 2016.

JAKAB, András; DYEVRE, Arthur; ITZCOVICH, Giulio (Coord.). *Comparative Constitutional Reasoning*. Cambridge: Cambridge University Press, 2017.

KINGREEN, Thorsten. "Auf halbem Weg von Weimar nach Straßburg: das Urteil des Bundesverfassungsgerichts im NPD-Verbotsverfahren". *Juristische Ausbildung*, vol. 39, 2017.

KISCHEL, Uwe. "Fragmentierung im Öffentlichen Recht: Diskursvergleich im internationalen und nationalen Recht". *VVDStRL*, vol. 77, 2018.

_____. *Rechtsvergleichung*. München: C. H. Beck, 2015.

KOOPMANS, T. "Comparative Law and the Courts". *The International and Comparative Law Quarterly*, vol. 45, 1996.

LADEUR, Karl-Heinz. "Zur Bedeutung eines Allgemein Teils des europäisierten Verwaltungsrechts". *Ms*. 2007.

LAW, David S.; VERSTEEG, Mila. "Sham Constitutions". *California Law Review*, vol. 101, 2013.

LIMBACH, Jutta. "Globalization of Constitutional Law through Interaction of Judges". *Verfassung in Recht und Übersee*, vol. 42, 2008.

LOGAU, Friedrich von. "Der Mittel-Weg". *In*: EITNER, Gustav (Coord.). *Sämmtliche Sinngedichte*. Stuttgart: Litterarischer Verein, 1872.

MANGOLDT, Hermann von; KLEIN, Friedrich; STARCK, Christian. *Kommentar zum Grundgesetz*. 7ª ed. (editado por Andreas Vosskuhle). München: C. H. Beck, 2018.

MARTINI, Stefan. *Vergleichende Verfassungsrechtsprechung*. Berlim: Duncker & Humblot, 2018.

MICHAELS, Ralf. "Im Westen nichts Neues? 100 Jahre Pariser Kongreß für Rechtsvergleichung – Gedanken anläßlich einer Jubiläumskonferenz in New Orleans". *RabelsZ*, vol. 66, 2002.

MÖSSNER, Jörg Manfred. "Rechtsvergleichung und Verfassungsrechtsprechung". *Archiv des öffentlichen Rechts*, vol. 99, 1974.

MÜLLER-FRANKEN, Sebastian. "Verfassungsvergleichung". *In*: DEPENHEUER, Otto; GRABENWARTER, Christoph. *Verfassungstheorie*. Tübingen: Mohr Siebeck, 2010.

MÜNCH, F. "Einführung in die Verfassungsvergleichung". *ZaöRV*, vol. 33, 1973.

NAWIASKY, Hans. "Die Gleichheit vor dem Gesetz im Sinne des Art. 109 der Reichsverfassung". *Veröffentlichungen der Vereinigung der Deutschen Staatsrechtslehrer*, vol. 3, 1927.

NUßBERGER, Angelika. "Die Europäische Menschenrechtskonvention – eine Verfassung für Europa?" *JuristenZeitung*, vol. 74, 2019.

_____. "Wenn Selbstverständliches nicht mehr selbstverständlich ist: Zum Status quo des Menschenrechtsschutzes in Europa". *JuristenZeitung*, vol. 73, 2018.

PAULSEN, Aura María Cárdenas. *Über die Rechtsvergleichung in der Rechtsprechung des Bundesverfassungsgerichts*. Hamburg: Kovac, 2009.

PETERS, Anne. Die "Zukunft der Völkerrechtswissenschaft: Wider den epistemischen Nationalismus". *ZaöRV*, vol. 67, 2007.

POLI, M. D. "Der horizontale Dialog zwischen Verfassungsgerichten bzw. Rechtsvergleichung in den Verfassungsrerichtssälen". *In*: BROEMEL, Roland; KRELL, Paul; MUTHORST, Olaf; PRÜTTING, Jens (Coord.). *Prozessrecht in nationaler, europäischer und globaler Perspektive*. Tübingen: Mohr Siebeck, 2017.

POSNER, Eric A.; SUNSTEIN, Cass R. "The Law of Other States". *Stanford Law Review*, vol. 59, 2006.

RAHDERT, Mark. "Comparative Constitutional Advocacy". *American University Law Review*, vol. 56, 2007.

RESS, Georg. "Die Bedeutung der Rechtsvergleichung für das Recht internationaler Organisationen". *ZaöRV*, vol. 36, 1976.

ROSENFELD, Michel; SAJÓ, Andras (Coord.). *The Oxford handbook of comparative constitutional law*. Nova York: Oxford University Press, 2012.

SCALIA, Antonin. "Commentary". *St. Louis U.L.J.* 40, 1996.

SCHMID, Carlo. *Erinnerungen*. Bern: Scherz, 1979.

SCHMIDT-AßMANN, Eberhard. "Zum Standort der Rechtsvergleichung im Verwaltungsrecht". *ZaöRV*, vol. 78, 2018.

SCHNEIDER, Hans-Peter. "Verfassung und Verfassungsrecht im Zeichen der Globalisierung – zwischen nationaler Entgrenzung und transnationaler Entfaltung". *JÖR*, vol. 65, 2017.

SCHÖNBERGER, Christoph. "Verfassungsvergleichung heute: der schwierige Abschied vom ptolemäischen Weltbild". *VRÜ*, vol. 43, 2010.

SCHORKOPF, Frank. "Völkerrechtsfreundlichkeit und Völkerrechtsskepsis in der Rechtsprechung des Bundesverfassungsgerichs". *In*: GIEGERICH, Thomas. *Der "offene Verfassungsstaat" des Grundgesetzes nach 60 Jahren*. Berlim: Duncker & Humblot, 2010.

SOMMERMANN, Karl-Peter. "Die Bedeutung der Rechtsvergleichung für die Fortentwicklung des Staats- und Verwaltungsrechts in Europa". *DÖV*, 1999.

______. "Völkerrechtlich garantierte Menschenrechte als Maßtab der Verfassungskonkretisierung - Die Menschenrechtsfreundlichkeit des Grundgesetzes". *Archiv des öffentlichen Rechts*, vol. 114, 1989.

STARCK, Christian. "Rechtsvergleichung im Öffentlichen Recht". *JuristenZeitung*, vol. 24, 1997.

TUSHNET, Mark (Coord.). *Comparative Constitutional Law*. vol. 1-3. Cheltenham: Elgar, 2017.

______. "Authoritarian Constitutionalism". *Cornell Law Review*, vol. 100, 2015.

VOGEL, Klaus. *Die Verfassungsentischeidung des Grundgesetzes für eine internationale Zusammenarbeit*. Tübingen: Mohr, 1964.

VOSSKUHLE, Andreas. "Der europäische Verfassungsgerichtsverbund". *NVwZ*, vol. 29, 2010.

______. "Menschenrechtsschutz durch die Europäischen Verfassungsgerichte". *RdA*, vol. 68, 2015.

______. *Decisions of the Bundesverfassungsgericht*. vol. 5. Baden-Baden: Nomos, 2013.

_____. "Rechtspluralismus als Herausforderung: Zur Bedeutung des Völkerrechts und der Rechtsvergleichung in der Rechtsprechung des Bundesverfassungsgerichts". *ZaöRV*, 79, 2019.

VOSSKUHLE, Andreas; WISCHMEYER, Thomas. *Die Verfassung der Mitte*. München: Carl Friedrich von Simens Stiftung, 2016.

WAHL, Rainer. "Verfassungsvergleichung als Kulturvergleichung". *In*: _____. *Verfassunsstaat, Europäisierung, Internationalisierung*. Berlim: Suhrkamp, 2003.

WENDEL, Mattias. "Richterliche Rechtsvergleichung als Dialogform: Die Integrationsrechtsprechung nationaler Verfassungsgerichte in gemeineuropäischer Perspektive". *Der Staat*, vol. 52, 2013.

WIESER, Bernd. *Vergleichendes Verfassungsrecht*. Wien: Springer, 2005.

ZEMANCK, Karl. "Was kann die Vergleichung staatlichen öffentlichen Rechts für das Recht der internationalen Organisationen leisten?" *ZaöRV*, vol. 24, 1964.

ZIERLEIN, Karl-Georg. "Entwicklung und Möglichkeiten einer Union: die Konferenz der Europäischen Verfassungsgerichte". *In*: FÜRST, Walther; HERZOG, Roman; UMBACH, Dieter (Coord.). *Festschrift für Wolfgang Zeidler*. vol. 1. Berlim: W. de Gruyter, 1987.

ZWEIGERT, Konrad; KÖTZ, Hein. *Einführung in die Rechtsvergleichung*. 3ª ed. Tübingen: Mohr Siebeck, 1996.

NOTAS

A Editora Contracorrente se preocupa com todos os detalhes de suas obras! Aos curiosos, informamos que este livro foi impresso no mês de novembro de 2022, em papel Pólen Natural 80g, pela Gráfica Copiart.